水西·书系
SHUIXI SHUXI

一个人是千万人的出发点

教育经典学术文库
「十四五」国家重点出版物出版规划项目

主体教育哲学

冯建军——著

国家社会科学基金（教育学）一般项目『我国教育哲学学科发展的世纪反思与人学建构』研究成果
教育部人文社会科学重点研究基地南京师范大学道德教育研究所成果

山西出版传媒集团　山西教育出版社

图书在版编目（CIP）数据

主体教育哲学 / 冯建军著. — 太原 ：山西教育出版社，2023.7
ISBN 978-7-5703-3398-1

Ⅰ. ①主… Ⅱ. ①冯… Ⅲ. ①教育哲学—研究 Ⅳ. ①G40-02

中国国家版本馆 CIP 数据核字（2023）第 116576 号

主体教育哲学
ZHUTI JIAOYU ZHEXUE

出 版 人 刘立平
责任编辑 潘 峰 姚吉祥
复 审 李梦燕
终 审 康 健
装帧设计 陈 晓
印装监制 蔡 洁

出版发行 山西出版传媒集团·山西教育出版社
（太原市水西门街馒头巷 7 号 电话：0351-4729801 邮编：030002）
印 装 山西基因包装印刷科技股份有限公司
开 本 720mm×1020mm 1/16
印 张 22.25
字 数 258 千字
版 次 2023 年 7 月第 1 版 2023 年 7 月山西第 1 次印刷
书 号 ISBN 978-7-5703-3398-1
定 价 78.00 元

自序

这本《主体教育哲学》，是我30年研究主体教育的一个结集。

我最早一篇关于主体教育研究的论文是发表在《教育评论》1992年第2期的《学生的主体性客体地位及其体现》。这篇文章是针对学生在教育过程中的地位而言的，在肯定学生客体地位的前提下，提出这一客体应该具有主体性。显然，还没有把学生作为真正的主体，但意识到学生不是纯粹的客体。

第二篇论文是发表在《教育理论与实践》1998年第5期的《走向主体性的教育哲学观引论》。这篇文章明确提出了主体性教育哲学，把主体性教育作为理念体现在教育目的、教育过程、教育活动等方面。这篇论文是我读博期间完成鲁洁老师《教育基本理论研究》的一篇课程作业。写作时间是在1997年上半年。

1997年下半年，我开始思考博士论文的选题，由当时炙手可热的可持续发展教育研究，找到了"类主体教育"这一个点。1999年6月，我完成了博士论文《类主体教育引论》。类主体是马克思关于人类发展三种形态中的最高阶段，是共产主义社会人的发展的理想状态。因为类主体是理想，尽管我在论文中表达了在全球化时代，类主体已经微露曙光，但还是因为不接“地气”，受到答辩老师的质疑。

这一质疑很久都影响着我对这一研究的信心，我是否做了一个“虚假”的课题？1999 年下半年工作之后，作为青年教师，我申报的第一个课题是江苏省高校哲学社会科学项目“主体间性教育研究”。我有意把类主体这一“高大上”的理想，降低到了“主体间性”，试图使它能够“接一点地气”。2001 年那年，我只发表了一篇文章，就是《高等教育研究》第 6 期的《主体间性与教育交往》。这篇论文至今被引用了 440 多次，是我发表论文中引用较高的一篇。这篇论文是全国教育基本理论专业委员会第八届学术年会的论文，那届年会的主题是“教育与交往”。年会上对师生交往的讨论很深入，但少有人追问“今天讨论交往是为了什么”。依稀记得，会上一位小学老师在自由提问阶段的发问：“大家都在讨论师生关系，师生关系是一个老题目，为什么今天要重新拿出来呢?”我提交的论文《主体间性与教育交往》，其实就回答了这个问题：今天讨论交往是为了走向主体间性。但这次年会上少有从主体间性角度讨论交往的论文，我这篇文章基本上算是国内研究主体间性教育较早的一篇论文，这也是后来被其他学者引用较多的原因。

2001 年，我的博士论文出版了。出版时，应编辑老师的要求，书名中隐去了最核心的“类主体”一词，原因是“类主体”这个词，少有人知道，用这个词做书名，会影响图书的市场销售。于是，书名改成了《当代主体教育论》。2004 年，这本《当代主体教育论》有机会再版，我还是“偷偷”地给它加了一个副标题“走向类主体的教育”，因为心中还有那么一点自信，类主体应该是教育的追求和未来，应该有“市场”。再后来，我不遗余力地“推销”“类主体”

这个词，在《教育研究》发表了《走向类主体——当代社会人的转型与教育变革》。国内研究类主体教育的学者不多，恐怕我是写这个主题最多的学者。这当中，要感谢已故的著名马克思主义哲学家、吉林大学文科资深教授高清海先生。高先生致力于类哲学的建构，他看到我把类哲学的思想运用到教育学，很是高兴。我的博士论文2001年出版时，先生欣然用宣纸小楷字给我写了6000多字的序，以示鼓励。

类主体虽然是我的最爱，但作为人类发展的最高形态，显然不是现实，我们需要创造条件走向类主体。因此，之后，我思考较多的是如何走向类主体。最初我找到了主体间性，2006年在《华中师范大学学报（人文社会科学版）》第1期发表了《主体教育理论：从主体性到主体间性》。这个时期的认识也只停留在主体间性阶段。

2016年，中国教育学会中青年教育理论工作者分会第25次年会在大理大学召开，会议主题是“现代师生关系的理念与建构”，我提交会议的论文是《他者性：超越主体间的师生关系》。记得会议论文中，包括我这篇在内只有两篇论文是从他者性论述师生关系的，更多的论文对师生关系的认识依然停留在主体间性阶段。

2016年，我还发表了《从主体间性、他者性到公共性——兼论教育中的主体间关系》。在这篇论文中，我打通了主体间性、他者性到公共性的关系。我认为，个人主体只有经过主体间性、他者性，走向公共性，才能实现类主体。由此确立了“主体性—主体间性—他者性—公共性—类主体”的进阶性理路。

在国内，主体教育始于1981年顾明远先生对学生主体地位的论述，到2021年正好是40年时间，我发表了《主体教育研究四十年》。国内40年的主体教育研究，我是参与了后30年，见证了主体教育研究在中国的发展。

今天出版的这本著作，是至今对我主体教育研究成果的梳理，我按照“主体性—主体间性—他者性—公共性—类主体”的顺序进行整理编排，反映了我目前认为的主体发展的历程，尽管当初发表时不是按照这个顺序的，以后随着研究的深化，还可能改变这个顺序。但就目前而言，我认为是按照这个顺序，个人主体走向了类主体。在这里，特别感谢为我前期发表这些文字提供园地的刊物和编辑。

近几年，无论是正面的、积极的全球化、信息化的推动，还是负面的环境恶化、气候变化、疫情灾害、战争冲突等问题，都把人类紧密联系在一起，不仅把人类联系在一起，还把人类与自然界联系在一起，因此，中国政府提出了构建“人类命运共同体”“人与自然生命共同体”，这是应对危机和回应全球化发展的负责任的积极行动，使我们看到了人类走出危机、走向光明的出路。

联合国教科文组织这些年发布的报告也表明了类主体的方向。1996 年的《德洛尔报告》（即《教育：财富蕴藏其中》）提出把“学会共同生活”作为教育四大支柱之一。2015 年的《反思教育：向“全球共同利益”的理念转变》提出“教育和知识是全球共同的利益”。2021 年的《一起重新构想我们的未来：为教育打造新的社会契约》提出“教育社会契约的出发点是人们对教育公共目的的共同愿景”“教育的目标必须是把我们团结起来，为我们提供塑造以社会、经济和环境正义为基础的，全民共享的可持续未来所必需的知识、科学和创新”。

习近平总书记在党的二十大报告中指出：“当前，世界之变、时代之变、历史之变正以前所未有的方式展开……人类社会面临前所未有的挑战。世界又一次站在历史的十字路口，何去何从取决于各国人民的抉择。”中国共产党和中国政府呼吁“世界各国弘扬和平、发展、公平、正义、民主、自由的全人类共同价值，促进各国人民相知相亲……共同应对各种全球性挑战”。

主体教育由个人主体性起，公共性、类主体为归宿，符合联合国教科文组织提出的教育“全球共同利益”和“教育公共目的的共同愿景”，是构建“人类命运共同体”“人与自然生命共同体”的必由之路。

很庆幸，我在世纪之交，已经琢磨到了这个方向，新世纪20年不断为推进这个方向而努力，以后还会继续。这本著作是这一阶段我对主体教育的认识，其认识还在不断推进中，不代表永远是这一认识。

最后，特别感谢山西教育出版社对本书的支持，感谢副总编辑潘峰女士认真负责和卓有成效的工作。

目录

第一章

主体教育概略

第一节 人的主体地位的发现与教育理论的发展

教育作为培养人的社会实践活动，培养什么样的人，怎样培养人，无不与人的假设有关。关于人的假设，可以从多角度探讨。这里立足于对人的主体地位的认识，从纵向历史的角度，审视这一历史进程是如何影响教育理论发展的。

一、古希腊哲学中主客体认识的混沌状态及分化在意识上的最初萌芽

自从人类能够通过劳动，将自己从自然中提升出来，主客体就在现实中开始分化了。但这并不等于说，人类就发现了自己的主体地位，对自身的主体性有了认识。人类认识自身的主体地位，经历了一个漫长的过程，至少是一个古希腊时期。因为古希腊哲学从总体上看，是研究物质本体论的，而不是研究认识论的，它所探讨的是浑然一体的“世界”是什么的问题，而不是主体与客体及其关系问题。也就是说，古希腊哲学还没有以人为中心，研究主体人如何去认识世界，而是研究“世界”的本源是什么。

古希腊哲学从米利都学派，到毕达哥拉斯学派以及埃利亚学派，都是自然哲学，它们探讨万物的始基，即本源。亚里士多德后来总结道，早期的哲学家，绝大多数认为，万物的唯一原则是物质性原

则。把万物的本源归结为物，这种物质本体观，摆脱了神话式的统治，具有积极的意义，但也典型说明了精神与物质、主体与客体还没有区分开来。古希腊中后期，情况有了一些变化，首先是德谟克里特从对世界的解剖转向对人自身的解剖，代表了古希腊哲学中的一个转向。随后普罗塔哥拉就提出了“人是万物的尺度”这一著名的命题，表明普罗塔哥拉已经意识到人与其他一切自然物的区别，认识到人是高于其他一切存在的特殊存在。但这个转向的真正完成，还要提到古希腊的“三杰”。

苏格拉底在欧洲哲学史上第一个完成了“把哲学从天上拉回到人间”的任务，使哲学第一次发现了“我”，转向人的心灵。他认为，神为人“安排了灵魂”，而真理就存在于人的心灵里。所以，他反对人们从外部认识自然界，主张通过心灵的存在和发展，认识自己所能认识的一切。人只有通过心灵才能掌握知识本身。所以，教师的任务不在于传播外部的真理，而要做一名知识的“产婆”，运用“精神接生术（产婆术）”，把存在于学生心灵中的知识引导出来。

柏拉图认为，人的一切知识都由天赋而来，“灵魂在取得人形以前，就早已在肉体以外存在着，并且具有着知识”①。也就是说，知识是以潜在的方式存在于人的灵魂之中，所以，认识不是对世界物质的感受，而是灵魂的回忆。学习的目的就是恢复我们灵魂中固有的知识，“学习只不过是回忆”，这一回忆过程，就是“从杂多的感觉出发，借思维反省，把它们统摄成为整一的道理”。② 在教学方法上，柏拉图师承苏格拉底的问答法，把回忆已有知识的过程视为一

---

①柏拉图：《斐多》，转引自张法琨选编《古希腊教育论著选》，人民教育出版社，1994，第248页。

②柏拉图：《斐多》，转引自张法琨选编《古希腊教育论著选》，人民教育出版社，1994，第12页。

种教学和启发的过程。

亚里士多德把人的全部认识都看作人的灵魂功能的结果。他认为，人的灵魂包括两部分：一是非理性灵魂，其功能是本能、感觉和欲望等；二是理性灵魂，其功能是思维、推理。关于灵魂的活动，亚里士多德提出了“蜡版说”，他把心灵比作蜡版，认为灵魂进行思维活动时，思维对象在心灵上留下痕迹，好比文字刻于蜡版上一样。“心灵所思维的东西，必须在心灵中，正如文字可以说是在一块还没写什么东西的蜡版上一样：灵魂的情形完完全全就是这样。”①

纵观古希腊哲学的发展史，可以看到，苏格拉底的哲学思想是古希腊哲学史的“分水岭”。从苏格拉底开始，无论是柏拉图，还是亚里士多德，都打破了早期古希腊自然哲学探讨世界本源的局限性，而转向对认识论的探讨，提出了“理念说”“回忆说”“蜡版说”等。但这个时期对主客体及其关系的认识，还处于不自觉阶段。所以，古希腊哲学中，主体性思想虽有闪光，但仍很朦胧。

就教育理论而言，古希腊“三杰”朦胧的主体性思想，奠定了西方教育本质论的哲学基础，使西方的“教育”把“从人的灵魂中引出”，作为教育活动的本质所在，开拓了“内发论”的传统，而从根本上有别于中国传统的“上所施，下所效”的“外铄论”的教育活动本质观。

二、欧洲中世纪上帝的绝对主体性与人的主体性的丧失

在中世纪的欧洲，宗教神学占据了绝对的统治地位，正如恩格

---

①亚里士多德：《论灵魂》，转引自张法琨选编《古希腊教育论著选》，人民教育出版社，1994，第315页。

斯所说："中世纪的历史只知道一种形式的意识形态，即宗教和神学。"① 基督教神学的主要特征，就是把精神与物质、灵魂与肉体完全分离开来，并把精神与灵魂对象化为一个超个体的、超自然的实体——绝对的上帝。上帝从虚无中创造世界，是创造者、是主体，个体必须服从上帝，地上王国必须归属神的王国。"轻视自己的人，在上帝那里就受到尊重"，这是中世纪基督教哲学的一句名言。

用神性吞没人性，肯定、颂扬上帝，否定、贬低人类和人类的尘世生活，把情感信仰和理智哲学都降为宗教的婢女，这是中世纪宗教哲学对人的主体性的基本观点。上帝对人的主体性的占有，实质上是人的本质的异化，"在宗教中，人的幻想、人的头脑和人的心灵的自主活动对个人发生作用不取决于他个人，就是说，是作为某种异己的活动，神灵的或魔鬼的活动发生作用"②。在这个过程中，人在对象性存在中灌注了主体意识，所以，欧洲中世纪高扬上帝的主体性，丧失人的现实主体性。

恩格斯指出，欧洲中世纪的宗教统治，其结果是僧侣获得了知识教育的垄断权，因而教育本身也渗透了神学的性质。在那里，人彻头彻尾地成了上帝的造物，完全抹杀了现实主体性，强调教育的目的就在于培养宗教信徒，培养对上帝的虔诚和信仰。在人对上帝不虔诚时，就要使用体罚。奥古斯丁从人的"原罪说"和性恶论出发，论证了体罚的合理性。

就教学方法而言，中世纪也很注重启发式教学，主张教学要注重激发学生的兴趣和好奇心，使用问答法，这似乎与中世纪人的主体性的丧失存在着矛盾。其实不然，这就要区分人的现实主体性与

①马克思、恩格斯：《马克思恩格斯选集》第4卷，人民出版社，1995，第235页。

②马克思、恩格斯：《马克思恩格斯文集》第1卷，人民出版社，2009，第160页。

在上帝观念中对象化了的人的主体性二者的不同。就人与神的关系而言，人要服从上帝，理性服从信仰，人的现实主体性丧失殆尽。一旦人信仰了上帝，达于上帝，对象化了的人就具有了绝对的主体性。所以，宗教教育在方向上保持独断的前提下，仍然重视启发式的问答，使学生掌握理解宗教教义，这为西方教育的传统所决定。

三、近代哲学对人的探讨：自然主体与精神主体之争

（一）近代唯物主义的自然主体论及教育思想中人顺从自然的倾向

近代的唯物主义始于培根，到霍布斯时得到了系统的发展。很明显，培根、霍布斯等 17 世纪的唯物主义哲学家都反对上帝创造世界的观念，把被对象化到上帝那里去的人的本质归还给人，主张人是自然的一部分，用“自然人”取代上帝。18 世纪法国唯物主义思想家们继续发扬培根、霍布斯的思想，把人和自然物体看作是“齐一的”“同一的”。拉美特利就明确提出：人是机器，思想是有机物的特性，人的思想完全受自然的机械因果规律的支配。总之，近代唯物主义主张物质本体论，认为物质是唯一的实体，人被消融于自然物质世界之中。人与自己活动的手段和对象同属一个物质世界，服从于自然的客观规律。人只有遵循自然的必然性，才能在自己的活动中显示出有限的主体性。

自然主体论的思想，在近代教育思想史上留下了深刻的印迹。捷克的教育家夸美纽斯在《大教学论》中提出了“自然适应性”原则，并把它作为创设新学校的主导原则。他认为自然界中存在着一种普遍的“秩序”（即“法则”），它是保证万物和谐发展的“灵魂”，人作为自然的一部分，因而人的发展以及人的教育，也应该遵

从这一法则。他说："秩序是把一切事物教给一切人们的教学艺术的主导原则，这是应当、并且只能以自然的作用为借鉴的。"① 夸美纽斯的自然适应性原则是贯穿其教育思想的一根主线，他依此划分了儿童的学龄阶段，安排了教学时间和科目，建立了自己的教学原则和方法体系。

英国的哲学家、教育家洛克在关于知识的起源和认识论上，继承培根、霍布斯等人的唯物主义经验论，并对该原理作出了系统的论证。他首先对从柏拉图到中世纪经院哲学以来的传统天赋观念论进行了批判，指出人的知识、观念不是先天就有的，"我们的全部知识是建立在经验上面的，知识归根到底都是导源于经验的"②。他说，人的心灵就像一块"白板"，一切思想观念都是后天获得的，都是从经验中获得的。人通过感官获得关于外部世界的观念，感觉是认识世界的主要手段，经验是知识的主要源泉。在教学过程中，要重视直接经验的认识。在这里，洛克是以唯物主义经验论者出现的，但他的唯物主义是不彻底的，因为他除了认为知识源于外部的感觉外，还认为，它也源于心灵内部的反省，因此可以推论出，心灵上必然固有某种视为认识本源之物存在，这又给唯心论留下了一条缝隙。

法国启蒙运动的思想家卢梭以他的"归于自然"的哲学思想为依据，高呼"返回自然"的口号，提出了"自然教育"的理论。卢梭认为，"出自造物主之手的东西，都是好的，而一到了人的手里，就全变坏了"③。人的最理想状态就是自然状态，教育的目的就是保

---

①夸美纽斯：《大教学论》，傅任敢译，人民教育出版社，1984，第80页。

②洛克：《人类理解论》上册，商务印书馆，1981，第65页。

③卢梭：《爱弥尔》上卷，李兴业、熊剑秋译，人民教育出版社，1985，第1页。

护这种先天的自然本性，发展儿童的潜能。但是，封建社会的腐败堕落，会对儿童自然善性的发展产生不良影响，教育必须使儿童与社会隔离，所以卢梭就提出“归于自然”的纲领，主张要把儿童置于大自然中，让其自然本性得到自由发展。这就是卢梭为爱弥尔设计的教育方案。总的看来，卢梭教育理论的核心就是“遵循自然”，把人看作人，“把孩子看作孩子”，让孩子“自己实现自己的意志”，最终由他自己把自己造就成“人”——学习“做人的天职”，发展其自身。卢梭的自然教育说，在西方近代教育思想史上，开“个人本位”说的先河，从而“在教育界发动了一场哥白尼式的大革命”①。

近代唯物主义形成的自然主体观，坚持人与世界的物质统一性、精神与肉体的统一性，坚持精神领域活动规律与自然规律的统一性，从而把人提高到了自然界最高的位置并由此取消了神。但是，唯物主义却忽视了人所特有的精神本质、意志自由，一笔抹杀了人的能动性、主体性；它研究“整个世界”，却唯独没给人留下一个立足点。受自然主体论思想的影响，夸美纽斯、洛克、卢梭都把人作为“自然人”看待，提出教育要顺应人的自然发展顺序，遵循自然的发展规律，这相对于中世纪摧残、压抑人性的状况，是一个极大的进步。但相对自然而言，人又完全控制于自然之下，成了自然的“奴隶”。

（二）近代理性主义的精神主体论及教育思想中发展人内心观念的倾向

近代思想史上，为人的主体地位的解放，进行了两次革命，第一次是文艺复兴，把人从神权束缚下解放出来；第二次是把人从自

①S. E. 佛罗斯特：《西方教育的历史和哲学基础》，吴元训等译，华夏出版社，1987，第349页。

然中解放出来，走向理性主义的精神主体。① 笛卡儿是近代第一个把上帝的意识本质还原为人的意识的哲学家。笛卡儿的“我思故我在”，表明了在人的物质实体与精神实体的关系上，笛卡儿更重视人的心灵实体，他以理性主义的观点，把思维、理性看成人的本质。

人作为精神主体思想的进一步发展，是由德国古典哲学完成的。康德的“人为自然立法”、费希特的“自我建立非我”、黑格尔的绝对精神的“实体即主体”等等，都是这一演化过程中的不同阶段。特别是康德，把历史上由客体出发、使主体围绕客体旋转的思维方式，扭转为从主体出发、使客体围绕主体旋转的思维方式，从哲学高度确立了人的主体性原则。康德的“人是目的”，充分肯定了人的自我价值。黑格尔沿着康德的道路在两个方面走到了极端：一是以绝对理念的抽象形式，把人的主体性强调到极端；二是以泛理性主义的精神，把人的理性因素在主体性中的作用也强调到了极端。他的结论是：人的真正本质是理性，“理性是世界的灵魂”。

18、19 世纪的西方教育理论反映了理性主义的精神主体论。卢梭培养“自然人”的教育目的观成为近代教育思想的基本源泉。18、19 世纪的教育家都在卢梭的“个人本位”中注入了不同的成分。康德在卢梭的思想中注入了个人精神发展成分，形成带有“精神本位”色彩的“人类个体本位”的教育本质观。康德认为，“人的目的是做人”，“人只有靠教育才能成人”，他提出了“精神人格”的教育目的。康德十分强调人的自由，他说，人与自然界不同，自然界的发展受因果规律支配，社会历史中人的行为受自己意志支配，所以是自由的。就儿童教育中自由与约束的关系，康德提出的准则是：

①张世英等：《康德的〈纯粹理性批判〉》，北京大学出版社，1987，第 14—15 页。

必须让儿童从小在各方面都完全自由，其行为以不妨碍别人的自由为前提；使儿童懂得，只有容许别人达到其目的，他才能达到自己的目的；向儿童表明，只有对他加以约束，他才可能及时地学会正确地运用自由。①

瑞士的教育改革家裴斯泰洛齐在卢梭的个人本位说中注入了“社会”的成分，形成以个人为目的、以社会为手段的“个人本位”的教育本质观。他认为，一切儿童不管他们的社会出生，都有很好的十分相同的官能，教育就应当和谐发展所有这些官能。他在《隐者夜话》中说，一个人的内在能力没有得到发展，就不是一个真正的人。“为人在世，可贵者在于发展，在于发展个人天赋的内在力量，使其经过锻炼，使人能尽其才，能在社会上达到他应有的地位。”②

裴斯泰洛齐的教育思想遗产的受惠国，不是他的祖国，而是康德的祖国。赫尔巴特与福禄培尔成为裴斯泰洛齐思想在德国的执行者。他们都在裴斯泰洛齐的思想中注入了德国偏爱的精神成分，又各立门庭，前者主外，后者主内。

福禄培尔认为自然界和万物无不包括神的本源，他在《人的教育》一书中开宗明义地指出，上帝是万物的统一体，一切事物都来自上帝的精神。“作为明智和具有理性的人的特殊命运和特殊使命就是使他的本质，他的上帝精神，即上帝，以及他的命运，他的使命本身，成为完全的意识、活的认识和明确的观点，并自决地和自由地在自己的生活中加以贯彻，使之发生作用，得到展现。”教育就是激发和教导人“有意识地和自决地、完美无缺地表现内在的法则，

---

①康德：《康德教育论》，瞿菊农译，商务印书馆，1934，第20—21页。

②田本娜主编《外国教学思想史》，人民教育出版社，1994，第187—188页。

即上帝精神”[①]。这就是福禄培尔教育本质的“展开说”。在“展开说”看来，教育的本质犹如种子展开包皮、生根、发芽、开花、结果的过程一样，是一个使儿童内在的善良外化为善的品行的过程，这个过程的主体是儿童，教师只是提供机会的辅助者。

当裴斯泰洛齐和福禄培尔在他们的教育目的中忠实地遵循卢梭提出的儿童内在能力时，其他的人却以猜疑的目光来看待这个教育目的。德国哲学家黑格尔和更值得注意的德国哲学家、教育家赫尔巴特拒绝了内在本性无阻碍地发展的理想。[②] 赫尔巴特认为，儿童的本性并不如卢梭的性善之说，而是存在着“盲目冲动的种子”。对这种盲目性若不加以约束，它将导致“反社会”的倾向。所以，对儿童需要“管理”，唯“管理”是手段而不是教育的目的。“教育本身”既有“可能的目的”，又有“必要的目的”。前者的核心是“兴趣的多方面性”，是未来成人从事工作的目的；后者的核心是“性格的道德力量”，是指儿童不管将来从事什么工作都必须具有的。依此，赫尔巴特认为，理想的人最好是通过多方面兴趣来获得并把道德目的提高到显著的地位来形成。这就是赫尔巴特与福禄培尔不同的人本位的“主外”说。

理性主义的精神主体论，突破了唯物论对人的直观的理解，把人看作是理性实体、意识能动的主体。受这一思潮的影响，教育理论中出现了“个人本位论”，强调儿童在教育过程中的主体地位和主体性。

---

①福禄培尔：《人的教育》，孙祖复译，人民教育出版社，1991，第2页。

②瞿葆奎主编《教育学文集·教育目的》，人民教育出版社，1989，第410页。

四、马克思实践唯物主义的主体观

马克思指出："从前的一切唯物主义——包括费尔巴哈的唯物主义——的主要缺点是：对对象、现实、感性，只是从客体的或者直观的形式去理解，而不是把他们当作人的感性活动，当作实践去理解，不是从主体方面去理解。因此，结果竟是这样，和唯物主义相反，唯心主义却把能动的方面发展了，但只是抽象地发展了，因为唯心主义当然是不知道现实的、感性的活动本身的。"① 在马克思看来，旧唯物主义和唯心主义共同的主要缺点就是，二者都不理解人类实践活动及其意义。也正是由于这一缺点，促使马克思深入而全面地探讨人类实践活动及其意义，并把马克思主义哲学规定为"实践的唯物主义"。实践的观点是马克思主义哲学首要的和基本的观点。

马克思所讲的实践，是人类认识世界、改造世界的现实的活动，而不是精神的、非感性的活动；马克思所讲的主体，是实践的主体，而不是神秘的抽象的主体；马克思所讲的主体性，是从事改造现实世界的行动中人的主体性，而不是上帝的、虚幻的主体性。正是"实践"的特点，使马克思主义与旧唯物主义和唯心主义相区别。

当代西方马克思主义对主体性的强调，又走向了极端。以海德格尔、萨特为代表的存在主义的个人主体性理论，提出"存在就是个人存在，真理就是主观性"；以叔本华、尼采为代表的非理性主义主体性理论，提出"我欲故我在"，提出要"重估一切价值"。西方马克思主义过分强调主体性的主观性和个体性，必然带来自我与他人、个人与集体、个体与社会的重重对立，使个人主义和相对主义

---

①马克思、恩格斯：《马克思恩格斯选集》第1卷，人民出版社，2012，第137页。

泛滥成灾。所以西方学者已经预言主体性黄昏的到来。[①] 当然，主体性的黄昏并不等于主体性的死寂，而只能预言着主体性在向客体性的复归与包容中实现其“涅槃”。马克思主义的实践唯物观，把主体性置入实践活动中考察，在实践中主体与客体达到统一，这就说明，主体的主动性与受动性之间，还必须保持一个必要的张力。

教育理论界近年来也有人接受西方马克思主义主体观的影响，提出“教育即对话”“教育即交往”等论点，一定程度上说，这些论点在极大提高学生主体地位之时，也抹杀了教师的主导作用。以马克思主义的“人是主体与客体的统一、是主动性与受动性的统一”的观点看，上述论点是值得商榷的。

---

①弗莱德·R. 多尔迈：《主体性的黄昏》，万俊人、朱国钧、吴海针译，上海人民出版社，1992。

第二节 主体的历史生成与教育的三种形态

一、主体的历史生成

根据社会生产的不同性质，马克思把人的生成和发展，从总体上分为三个阶段，归结为三种历史形态：（1）“人的依附关系”（起初完全是自然发生的）是人的最初形态；（2）“以物的依赖性为基础的人的独立性”，构成人的发展的第二大形态；（3）“建立在个人全面发展和他们共同的社会生产能力成为他们的社会财富这一基础上的自由个性，是第三个阶段”，也是可以预见的最高发展形态。[①]

（一）群体主体：人的依附关系形态

历史必须以“有生命的个人的存在”为起点，马克思把这看作是“任何人类历史的第一个前提”[②]。然而，又很明显的是，作为历史前提的这种个人，其实不过是一些生命个体，与动物并无多大差别，尚属纯粹的自然存在，严格地说，还不算作社会人的个人，更不能成为现实活动的主体。

在原始生产方式下，人凭着血缘或地缘关系，生活在自然的种群共同体中，这时“人”等于“人的群体”，群体怎样存在，人就怎样存在，个人无独立的意识，也无独立的个性。所以，在这一阶

①马克思、恩格斯：《马克思恩格斯全集》第46卷上册，人民出版社，1979，第104页。

②马克思、恩格斯：《马克思恩格斯全集》第1卷，人民出版社，1956，第24页。

段，个人是完全依附于群体的，他们的生命活动也不是由个人主宰的，而要接受群体主体的支配。人以群体的方式发挥着主体性，因此形成的是“集群主体形态”，个人只不过是“一定的狭隘人群的附属物而已”①。

“族群人格”是体现人的最初社会状况的人格状态，这表明作为“初民”状态的人以族群的方式生活着，离开族群，人就不能战胜时刻威胁人的生命的自然界，不能摆脱自然环境对生命活动的天然束缚。同时，人离开族群，也就没有归属、没有资格乃至没有作为人的本性规定。

从愚昧的原始社会过渡到文明的阶级社会，人有了基本的生存权利和弱小的自我意识，但取代原始的族群共同体的是神权等级共同体或皇权等级共同体，人在宗教或宗法的等级关系中并未摆脱“人的依附关系”的生存形态，个人仅在其所处的等级地位角色中获得其有限的非自我性的人格权，人的性质还得在其所属的等级群体中获得给予的规定。这一时期仍属“群体主体”形态的历史阶段，与此相对应的人格形态则是“权利阶梯上的依附人格”。

（二）个人主体：占有性个人独立性形态

文艺复兴运动是独立人格意识觉醒，重新发现人、重新认识人的价值和尊严的思想启蒙运动。这一思想启蒙运动使人的人格化历史进程超越了依附人格的范型阶段，进入到以个体为本位的个体化人格范型阶段。文艺复兴运动是人格觉醒的一根文化导火线，为人格独立提供了文化背景，但最根本的促动因素则是商品经济的发展。商品经济的出现，形成了普遍的社会物质交换、全面的关系、多方

---

①马克思、恩格斯：《马克思恩格斯全集》第46卷上册，人民出版社，1979，第18页。

面的需求以及全面的能力体系。它突破了自然关系的限制而代之以社会性的纽带，把人对人的依附关系转变为人对“物”的依附关系，确立了市场经济这一以个人自主活动为前提的经济形式，促成了“以物的依赖性为基础的人的独立性”，使个人主体形态的出现成为可能。以物的依赖性为基础的个人主体，其人格形态具有以下几个特征：

第一，占有性。占有是人的一种生存方式。在这种生存方式中，人与世界的关系是占有者与被占有物的关系，是一种我想把每一个人所有的一切包括我自身在内都变成我自己财富的关系。占有性的本质，“就是获得并固守其获得物的无限权利”。

第二，自我中心化倾向。人的自我中心化通过人与自然的关系和人与人的关系表现出来。在人与自然的关系中，表现出来的是人类中心论；在人与人的关系中，表现出来的是个人主义或狭隘的民族主义或国家主义。前者导致了全球生态的危机，后者导致了人类的掠夺和战争。

第三，形而上学的思维方式。形而上学的思维方式是以主客二分为标志的，它造成了物质与精神、现象与本质、主体与客体的对立。

（三）类主体：自由个性形态

个人主体性的膨胀达到了极端，走向“黄昏”，必然呼唤着类主体的凸现。类主体是人的发展及社会发展的最高目标。这一阶段就是马克思指出的“自由个性”阶段。在人格化的历史运动中，随着主体形态从群体主体、个人主体向类主体的转变，人格形态也从族群人格、依附人格、独立人格向自由人格转变。在自然化的人格范型阶段，人要摆脱的是族群中的“人的依附关系”，要超越的是纯然无我的依附人格状态；在群体化的人格范型阶段，人要摆脱的是神权或皇权社会中的等级从属关系，要超越的是奴性人格状态；在个体化的人格范型阶段，人要摆脱的是“人对物的依赖关系”，要超越的是“物化人格”状态。按照历史发展的逻辑，在类本位状态下，人已摆脱了前三种范型阶段群体或物对人的奴役状态，摆脱了人与自身的分裂，而将进入个体与类的融合、人与自然融合、人与社会的融合的自由自觉的存在状态。因此，“它是人向自身、也就是向社会的即合乎人性的人的复归，这种复归是完全的复归，是自觉实现并在以往发展的全部财富的范围内实现的复归”。①

类主体不仅以个人主体性为前提，更以主体间性为基本要求，追求自由的最高境界，以“自由个性”为其人格范型。这一人格范型具有如下特征：

第一，完整的人。类主体是“人以一种全面的方式，就是说，作为一个完整的人，占有自己的全面的本质”②。马克思在描述“自由个性”时，把人的全面发展作为“自由个性”的基础，实际上也是“自由个性”的第一个基本特征。

第二，有主体性的人。自由是人作为类主体的本质，也是类主体的最高追求。马克思认为，“自由王国只是在必要性和外在目的规定要做的劳动终止的地方才开始”③。在自由王国中，所有的历史活动都被置于人的合理控制之下，人变成历史的自觉主体，不为“人的依附关系”所奴役，不为“物的依赖性”所奴役。

第三，有个性的人。人在自由自觉的活动中，全面地占有自己

①马克思、恩格斯：《马克思恩格斯文集》第1卷，人民出版社，2009，第185页。
②马克思、恩格斯：《马克思恩格斯文集》第1卷，人民出版社，2009，第189页。
③马克思、恩格斯：《马克思恩格斯文集》第7卷，人民出版社，2009，第928页。

的本质，全面地发展人的潜能，就会使人的个性差异得到充分的张扬和显示，使每个人都成为独特的人。在这个意义上，个体生命就是个性与类性的一体化存在。

总之，从群体主体、个人主体，到类主体，是一个否定之否定的过程。类主体扬弃了群体主体和个人主体的特性，它既不是那种超越个体之上、存在于个体之外的“大我”，也不是相互分裂的、单子式的“小我”，而是普遍存在于每一个体之中、又把他们统一为一体的存在。在这里，每个人都是“小我”和“大我”的统一，人与人之间不再有“人”的不同而只有“个性”的差异。

二、工具性教育

教育以人为主题，人是教育的出发点和归宿。教育的形态与人的发展形态是完全相适应的。人的发展从群体主体中依附形态的人，经占有性个人主体，最后发展为具有自由个性的类主体，那么，相应的教育的发展也经历了三个阶段，即工具性教育、个人主体教育和类主体教育。

工具性教育是一种“无人”的教育，它表现为奴化教育和物化教育。在高扬人的主体性的现代社会，工具性教育成为发展人的主体性的一种障碍，必然要被人们所批判和根除。但工具性教育作为一种最初的教育形态，在古代社会有其存在的必然性和合理性。

教育的发展与人性的假设、人的观念直接相应。古代社会关于人的观念是：原始初民强调，我不属于我自己，我属于大自然和部落；古代人强调，我不属于我自己，我属于城邦；中世纪强调，我不属于我自己，属于上帝，要为上帝生，为上帝死。到了近代社会，文艺复兴的启蒙，才使人们意识到，我是我自己，我有能力战天，我有能力斗地，我不属于任何人，也不属于上帝。古代社会人的这种观念，决定了“具有悠久历史的古代教育，实际上不过是一种‘人的依附关系’的训练”，其目的在于把人训练成社会的工具。

美国教育家孟禄以“一种非进取性的适应的教育”来指代原始教育，旨在说明原始教育的保守性和适应性。虽然说，人类社会的产生，人类与自然相脱离，但原始社会的初民，尚未真正成为改造客体的主体，人类既不能把外部自然作为他改造的客体，更不能把人自身作为一种客体来对待。所以，这时以改造发展人自身的有意识的教育活动尚不存在。原始人从来没有达到有意识的教育过程，原始人的生活从来没有向我们展示出理性化的教育过程。“他的教育仅仅是适应环境，因此，当他的教育无变化时，他的教育就是非进取性的。”①

原始社会，人依赖于自然，依赖于群体，正是这种依赖性，使得作用于原始人身上的都是集体的行事方式。原始人很少有个体的意识，集体的利益就是他的目的。他的教育就是按照部落规定的方式行事，“在这样做的过程中，教育就不可避免地使个人的幸福服从于部落的利益”②。在这种群体本位的存在状态中，人没有意识到也没有能力发展自己的主体性。

人类社会，由原始的野蛮状态进入到阶级社会的文明状态后，人的发展也由对自然的依赖转换为对人的依附。在古代文明社会中，人身依附关系压倒一切，个人价值几乎被淹没了。“我们越往前追溯历史，个人，也就是进行生产的个人，就显得越不独立，越从属于

①瞿葆奎主编《教育学文集·教育与教育学》，人民教育出版社，1993，第188—189页。

②瞿葆奎主编《教育学文集·教育与教育学》，人民教育出版社，1993，第10页。

一个更大的整体：最初还是十分自然地在家庭和扩大为氏族的家庭中；后来是由氏族间的冲突和融合而产生的各种形式的公社中。”① 再到后来，就有阶级的形成和国家的出现。国家和阶级产生之后的教育，无一不是强调某种社会需要和服从统治阶级的意志，人本身的价值丧失，发展的只是为统治阶级需要的人的外在工具价值。

三、个人主体教育

西方社会具有个人本位的传统，个人主体教育自古希腊得以萌芽，至少经历三个阶段：自然主体教育、理性主体教育、价值主体教育。

（一）自然主体教育

对个人主体教育的真正重视与思考，导源于近代文艺复兴。文艺复兴时期的人文主义教育思想，从教育天地中朦胧地发现了“人”，具有重要的启蒙意义。但是，这种人只是一种“自然人”，人文主义教育也只是带有浓重古典气息、偏重人的心理官能训练的形式教育，这种教育倡导“适应自然”，不仅没有高扬人的主体性，反而变相压抑了个人的发展。这是不成熟的树上结出的生涩的果实。

自然主体教育，是指把人作为一个自然的实体来发展。这一思想是以近代欧洲的唯物论为哲学基础的。近代唯物论从反对宗教出发，把被对象化到上帝那里去的人的本质归还给人，主张人是自然的一部分，用“自然人”取代上帝，用自然的、物的方式来把握人的特性，把人归结为一个自然实体，人的发展服从于自然的客观规律。

近代唯物论的自然实体观，给17、18世纪的教育思想带来了深

①马克思、恩格斯：《马克思恩格斯选集》第2卷，人民出版社，2012，第684页。

刻的影响。17 世纪的教育家夸美纽斯提出发展人的自然性，因此教育要适应人的自然；18 世纪的教育家卢梭提出培养“自然人”的主张。但必须指出的是，夸美纽斯、卢梭提出的教育要适应自然发展的规律，相对于中世纪摧残、压抑人性的状况是大大地前进了。但近代唯物主义却忽视了人所特有的精神本质、意志自由，一笔抹杀了人的能动性、主体性，使人的发展只是成为身心成熟的人，成了自然的奴隶。所以，在自然主体的教育中，虽注意到了个体人，但人被贬为客体，并且是像物一样可改造的客体，人的自主性沦为物的可改造性。这不是现代意义上的个人主体教育。

（二）理性主体教育

近代思想史上，为人的主体地位的解放进行了两次革命，第一次是文艺复兴，把人从神权的束缚下解放出来；第二次是把人从自然中解放出来，走向理性主义的精神主体。理性主体的主体性是一种外在的主体性，它是建立在主客对立分裂的基础上，把人的主体性理解为人对外部世界的认识、征服、占有、改造的活动中所表现出来的能动性或自由度。西方从文艺复兴特别是宗教改革以后至法国大革命这段时期，其流行的人本主义思潮倡导的就是理性主体的主体性。

理性主体性，是一种占有性个人主体性。这一个人主体性的形成，是一定历史阶段的产物。这一时期在西方是 18 世纪。18 世纪不仅是产生“孤立个人”的时代，也是一个理性的时代，一个人类以理性为向导和裁判的时代。所以，18、19 世纪西方的教育可以说是理性主体教育占主导地位，它以传授给学生征服、改造自然的知识，发展他们的智力和征服占有能力为宗旨。

理性主义一直是西方文化思潮的主流，其根植于古希腊的文化模式。文艺复兴使人以世界的主宰者自居，培根的“知识就是力量”，为人类征服自然找到了途径。所以，自培根以来，就有泛智主义教育盛行。泛智主义教育试图把全部知识都包括在学习者的范围内。当科学发展到人类无法全部掌握时，随后又导致了以发展智力为教育目的。洛克提出，教育不是使年轻人精通任何一门科学，而是开发他们的智力，引导他们学习科学。卢梭也讲道，我们的目的不是用知识充实他们的头脑，而是教给他们必要的接受知识的方法。

19 世纪英国教育家斯宾塞的科学主义教育思想，确立了理性主体教育的绝对统治地位。斯宾塞认为，教育的目的就是为完美生活做准备。他以此为尺度来衡量和比较各项知识的价值。他对“什么知识最有价值”的回答是“科学”，而且只有“科学”。

总的来看，西方 18、19 世纪正是资本主义上升时期，这一时期的生产力和商品经济的发展使独立个人的产生有了条件，个人主义哲学也得到了发展，个人主义与西方理性主义的传统相结合，就产生了理性主义的个人主体。这种个人主体既带来了文明的进步，同时又带来了人与自然、人与社会、人与自我的分裂和对立。

（三）价值主体教育

理性主体教育注重的只是人的理性方面的发展，忽视了人的价值侧面的情感、意志的发展，其缺陷是显而易见的。所以，作为理性主体教育的一种悖论，一直有价值主体教育的抗争。

价值主体不是指向外部的经验世界，而是指向人自身精神上的自我完善，把主体性落实到先验主体的精神自由上。价值主体的探讨，在哲学史上肇始于康德。康德哲学中的主体性思想，在后来的德国古典哲学中得到了发展和巩固，以至于主体性在黑格尔那里就变成了“绝对精神”。在德国古典唯心论看来，主体是人的本质的先验存在，人的主体性就是人的这种先验理性的确立、发展和完善，它强调人的精神自由的真正实现。

产生于19世纪下半叶并兴盛于20世纪上半叶的存在主义，接受了德国古典唯心主义价值主体的思路，主张从内在自我的完善和精神自由的实现来重建价值主体。它反对黑格尔普遍的、抽象的、无人身的价值主体，即反对“本质先于存在”，倡导“存在先于本质”；反对理性，倡导非理性；反对普遍的个人，倡导具体的个人。所以，存在主义所认同的价值主体是具体的、非理性的个人主体。在它看来，个人及其内在的体验是主体性的根本。

存在主义的教育，是对传统教育人性压抑的一种抗议。传统教育对于理性、抽象观念和教育效率的强调，使教育无视个人的存在，学校成了一个“加工厂”，学生是批量生产的“产品”。“我们的儿童像羊群一样被赶进教育工厂，在那里无视他们的独特个性，而把他们按同一个模式加工和塑造。”① 存在主义为这种教育指明了改革的方向，这就是“让教育为个人而存在”，“把个人还给教育”。

存在主义作为一种个人的非理性主义思潮，它反对理性主义用至高无上的永恒的“理性”作为人的本质，将人变成一个“空灵”的外壳，而突出个人的感性存在，个人作为最高的存在，不为他人所利用，每个人都是单子式的主体，“我是我的目的”。在教育中，针对理性主体教育的“目中无人”，而使人在教育中的地位走向另一个极端——“目空一切”。

由上可以看出，在三种不同的教育范型中，个人的地位和价值实际上并不一样。自然主体教育，作为人的一种官能训练，把教育看作人的自然生长，人无主体性可言。理性主体教育和价值状态教

①陈友松主编《当代西方教育哲学》，教育科学出版社，1982，第119页。

育，虽然注重人的主体性的发挥，但都是片面的主体性。

四、类主体教育

由个人主体发展到类主体，必然要求我们反思个人主体教育，建构类主体教育。从前面的分析可以看出，类主体具有发展的全面性和发展的自由性。所以，类主体教育，要从两个方面着手：一是要以全人教育为面，二是要以自由活动为线。线和面的交界点，也就是全面发展和自由发展的融合，最终落实在个性上，个性的充分发展是全人教育和自由活动相融合的结果。也就是说，在自由的状态下，个人的全面发展，必然是个性的充分发展。所以，类主体教育，就把“全面发展”“自由发展”“个性发展”三者融合在一起，成为一个统一的整体。

（一）以全人教育为面

马克思主义认为，人是实践的存在物，实践是人性的根本。以实践的观点来看待人，人是有着双重生命、双重本质的存在。一种是给予的生命，一种是自为的生命。前者我们称之为“种生命”“种本质”，后者称之为“类生命”“类本质”。“种生命”“种本质”是动物也具有的本质，只有人才能超越“种”的规定而具有“类”的本质。所以，“类生命”作为支配生命的生命，标志着人的人格和人的生存价值。但是，“类生命”不是先验的，人必须先获得“种生命”，在“种生命”的基础上经过学习、创造才能形成“类生命”，“种生命”是形成“类生命”的物质基础和前提。

“类生命”是人的本质特征。人的“类本质”是什么？马克思指出，是“自由自觉的活动”。人类的活动在何种程度上才能达到自由自觉呢？按照马克思的观点，它必须是实践活动中的三种尺度，即真善美的完美统一。人在实践活动中，只有实现了真善美三种尺度的统一，才能使其在活动中实现或达到合规律性与合目的性、实然与应然、占有与享受、主体与客体的统一。真善美的完美统一，标志着人的自由的最高境界。

把真善美放在人的心理文化结构中来考察：真，注重认识过程；善，注重意志过程；美，注重情感过程。自由作为真善美的统一，也意味着自由的本质是主体在知、情、意方面的全面发展。教育作为人类再生产自身和实现自己目的的手段，它要在创造真善美中发展知、情、意，把真善美的统一和人的全面发展融为一体。因此，教育必须把培养真善美相统一的完美人格作为全人的根本标志。

根据人的双重生命本质，人在实践活动中要体现“种生命”和“类生命”的完美统一，教育必须把自然教育和价值教育结合起来。自然教育是形而下的教育，它发展的是人的自然性；价值教育是形而上的教育，它发展的是人的自由性。其中，价值教育又分为真的教育、善的教育、美的教育。完善人格中真善美的统一，决定了真的教育、善的教育、美的教育之间的相互依存、相互融合，它犹如金字塔有三面，而非鼎有三足。

（二）以自由活动为线

人作为类主体，不仅是一个真善美全面发展的人，而且是一个自由发展的人。只有人的自由发展和人的全面发展的统一，主体以自由自觉的活动不断地开拓和丰富自身而成为“自由的真”“自由的善”“自由的美”的统一，人才能成为一个自由的人。

从哲学上看，活动是人的存在方式。“历史不过是追求着自己目的的人的活动而已。”① 只有活动，也只有人的自主活动，而不是被

①马克思、恩格斯：《马克思恩格斯全集》第42卷，人民出版社，1979，第97页。

迫的活动，只有人全面的活动，而不是片面的活动，才能促进人的自由发展。没有教育活动的展开，就不可能产生教育影响，也就无所谓学生的发展。

活动作为人的自主生成机制，它有助于充分发挥学生的主体作用。活动教学从生存论的角度，倡导以主动学习为基本的习得方式，让课堂焕发生命的活力，主张以主动探索发现和解决问题方式掌握人类长期积累起来的关于自然和社会的系统知识，并在经验重组和交流活动中实现对已有认识的突破和创新，达到情感、行为的升华和提高。

活动是促进学生发展的重要方式。德国教育家第斯多惠早已指出："发展与培养不能给予人和传播给人。谁要享有发展与培养，必须用自己的内部活动和努力来获得。"① 活动对个体的发展起决定性作用。皮亚杰的研究表明，个体的发展就是练习、经验、对环境的作用等意义上的大量活动的产物。从哲学的观点看，活动是主客体双向对象化的过程。一般的活动，以客体主体化为目的，旨在改造外部对象，但教育活动不同，学生进行活动的最终目的就是为了促进自身的身心发展，即实现主体的客体化。在学生的活动中，主体通过作用于一定的对象客体而作用于自身的身心结构，以促进自身的发展。教育的活动是教师和学生的共同活动，是以他们共同的对象性活动而展开的一种交往过程，是一个"主—客—主"的模式，它由三种活动构成：第一种是构成教与学这一文化实践中心的认识形成与发展的活动。教与学是在与认识和控制的客体世界的关系中构成的，即教师主体—中介客体、学生主体—中介客体。第二种是教师与学生在改造共同客体并促进该活动主体间关系时，形成的交

①第斯多惠：《德国教师培养指南》，袁一安译，人民教育出版社，1990，第78页。

往社会实践。第三种是该活动主体——教师与学生的自身内主客体关系中构成的。所以，教育过程（教育活动）是由三种活动——同客体世界的对象化活动、同他人的交往实践、同自身的对象化活动所构成的实践。学生就是在以对象性活动为中介而形成的广泛的交往关系中得到发展的。

第二章

主体性教育

第一节　走向主体性的教育哲学观

一、主体性教育：21世纪教育的新走向、新发展

主体性教育在21世纪，是必要的、急需的，代表着当代教育的新发展、新走向。

（一）主体性教育在哲学上的两个前提

主体性教育，用最笼统、较少引起争议的一句话概括之，就是"启发、发展、建构人的主体性结构的一种教育活动"。这里的关键词就是"主体性"，教育该不该发展和弘扬人的主体性，这是不少人心有余悸的，也是最容易遭到批判的。所以，探讨主体性教育在哲学上的依据，实际上就要回答关于主体性的两个前提：一是人的发展和社会发展的关系，二是人自身发展的主我和客我的关系。前者反映人在社会发展中的地位，后者反映主观在人的发展中的作用。

人的发展和社会发展的关系，都被认为是"对立和统一的关系"，但问题是统一到谁身上。人们常常认为，社会发展有不以人的意志为转移的客观规律，未来社会是一个由历史规律设计好的蓝图，因此，更多地强调社会发展对人的制约，强调人要适应社会发展的要求，用社会发展的规律性掩盖或否定人的目的性，很少看到人在创造社会历史和人对社会现状的超越。其实，未来不是我们要去的

地方，而是我们要创造的地方。人是社会历史发展的主体，不是社会环境的被动适应者。人在现实生活中会产生新的需要，会超越现实、改造现实，使其合乎自己的目的。因此，人的发展和社会的发展，虽然互为条件、互相决定，但在终极意义上，人是更根本的因素，人的发展才是目的。

就人自身而言，人是主我与客我的统一，主动性与被动性的统一。马克思说："人作为自然存在物，而且作为有生命的自然存在物，一方面具有自然力、生命力，是能动的自然存在物，这些力量作为天赋和才能，作为欲望存在于人身上；另一方面，人作为自然的、肉体的、感性的、对象性的存在物，和动植物一样，是受动的、受制约的和受限制的存在物。"① 应该承认，心理学对人的主动和受动的对立统一作了比较好的探讨，提出社会的要求和人已有的心理发展水平之间的矛盾，是心理发展的动力。但这一结论的问题就在于"社会的要求"不会自觉地与人已有的心理水平构成矛盾。所以，只有内化的社会要求，才有可能成为矛盾的主要方面，这就是说，将社会要求转化为主我的应然要求，才能与客我的实然水平之间构成矛盾。教育学中只反映了教育要适应人的心理发展水平，而没有揭示出"我"在自身发展中的决定作用。正是如此，才有灌输教育的出现。在那里，人不是自己的主人，不是自己发展的主体，而是由外界强行灌输，由社会要求牵着鼻子走。

人是社会发展的主体，人是自身发展的主体，这两个结论，如属不谬，那么，主体性问题、主体性教育问题也就顺理成章了。

---

①马克思、恩格斯：《马克思恩格斯全集》第42卷，人民出版社，1979，第167页。

（二）从宏观的社会背景看主体性发展的必要性和可能性

追求人的发展和人的主体性的弘扬，是世界各国现代化的根本转变。西方传统的发展理论主要是以经济发展为标志，现代的发展理论，把视角转向了人，提出了发展的根本着眼点在于人而不在于物。“对发展问题的注意预示着经济学及其所应用的分析工具领域中的各种根本变革。其要点在于，发展同作为主体和行为者的人有关，同人类社会及其目标和显然正在不断演变的目的有关。”① 发展是“为一切人的发展和人的全面发展”。西方现代化的历史教训，已经使他们认识到，现代化不只是物的现代化，更是人的现代化，是追求人的现代性不断完善的过程。

中国的现代化历史也走过了曲折的道路。从1840年鸦片战争开始，中国现代化的道路，有人概括为三部曲：“变夷之议，始于言技，继之以言政，益之以言教。”② 即先是洋务运动重变革技术，继而是戊戌变法改制，再是新文化运动重于变革文化教育。结果，这三步没有一步走成功。新中国成立后，我们也经过了一段短暂的摸索，如今提高国民素质已成为全社会的一致共识。改革，从最深层的意义上说，就是解放人。我们进行的现代化建设，如果不从根本上解放人，不使人自身从心理、思想、态度和行为方式上都经历一个向现代化的转变，那么，失败和畸形发展的悲剧就不可避免。

西方国家的现代化从文艺复兴开始，已经高扬人的主体性，现在个人主体性已经走向了黄昏，进而进入类主体的阶段。但是，回到现状，我们现在不是需要吸取西方主体性黄昏的教训、批判个人

---

①弗朗索瓦·佩鲁：《新发展观》，张宁、丰子义译，华夏出版社，1987，前言第1—2页。

②甘阳主编《文化：中国与世界》第1辑，三联书店，1987，第4页。

主体性的时候，相反却是需要高扬个人主体性的时候。

中国数千年的封建统治及其长期深厚的影响，在改革开放前，造成我们缺少具有独立人格的个人主体。以道德教育为例，我们的整个道德以社会为本位，由此出发，道德教育以约束个人、维持社会秩序为目的，个人道德修养以“无我”为最高境界，道德评价以恪守本分为基本标准，个人的主体性牺牲给虚假的整体，牺牲给社会了。于是，就造成了枪打出头鸟的社会风气。“普天之下舍我其谁”的豪气、“江山代有才人出，各领风骚数百年”的进取意识、社会主人公的干预精神偃旗息鼓；“木秀于林，风必摧之；堆出于岸，流必湍之；行高于人，众必非之”“不为人先，不为人后”的处世经验充斥社会，服膺于传统、屈从于现状的庸人气息弥漫人间。[①] 把个人与抽象的社会相对立，社会作为紧箍咒约束个人，国人的这种文化性格延续至今，可以说成为我国现代化建设的一个巨大障碍。面对这种现状，我们需要的是培植具有充分活力的个人主体。

培植个人主体，是一种价值使然，能否实施，还要看条件成熟与否。我国曾经实行的“一大二公”制度和高度的计划经济体制，发展不了人的主体性。但我们现在已转到了社会主义市场经济体制。市场经济呼唤人的主体性，同时也为人的主体性生长提供了温床。马克思主义创始人将“以物的依赖性为基础的人的独立性”的出现，作为主体性的标志。[②] 这一标志的出现，就是商品和商场出现的时代。市场经济是个人自主活动的经济形式，它面向的不是“死”的计划，而是“活”的市场，竞争是市场经济的重要特征，人们通过参与竞争，“个人一定会形成具有自主、自立、自律能力的独立个

---

①肖雪慧、韩东屏等：《主体的沉沦与觉醒》，贵州人民出版社，1988，第3页。

②马克思、恩格斯：《马克思恩格斯全集》第46卷上册，人民出版社，1979，第104页。

体，这点应当坚信不疑”①。

（三）从学校教育看培养主体性的必要性和可能性

时代呼唤人的主体性，要求教育能培养人的主体性，这就对我们的教育提出了挑战。因为传统的教育在价值取向上是社会本位，强调个人对社会的服从，而忽视个人在教育中的主体地位和个性在人的发展中的重要性。“这种教育不承认或者不完全承认受教育者作为个人是自由、自主和有尊严的，否认受教育者的选择自由和选择能力，否认受教育者即教育最终的实在是个人主体。”② 甚至把个人的自由和自我实现作为个人主义、无政府主义加以批判和泯灭。我们的教育强调促进人的社会化，而不言促进人的个性化，其结果是把人客体化和工具化，化作社会的客体，而不是化作社会的主体。这种反主体性的教育，有以下几种表现形式：

第一，工具性教育。工具性教育，不是把人作为主体加以发展，而是把人作为工具加以训练。强调教育为政治服务时，把人培养成“红卫兵”“小闯将”；强调教育为经济服务时，恨不得马上把人培养成“专业户” “致富能手”。当学生中学毕业，不能马上发家致富，就会抱怨“读书无用”“越读越呆”。它完全无视教育培养全面发展的人的素质的职能。

第二，整体至上的教育。人是社会性动物，是集体的一员，舍弃集体便无个人的存在。但集体的存在并不是以泯灭个人的主体性为前提的，相反却是蕴含着丰富的个性，这样的集体才是真实的集体。马克思在《德意志意识形态》中把起初的集体看作是个人获得

---

①高清海：《主体呼唤的历史根据和时代内涵》，《中国社会科学》1994 年第 4 期。

②金生鈜：《个人主体性的培植与新教育的构想——文化转型时代的教育反思》，《中国文学研究》1995 年增刊。

全面发展才能的手段。但现实中虚伪的集体，是与个人对立的抽象的集体。教育却把这个虚假的集体奉为上苍。在集体教育中培养绝对服从集体需要的奴役性格。例如，把道德教育看作是对人的行为的一种约束，只有体现约束自己、服从社会的行为才被视为美德。

第三，灌输式教育。灌输式教育是把教师作为主体，学生看作客体，教育、教学围绕教师来设计，是学生适应教师的教，而不是教师适应学生的学。学生的学习似乎不是自己的活动，是被教师牵着鼻子走。“满堂灌”是其典型的表现形式，强制性是其根本特征。

“从实践论的观点，教育的本质就在于提升作为实践人的价值，是主体人的再生产。”[①] 教育作为一种实践活动，它是按两种尺度来建构人的，即现实存在的物质世界这一外在尺度和人的自由心灵这一内在尺度。与此对应，教育要实现的目的有两种：一是使受教育者具有谋生手段的外在目的，二是发展人的主体性的内在目的。反主体性教育的根本缺失是只注重教育的外在尺度和外在目的，强调人的发展服从于社会的发展，教育就是适应社会的要求，培养社会的工具，用虚幻的整体社会掩盖人的个性的发展，而没有注意和遵循教育的内在尺度和内在目的，即追求个性的自由和解放，追求主体性的完善和发展。教育不是外界社会对人的强制牵引和要求，而是外界社会的要求内化为主我的应然追求，是谋求主我和客我对立统一的过程。

主体性教育作为一种应然追求，它的实现不只是变革思想观念的问题，也需要一种物质条件。其中重要的物质条件就是要有适当的教学组织形式。近代教育，为扩大教育民主，提高教育的效率，用班级授课制代替了古代社会的个别教学。班级授课制的出现，“一

①鲁洁：《通识教育与人格陶冶》，《教育研究》1997 年第 4 期。

面把越来越多的‘人’吸收到教育过程中来，一面反而更加无视各个教育对象的存在”①。班集体作为教育对象横亘在教师和各个学生之间，成为各个学生的“替身”。教师实际上面对一个抽象的无人身的“学生”授课，撇开了教育对象的差异。所以，注重发展个性的呼声越高，班级授课制的局限性愈加引人注目。于是，20 世纪以来，西方社会揭开了改革班级授课制的序幕，出现了诸如分组教学、道尔顿制、温内特卡制等灵活制度的个别教育形式。

21 世纪是一个数字化时代，信息化、数字化、智能化作为人类文化—教育发展中的第三个里程碑。它们的出现，引发了教育组织形式和教学模式的根本变革，呈现出如下特点：学校由封闭走向开放，成为学习中心，真正实现“人人可学，处处能学，时时都学”；教学形态将从班级授课制走向个别化教学形态，为每个学生提供适合的教育；教学形式将更加活泼，更能体现因材施教；学生的学习形式将由被动地接受信息转为主动地吸收信息。所有这些特征的呈现，都为 21 世纪主体性的培养提供了条件和可能。

二、从工具论到主体论：教育哲学观的变革

经过 20 世纪 90 年代的讨论，主体性教育已成为一种思潮，深入人心，但“从哲学、教育哲学角度，以人的实践性为根本的依据去认识人的主体性及其超越性的内涵并用以对教育的整体，包括教育目的、过程、内容、方法等作出新的全面的思考和研究，这还有待于我们进一步的努力。”②

①陈桂生：《教育原理》，华东师范大学出版社，1993，第 58 页。
②鲁洁：《论教育之适应与超越》，《教育研究》1996 年第 2 期。

（一）确立一种新的教育哲学观——主体性教育哲学观

在市场经济为主体性的发展提供了广阔的社会背景，在数字化时代的教学组织形式为主体性教育提供了新的可能契机后，主体性教育哲学观，在一定意义上说，就成了决定主体性教育成败的最后依据。长期以来，我们教育的思想根基是工具性教育哲学。在这种教育哲学观影响下，我们把人与社会对立起来，把社会作为人类整体的利益绝对化、抽象化、理想化，似乎社会可以说明一切、取代一切，而看不到社会正是由一个个的人所组成的，把手段抬高为目的，把目的贬低为手段，产生了手段与目的的倒置现象。在以这种思想为基础的教育理论中，是多见社会少见人，教育的价值在于外在的社会价值，而忽视了育人的价值；教育的目的在于培养社会需要的工具，在于适应社会物质发展的外在目的，而忽视了人的自我心灵的培植，忘记了真正属于人的终极教育目的。在教育教学过程中，强调“施加影响”，忽视学生的能动作用；强调教师主导作用和主体地位，忽视学生的主体作用；强调讲授和灌输，忽视交往和活动，如此等等，表现在教育过程中人是作为客体而存在，不是作为主体而存在。工具性教育，抑制了个人的自主性、积极性、能动性，扼杀了个体的创造性，把人培养成社会的工具，受他人摆布和操纵。工具性教育，从根本上就没有确立“人是目的”的主体性原则，它是一种反主体性教育。

倡导主体性教育哲学观，在根本上应确立两种观念。第一，人是教育的出发点。教育以人为出发点，就是把人作为目的，把人的价值视为教育的最高价值，把构建和完善人的主体性视为教育的直接目的和最高目的。第二，人是教育的主体。教育活动不是“主—客”之间的塑造模式，而是“主—主”之间的双向交流。真正的教育应该是“人对人的主体间灵肉交流活动”①。只有把人作为教育的主体，才能发挥受教育者积极参与教育活动的自主性和能动性，才能在实践中培养人的主体性。把教育当作一种对人的“生产”“加工”“塑造”，而不是“启发”“引导”“建构”，是培养不出主体性的。

（二）围绕主体性教育哲学观，对工具性教育进行全方位变革

1. 教育目的的变革

在教育目的观上，主体性教育与工具性教育的根本区别是，前者倡导主体性的内在目的，后者倡导工具性的外在目的。工具性教育，旨在通过教育使人获取谋生的手段，所以，它强调职业本领和知识技能的获得；而主体性教育，是通过教育使人性获得意义和解放，心灵得以自由的发展，它指向人的自我发展、自我创造、自我实现。当代教育的基本缺失就是把人自由发展的内在目的都化解为生存发展的外在目的。“由教育所培养的人因为不能正确地懂得‘为何而生’，为此一切‘何以为生’的知识与本领之发挥也就会陷入盲目而难以符合人性之根本。”② 所以，我们认为，外在目的的实现，应以内在目的为根本，教育应该是通过实现学生主体性的建构这种内在目的，进而达到外在目的的实现，使学生既懂得人生的价值和意义，又掌握谋生的本领，而不至于成为只掌握谋生本领的“机器人”。

教育要以培养人的主体性为目的，问题在于主体性是什么？哲学界作了不少的探讨，提出了包括自觉性、能动性、目的性、选择

---

①雅斯贝尔斯：《什么是教育》，邹进译，生活·读书·新知三联书店，1991，第3页。

②鲁洁：《通识教育与人格陶冶》，《教育研究》1997年第4期。

性、创造性等种种内涵。但是不难发现，哲学上的论述都是把人与物（动物）相对的，反映了人的类本质的主体性。而教育活动中的主体，面对的是个人，所以还必须弄清体现在个人身上的主体性的素质结构如何。

作为个人的主体性，是一种文化—心理结构。考察这一结构的内涵，我们认为，可以有两个维度，横向的维度标明人的素质的“量”，这个“量”包括真善美三方面，因为人是真善美的统一。纵向的维度标明人的素质的“质”，这个“质”就是自由，因为马克思主义创始人把“建立在个人全面发展和他们共同的社会生存能力成为他们的社会财富这一基础上的自由个性”①，作为可以预见的主体性发展的最高阶段；把“自由自觉的活动”，作为类本质的特征。这两个维度纵横交错，就构成了“自由直观”（理智结构）、“自由意志”（意志结构）、“自由感受”（审美结构）三种结构。② 这三方面就构成了人认识和把握世界的主体性。

值得指出的是，知识与人的主体性的关系。工具性教育把知识奉为最高目的，主体性教育承认知识的重要性，其重要性在于它起一种奠基性作用，它赋予真善美以理性，否则，缺乏知识作根基的主体性，不是人的主体性，而是动物的本能冲动、盲动。但是知识是死的，所以主体性教育不把知识奉为目的，而把主体性奉为目的，因为主体性是活的能力或能量。上述对个人主体性结构的探讨，只是第一级指标，它还有待于研究其第二级、三级指标，以便于为教育、教学工作易于操作和把握。

①马克思、恩格斯：《马克思恩格斯全集》第46卷上册，人民出版社，1979，第104页。
②李泽厚：《李泽厚十年集》第2卷，安徽文艺出版社，1994，第475—489页。

2. 教育过程的变革

我国的教育过程观，自古就有别于西方。西方古希腊时期朦胧的主体性思想，奠定了西方教育过程观的基础，使西方的教育把从“人的灵魂中引出”，作为教育过程的本质所在，开辟了“内发论”的道路。我国的教育受儒家思想影响，把人性视为恶，甲骨文中“教”的象形字“教”就是成人执鞭立于儿童之旁，以防儿童作恶。故《说文解字》中有“教，上所施，下所效也”。这就开拓了有别于西方“内发论”的“外铄论”教育过程观念。

我国传统的“外铄论”教育过程观影响至今，它鲜明地表现出两个特点：一是强制灌输，二是约束。表现在教学过程中，就是把受教育者看作被动的存在物，由教师依其主观愿望灌输社会文化知识；在德育过程中，就是把本质上多样化的个性严格限制在用道德规范和戒条为它铺设好的轨道内，道德教育成了对个人欲望的讨伐。今天，时代要求培养主体性的人，这种外铄的教育过程观已不适应社会发展和人的发展需要，我们必须使教育过程从“灌输”“约束”转向“发展”“引发”和“解放”。教育过程的本质不是约束人的内在力量，而是要启发、引导、发展人的内在力量。当然，在发展的过程中，强制约束也是必要的，这种约束是对个人身上可能妨碍他作为人的能力和本质发展的那些因素的约束，其目的也不在于限制人的自由，而是使人的内在力量的发展更加符合人性的要求。

以上述观点来看教育过程，主体性教育就是教育者充分发挥自己的主体性，通过启发、引导受教育者内在的教育需求，使受教育者积极主动地将社会的要求内化到教育者的心理结构中，从而建构其主体性。这里教育者和受教育者都具有双重角色，他们共同参与教育活动，促进主体性的共同建构。二者的角色认定，正如保罗·

弗雷尔所指出的，“教育工作者作为受教育者的教育者必须‘死去’，以便作为受教育者的受教育者重新‘诞生’”。同时，“受教育者作为教育者的受教育者而‘死去’，以便作为教育者的教育者而‘重生’”①。

3. 教育内容的变革

人的主体性的建构，不是凭空进行的，课程是进行建构的一个重要媒体。所以，课程改革也是一个关键。工具性教育，适应高度计划的大工业生产，把受教育者以组织化的模式纳入生产过程，用统一的课程、统一的标准把人制造成标准化的教育产品。这种划一性的课程标准，以抽象的整体为对象，抹杀了个体的个性差异，显然，不利于主体性的培养。今日世界各国的教育改革，都积极关注个性和主体意识的培养，所以，课程打破了统一的、划一的弊端，而呈现出多样化、个别化、综合化趋势。② 我国近年来，课程也进行了较大的改革，从单一学科课程到学科课程、综合课程、活动课程并重，从单一必修课到必修和选修并重，这些措施无疑都有助于学生主体性的培养。我们认为，为培养学生的主体性，课程需要打破划一性，走向多样化和选择性，但不能从一个极端滑向另一个极端，过分强调划一性和过分强调多样化都是不可取的，应该是统一性和多样性、选择性相结合。对一些核心课程，国家要规定必修，要有统一的标准，以保证人才培养的基本规格。但是为了促进学生个性的发展，也要增加课程的弹性和灵活性，扩大选修课的范围。同时，还要注意研究活动课在培养学生主体性方面的特殊价值。

---

①保罗·弗雷尔：《不平常的教育思想》，转引自联合国教科文组织国际教育：《学会生存——教育世界的今天和明天》，教育科学出版社，1996，第176页。

②钟启泉：《现代课程论》，上海教育出版社，1989，第32—40页。

当前我国教育内容的改革，还必须注意增加人文教育的内容，注重情感因素的培养。近代的教育在科学主义理念的支配下，往往桎梏于理性的目的，而忽视了人的情感的培养，这是一种极不完整的主体性，正如爱因斯坦所言，“专门的知识和技术虽然使人成为有用的机器，但不能给他一个和谐的人格”①。历史发展到今天，唯理性教育的局限性更加明显。因为在21世纪这个信息化、智能化时代，人机对话会造成越来越严重的感情危机。最近提出的“情商”，虽不一定科学，但不无提示作用，至少是说明了情感因素在人格的完整中占有重要的地位，忽视不得。这就要求我们必须扬弃唯理性教育模式，注重理性和非理性教育的结合、科学教育和人文教育的结合，从理性和非理性两个方面促进学生主体性的和谐建构和发展。

4. 教育方法的变革

（1）从“静听”到“活动”，重视活动的教育学意义。我国传统的教育模式，是以有序的班级授课和认知教学来维持的。课堂是一排排地按几何顺序挤在一起的，课桌都是一样的大小，以便尽可能没有活动的余地。这些全是供“静听”用的，“静听”意味着是儿童被动地吸收，其重心在儿童之外，唯独不在儿童自己直接的活动之中。② 这是杜威在19世纪末就批判过的情况，至今还是我们的现实。针对此，杜威提出了“从做中学”。“从做中学”本身的形式可能有失偏颇，但杜威把教学从儿童之外移到儿童身上，强调“活动”的意义不无启示。苏联学者休金娜把活动抬至关系教育生死存亡的地步，指出“教育学离开了活动问题就不可能解决任何一项教

①刁培萼主编《教育文化学》，江苏教育出版社，1992，第75页。

②杜威：《学校与社会·明日之学校》，赵祥麟、任钟印、吴志宏译，人民教育出版社，1994，译者前言第7页。

育、教学、发展的任务”[1]。活动的教育学意义，尤其是对主体性教育的重大意义，表现在三点：

第一，活动是主体存在和发展的方式，是人的主体性形成和发展的源泉和动力。在教育过程中，学生作为活动的主体，在活动中形成主体性，在活动中表现出主体性。所以，活动成为影响学生主体性发展的决定性因素。

第二，活动是学生自我教育的真正基础，是主体性教育的基础。主体性教育，是教师引导下学生独立自主活动的过程，一定意义上等同于自我教育。自我教育是教育的最高形态和归宿。苏霍姆林斯基曾经指出，教育只有转化为自我教育，才能发生作用。自我教育的发生是必须建立在学生活动的基础上，主体走出自身，把自我当作客体加以认识、评价，而这只能在主体的对象化活动中，在主体间的交往活动中才能实现。

第三，活动是实现主体性教育的根本途径。由于活动是主体性的生成机制和源泉，所以它也是主体性教育的根本途径。国内已有学者主张把活动性原则作为主体性教学设计的根本原则，[2] 把活动道德教育作为促进学生道德主体性完善发展的根本。[3]

但是对于活动，不能简单地理解为蹦蹦跳跳，活动的核心就是个人主体地位的确立，就是“自己去做”。在教育活动中，教师提出任务，学生解决任务，但问题是学生应该占有主体立场，而不是指

---

①休金娜：《活动——教育过程的基础》，载瞿葆奎主编《教育学文集·课外校外活动》，人民教育出版社，1991，第 3 页。

②和学新：《主体性的生成机制与教学设计》，《教育研究》1997 年第 11 期。

③戚万学：《活动道德教育论》，南开大学出版社，1994。

令的执行者的立场——这正是教师的重要任务。[①]

（2）从专制到民主，为学生创造一种和谐的气氛和轻松宽裕的环境。民主平等的关系，尤其是发生在教育活动中的师生关系以及由这种关系营造出的一种和谐、轻松的环境气氛，是学生主体性发展的基本条件和前提。传统教育的师生关系是一种专制式的统治者与被统治者的关系。在这种关系中，教师“权”大无比，学生听于师命，处于被动状态，谈不上主体性的发展。在主体性教育中，这种关系“必须让位于以独立性、互相负责和交换意见为标志的师生关系”[②]。当前师生关系多单向进行，多是由教师提问，而不是学生主动质疑问难，学生的自主活动缺失，改变这种状况，必须从改变师生关系入手，从创造一个和谐的教育氛围入手，从放下教师的不可侵犯的权威架子、抛弃专制的教育方法入手。日本的教育改革在这一点上似可借鉴。战后日本一直把“完善人格，尊重个性，崇尚自由”作为历次教育改革的中心任务，采取了不少的措施。在1996年7月日本第15届中央教育审议会向文部省递交的一份咨询报告中，明确地把在“轻松宽裕”中培养学生的“生存能力”，作为日本面向21世纪教育的发展方向。当然，这里的“轻松宽裕”，不只局限于师生关系，还包括宽裕的时间和无精神压力等。

---

①休金娜：《活动——教育过程的基础》，载瞿葆奎主编《教育学文集·课外校外活动》，人民教育出版社，1991，第3页。

②联合国教科文组织国际教育发展委员会：《学会生存——教育世界的今天和明天》，教育科学出版社，1996，第110页。

第二节 人的道德主体性与主体道德教育

长期以来我们把道德作为调节人与人之间、人与社会之间关系的行为规范，作为社会的一种意识形态，因而把道德混同于政治伦理，成为凌驾于个人之上的外在统治力量。建立在这种道德观下的道德教育，特别强调个人从属于集体，从属于社会，从属于国家，否定个人在道德领域的主体性，道德教育主要是以道德秩序和道德准则来规范人的日常生活行为，所尊奉的是政治伦理，推行道德一体化秩序的道德约束，是以纪律为形式的强制的训诫、评价和奖惩，体现为一种道德的管制，从而有意或无意地遏制个人的道德主体性。道德教育潜在的意图就是压制人的主体性的发展，使之归顺于社会或政治的要求，从而形成全社会步调一致的完美的秩序。①

这样的道德教育压制人的道德发展，不能真正地培养道德。因为，一方面，强制地灌输道德规范，忽视或无视个体生活的权利、人性的尊严与道德选择的自由，只能使个体在道德的重负下，遵从道德，伪饰道德，表现为言行不一，口是心非，而不是个体对德性的内在追求。另一方面，道德的外在命令，取消了个人对道德的自主选择和判断，因而无法体验自主的道德行为的责任感，也就不可能自觉地完成道德义务。其实，这已不是“教育视野”中的道德教育，而是“政治视野”中的一种严厉的道德控制。

---

①金生鈜：《学校道德教育理念的反思》，南京师范大学道德教育研究所编内部刊物《道德教育研究》2001 年第 1 期。

西方思想家早已指出，“适合于人的道德应该建立在人性上”，“道德一旦变成一种强制约束力量，那是它的耻辱而不是它的本质。”马克思也指出，道德不同于宗教，“道德的基础是人类精神的自律，而宗教的基础则是人类精神的他律”①。建立在人性基础上的自律的道德教育，是以人自身的至善和幸福为目的的道德选择。反思今天的道德教育，我们必须还道德的“人本性”，确立以人为目的，尊重人的道德选择的自主性，发展人的主体道德人格的主体道德教育。

一、人的道德主体性内涵及其表现

（一）道德的主体性

道德与法律、伦理不同。道德是伦理的个人化，伦理是道德的社会化。美国道德哲学家弗兰克纳指出，“从道德上讲，任何道德原则都要求社会本身尊重个人的自律和自由，一般地说，道德要求社会公正地对待个人；并且不要忘记，道德的产生是有助于个人好的生活，但不是说人是为了体现道德而存在”②。相反，道德是为人而存在的。道德是人的道德，人是道德的主体。道德没有主体的参与，就不是道德，即便有了主体，但如果主体不敬仰和服膺道德，也同样没有道德。

人是道德的主体，道德为人的需要而产生。道德对个人来说，它就是人自身的创造物。人类发展史的考察表明，道德最初并不是一部分人发明出来控制另一部分人的工具。道德产生于人们共同的特殊的人类需要，并满足这种特殊的需要——即调节和确定人们之

①马克思、恩格斯：《马克思恩格斯全集》第1卷，人民出版社，1956，第15页。

②威廉·K. 弗兰克纳：《善的求索——道德哲学导论》，黄伟合、包连宗、马莉译，辽宁人民出版社，1987，第247页。

间各种关系的需要以及个人自我确证、自我肯定和自我发展的需要。道德包含着人的追求活动，而且道德规范本身也是反映和体现人的发展需要和意向的东西。人创造了道德并不仅仅是为了约束自己，而是为了确证、肯定和发展自己。道德有约束性，但道德对于人不仅仅是约束，而更重要的是激励。道德不是社会对付个人的工具，而是在个人与社会之间造成一种特殊的关系，这种关系不是压制人的，相反，它保证个人获得肯定和发展自身的条件。所以，道德在本质上是一个高度自主的人的领域。

（二）人作为道德主体的主体性

人是道德的主体，人的主体性是一切道德活动的内在依据，人的主体性在道德活动中的展开和具体化，构成人作为道德主体的主体性。这包括：

（1）为“我”性。道德活动不同于物质生产中的对象化活动，对象化活动反映的是主体对客体的改造，道德反映人与人之间的一种协调关系，源于主体间的交往。利益是人们交往的根本动因，马克思说，“正确理解的利益是整个道德的基础”①。因为“在任何情况下，个人总是从自己出发的”②，在人与人的关系中表现为一种“为我关系”。但在交往中双方的“个人中心”或“为我性”，只能表现为“互利”。互利是人们相互交往的真正动因。互利的前提是保持利益的个人性。利己或自利，可以说是人的本性和本能，也是个人参与交往的动机所在。利己只是一个客观事实，它本身没有道德不道德之分，关键是看如何达到利己的手段。如果是损人利己，当然是不道德的；但如果是互利中的合理利己，谈不上不道德。道德

①马克思、恩格斯：《马克思恩格斯全集》第2卷，人民出版社，1957，第167页。
②马克思、恩格斯：《马克思恩格斯全集》第3卷，人民出版社，1960，第514页。

归根结底是发端于个人利益的，它是个人在交往中为了自身利益而与他人形成的一种“默契”。

（2）求善性。道德活动是人类特有的活动，但并非人的所有活动都是道德的活动，唯有求善的活动才是真正的道德活动。求善性是人的道德活动的重要特征，是人与动物利己行为相区别、道德与不道德行为相区别的根本表现。我们认为，利己是人的本性，也是人行为的动力，但人的利己与动物的弱肉强食不同，人的利己具有社会规范的限制。这种规范在现代社会就是公平与公正，它不允许个人无度地自利，不允许个人不择手段地自利。所以，道德行为中的利己与自私自利不同，就在于这种利己行为的“善性”——是通过利他而合理利己，而不是损人利己。

（3）内在超越性。道德活动的超越性来自道德的内在本性。道德作为人类的一种精神活动，它反映的不是实是，而是应是。它不是人们现实行为的写照，而是把这种现实行为放到可能的、应是的、理想的世界中加以审视，用应是、理想的标准对它作出善恶的评价，以此来引导人的行为。这种应是与实是、理想与现实的矛盾运动，构成了人类的道德活动，也反映了人的精神世界应然超越实然的内在超越性。正是人的内在超越性，不断推动着人类向至善方向发展，也使每个个体不断地自我完善，自我升华。① 这种升华和超越，正是道德活动的内在本质要求。所以，道德的活动和道德教育，不是道德知识的学习、掌握，也不是道德行为的训练、养成，而是深深触及、扎根人的心灵的活动。道德活动是人对应是的一种理想性选择，是人在发展中的主体性的表现，不同的选择反映出道德主体的不同

---

①鲁洁：《道德教育：一种超越》，载朱小蔓主编《道德教育论丛》第1卷，南京师范大学出版社，2000，第190页。

道德境界和旨趣。

（4）自由意志性。道德作为一种实践理性，其核心便是自由。道德自由作为一种意志自由，与其他领域的自由相比，更受内心的约束，是自主自律的自由。黑格尔就认为，道德是“主观意志的法”，法是自由意志的体现。康德也认为，人的善良意志就是道德，换句话说，道德就是意志自律，就是保持善良意志。道德自由是通过道德主体运用意志而使道德意识诉诸道德行为而实现的，道德意志对于实现道德行为、履行道德义务非常重要。道德法则必须通过自由意志才能内化为人性的善，才能使道德认识转化为道德现实，才能使道德法则得以真正地履行。所以，意志自由是道德活动启发人的德性，把德性变成道德行为的中介。

（5）自我约束性。道德活动作为一种意志自由，要受到两方面的限制，一是自然的因果性，二是人的理性。人作为主体，同时拥有自由和自然因果性，从而也决定了人一方面具有超越的、高出必然性的意志自由，另一方面又要受到因果的限制。只有合目的性和合规律性统一的行为，才是人的自由的行为。人作为理性的动物，就要凭借着理性，引导自由意志使之符合自然的因果性，而不为感性的生物的自然本性所决定。理性对人在道德活动中的意志自由，具有重要的约束作用。亚里士多德认为，人的特殊功能是根据理性原则而生活，而不是随人的本能的释放，过动物的生活。柏拉图也认为，一个有道德的人，就是一个理性控制了情感和情欲的人。弗洛伊德把个体的人格分为自我、本我和超我三个层次，他认为，本我是人的无意识的情欲本能，它“不知道价值判断，是不好的、邪恶的和不道德的”；自我是按照现实生活原则对本我的筛选、过滤，它代表着理性。自我在现实中分成两部分，一种是执行着的自我，另一种是监督着的自我。监督着的自我，即超我，表现为人的道德律，它按照至善原则活动，是对本我、自我的控制和监督。人的这种德性或美德就是自我控制。理性对本能、欲望、情感的控制，构成了道德约束的基础。道德主体必然能自觉地用理性意志约束本能冲动，从而实现意志自由。

从道德主体特点可以看出，道德活动最能体现自由自觉的本质和特征。人是道德活动的主体，人的主体性是一切道德活动的内在依据。从本质上说，道德是人自我肯定、自我实现和自我发展的一种特殊现实，它既有发展人自由的一面，又有约束人的一面，它反映了主观和客观、应然与实然的统一。人既是道德的执行者、体现者，又是道德的创造者。人的需要产生了道德，道德是满足人的至善需要的独特形式。

二、主体道德教育

教育是教育者和受教育者通过以教育资料中介的有目的的交往而实现的受教育者的自我建构的一种实践活动。[①] 这是一种以人为主体、培养人的主体性的教育。主体道德教育作为一种教育活动，具有主体教育同样的结构。它包括受教育者对道德规范（道德文化）的对象化活动，和教育者、受教育者之间的交往活动。其中，受教育者的对象化活动是在交往关系中进行的，教育者和受教育者的交往关系，又是通过他们与教育资料的对象化活动结成的，教育活动是两个环节的统一，构成了“主体—客体—主体”的过程模式。

（一）主体道德教育是受教育者与道德文化的双向对象化活动

教育中的对象化活动有两种：一是受教育者对教育资料（主要

①冯建军等：《现代教育原理》，南京师范大学出版社，2001，第28页。

是教育内容）的改造活动，二是受教育者对自身发展的改造。教育促进人的发展，从根本上说是后一种活动，但它必须以前一种活动为基础。

任何对象化活动的发生，都是客体的主体化和主体的客体化的能动而现实的统一过程。所谓客体的主体化，是指实践客体通过各种途径和形式对实践主体所产生的一种反向性的作用和影响，使客体的内容转化为主体性的要求的过程，是客体在主体身上映现自身、确证自身和实现自身的过程。所谓主体的客体化是实践主体通过各种积极的形式，对客体的作用、影响和改造，以及将主体自身的本质力量和要求渗透、融合到客体中去，使客体成为一种属人的存在，成为主体的“化身”和“投影”，主体对客体的改造，使客体确证和体现着主体的本质，成为主体结构的有机组成部分。主体道德教育首先表现为受教育者与道德规范、道德文化信息的双向对象化活动，实现着受教育者和道德要求的双向转化。在教育活动中，这种双向转化就是受教育者对道德规范的选择和接受的过程，即道德主体出自道德需要对道德文化信息反映与选取、理解与解释、整合与内化以及外化践行的求善过程。① 客体的主体化表现为道德规范改造着人的需要，使之成为道德的需要；主体的客体化表现为人对道德规范的选择，把冷冰冰的规范赋予人性的魅力。道德教育活动中的这一双向转化，目的在于把代表社会要求的道德规范转化为人的道德需要。

由社会规范转化而来的道德需要，成为人的发展的主要动力。人的发展过程就是人的需要与人的现有发展水平的矛盾统一。来自道德要求的道德需要，代表着人的发展的一种应然的水平，是人的

---

①张琼、马尽举：《道德接受论》，中国社会科学出版社，1995，第58页。

道德发展的可能的境界，在活动中，它不断地否定着实然，引导和推动着人的道德水平的提升，体现了道德发展中的内在超越性。道德教育中人与道德文化信息和自身发展水平所构成的两种对象化活动，是同时发生的，正是受教育者通过对道德文化信息的改造，而达到了改造自我、发展自我、实现自我的目的。

（二）主体道德教育是通过教育者和受教育者之间的平等交往而实现的活动

教育作为人之自我建构的实践活动，在本质上表现为人与文化的双向建构过程。但这种建构与日常生活中的文化对人的濡化不同，它是通过教育者和受教育者之间的交往而实现的。在主体道德教育中，教育者和受教育者彼此之间是一种主体和主体间的关系，他们都是主体，都是彼此之间相互关系的创造者，并且都把与自己相关的其他交往者的自主性、主动性作为交往的前提，在一定的规范、习俗和文化传统的共同承诺的遵循下进行交流、对话、沟通、理解、体验等活动，进而达到意义的共享和建构。

主体道德教育中的交往，不是教师单向的灌输，它是两个以上平等主体的语言交流活动。“真正决定一种交谈是否是对话的，是一种民主的意见，是一种致力于相互理解、相互合作、共生和共存，致力于和睦相处和共同创造的精神的意识，这是一种对话意识。”①今日教师中心主义的盛行，要形成对话意识，关键在于教育者观念的转变。教师不能总以师者的姿态，对学生耳提面命，在对话中，学生是平等的伙伴，而不是灌输的对象。教师是平等中的首席者，教师在交往过程中要有一定的预见性和引导性，教师的作用表现在对教育资料的选择加工以及对所选择的教育内容进行“激活”，使它

---

①滕守尧：《文化的边缘》，作家出版社，1997，第177页。

为学生喜闻乐见，诱导学生参与其中，共同塑造一个“教育文本”，学生通过对这一文本的内化，而促进自我的建构和自主发展。

道德教育过程中的对话，与知识学习过程中的对话不同。知识学习过程中，教育者通过与受教育者的对话，目的在于弄清“知识是什么”，最终达到对客观现实世界的把握。而道德教育过程中的对话，在于把握一种意义世界，它关注的是人生的意义、价值、人与人的意义关联等精神存在，对这些问题，只有靠理解才能把握。所以，鲁洁教授把人对人的理解看作道德教育的基础。①

理解的过程是一个移情和接纳的过程。德国哲学家施莱马赫说，理解是再体验的同质性，是理解者在心理上重新体验他人心理、精神的一种复制和重构的过程。理解的双方全身心地感受对方，这种感受诉诸移情，理解的双方站在对方的角度上“将心比心，以心换心”，设身处地以自己的人性去体会他人，同时用他人的期望来规范自己，通过移情的体验，而达到视界的融合。这种融合不是教师对学生的“同化”，也不是学生适应教师的要求而限制自己，而是在理解接纳中承认并保持独立性和完整性。理解的过程体现了道德主体的意志自由。

在道德教育的过程中，人与人之间经历了一个由己推人和由人及己的移情式思索，达到一种共识，从而萌生出一个共同的心理需求，期望他人与自己交往和自己与他人交往时，互相遵循的规则，这就是通过教育形成的道德，是立于己的道德。因此，道德是交往中自我实现的一种形式，是一种主体间性，它一方面追求个人的自我发展和卓越化，同时又追求人际关系的圆满。因此，正如古代先

---

①鲁洁：《人对人的理解：道德教育的基础》，载朱小蔓主编《道德教育论丛》第1卷，南京师范大学出版社，2000，第226页。

哲所说，道德是“己所不欲，勿施于人。己欲立而立人，己欲达而达人”。

总之，在主体道德教育中，学生的主体地位体现在两个方面：一是与道德文化的作用中，一是在人与人的作用中。前者学生的主体性表现为主动地接受和选择，后者表现为理解和体验。前者是接受主体的求真活动，指向理性的认知层面，旨在生成人的道德认知；后者是体验主体的求善活动，指向态度情感层面，以生成人的道德人格为归宿。主体道德教育是两个维度的有机统一，若只看到前者，道德教育就混同于道德知识的学习；若只强调后者，道德教育脱离认知基础和理性的约束，人的主体性将停留在幼低的段位，混同于人的本能。所以，片面强调主体的任何一个维度都意味着对道德主体性的遮蔽和异化。我们强调的道德教育的主体性是建立在受教育者道德主体性的完整内涵上的，道德接受是基础，道德体验是升华；接受是合规律性的，体验是合目的性的；合规律的接受性和合目的性的体验性在道德人格的形成过程中统一为一体，形成道德认知和道德情意结合的完美人格。

三、主体道德教育的时代条件

由以上论述可以看出，主体道德教育是教育者和受教育者通过以道德文化为中介的交往而实现的受教育者的德性的自我建构的实践活动。主体道德教育，作为对传统灌输式道德教育的扬弃，它继承了传统教育对道德认知的重视，但它变革了受教育者在道德教育中的被动性，而倡导参与和体验；变革传统道德教育的社会本位倾向，从追寻道德的人性意蕴入手，重构道德的生命性和道德教育的生活价值。与传统道德教育相比，主体道德教育是一种新的形态，体现了以人为本的现代教育理念，它具有以下几个鲜明的特征。

（一）主体道德教育体现了时代的要求

改革开放以来，传统社会的封闭性被打破，开放性日益彰显，一元化色彩逐渐消解，取而代之的是多元化的凸显。在这种急剧的社会变革中，人们的生活领域和生活方式日益多样，整个社会在不断地变换、重组。社会利益的代表，也突破了公有制的唯一性，开始承认个人利益的合法性。社会生存方式的多元化和利益的个人化，使社会的价值差异和价值冲突也日渐频繁，并向更大的范围和更深的层次扩展。加之信息化社会的到来，使大众传媒迅猛发展，社会价值取向的传播日趋“多源”和“多歧”，这又对“价值冲突的频起、凸显、泛布与强化，继而对多元价值的共存乃至价值多元社会的形成起着推波助澜的作用”①。这迫使社会的控制方式从僵化逐步走向开放和宽容，对社会成员的价值倾向，再也不能用“一”来统天下，对个人的价值取向采用一棍子打死的办法一概予以否定，相反，社会要允许其存在，适时而适当地加以引导，并吸取其合理成分，补充、反思和改造主流价值取向。这必然带来道德生活方式的根本改变：道德标准由严厉转向宽容，道德评价由绝对转向相对（对不同的对象和情景有不同的评价），道德主体和道德价值取向由一元变为多元。

（二）主体道德教育以教育者和受教育者主体性的发挥为前提

主体道德教育的过程表明，活动是人的道德形成的基础和动力。受教育者道德的发展，是受教育者的自我建构，是他人无法代替的，所以，受教育者在教育过程中必须表现出人作为主体的自主性、能

①吴康宁：《教会选择：面向21世纪的我国学校道德教育的必由之路》，载朱小蔓主编《道德教育论丛》第1卷，南京师范大学出版社，2000，第96页。

动性，主动地选择和接受道德文化信息，构建自己的道德的理想和目标。但人的主体性的发展，在这种情况下，可能会出现两种情况，一种是异化的主体性，表现为非理性的盲从，是人的本能的冲动。另一种是非异化的主体性，它是根植于理性思考的自我选择、自我决定的能力，具有自律性。主体道德教育要培养受教育者非异化的主体性，就必须由教师来激发和引导，正如德国教育家洪堡所说，“教育必须培养人的自我决定能力，不是培养人去适应传统世界，不是首先要去传播知识和技能，而是去‘唤醒’学生的力量，培养他们自我学习的主动性、抽象的归纳力和理解力，以便使他们在目前无法预料的种种未来局势中自我做出有意义的选择”。[①] 道德教育也是如此。教育者要创造条件，运用各种形式，唤醒受教育者的道德意识，把社会的道德要求转化为受教育者的内在道德需要，培养他们面对道德情境、道德问题时的自我选择、自我判断的能力，以及积极践行道德并对自己的道德行为负责的态度和精神。“个人人格尊严的确立和对个人自主选择的尊重，这既是（主体）道德教育的目标，也是道德教育得以有效进行的前提。”[②]

主体道德教育是通过充分发挥教育者和受教育者的主体能动性而完成的，其中教育者的主体性表现为对受教育者主体性的引发，受教育者在活动中的主体性，是其发展道德主体性的关键。受教育者道德主体性的发展只能通过他自身的道德活动来实现。所以主体道德教育反对教育者的权威、压制和灌输，强调受教育者在教育活动中的自主和自由。

---

①转引自李工真：《德意志大学与德意志现代化》，载《中国大学人文启思录》第1卷，华中理工大学出版社，1996，第51—52页。

②肖川：《主体性道德人格教育：概念与特征》，载朱小蔓主编《道德教育论丛》第1卷，南京师范大学出版社，2000，第400页。

（三）主体道德教育以民主、平等的教育关系为保证

受教育者与道德文化的对象化活动，是作为一个环节而寓于交往活动之中的，主体道德教育总体上表现为教育者和受教育者之间的交往。正确认识和处理这种交往关系，是主体道德教育进行的关键。道德教育过程中的交往关系，不是教学过程中的知识传递关系，也不是简单意义上强调教育者和受教育者都成为主体，而更强调“你”“我”作为完整的精神实体而相遇。德国宗教哲学家马丁·布伯说：“教育的目的非是告知后人存在什么或必会存在什么，而是晓谕他们如何让精神充盈人生，如何与你相遇。”① 只有作为完整的人之间的对话、理解、沟通，那么这种交往对人的精神生长才具有“教育意义”。在抽离了人格精神的这种师生间的交往中，虽然也可能结成主体间的师生关系，但它是一种片面的师生关系，是师生关系的一种异化。教育中的交往关系不只是师生交往，还有生生间的交往，后者对道德的形成和发展也有着重要的作用。

在道德教育中，无论是师生交往，还是生生交往，他们之间的交往关系都是“我”与“你”的关系，强调双方真正平等地沟通和理解，他们不是把对方看作可改变的对象，而是看作与“我”讨论共同话题的对话中的“你”，沟通交流中的“你”。“我”“你”以对话、理解、包容、共享的关系相处，相互尊重，相互信任，相互理解，相互接纳，交往的双方都把对方当作与自己相同的“人”来看待。这种民主教育关系的塑造，就必然需要一种宽容的氛围，使整个教育活动在活泼、生动、和谐、融洽的气氛中进行。

①马丁·布伯：《我与你》，陈维纲译，生活·读书·新知三联书店，1986，第60页。

（四）主体道德教育关注人的现实需要，培养生活中的道德主体

长期以来，我们的道德教育不考虑学生的需要和已有的道德发展水平，把道德教育理想化、圣人化，追求一种完美，而忽视学生的当下需要。我们说，人的需要推动了人创造道德，这种道德是能满足人的现实需要、关注人的现实生命的道德，而不会是与现实生命无关的尧舜道德。当然，道德作为一种价值追求，它不应该是现实的写真，而应该反映的是一种理想的需要，但唯在于这种理想，根据“最近发展区”的原理，如若是有效的，它不应该脱离人的现实水平。当代的青少年是务实的一代，他们捍卫自己的利益，追求自己的幸福，这不是道德水平下降了，而是因为我们以前设定的道德教育目标太高了，不符合实际。所以，有学者在反思道德教育时提出，使道德走向大众、贴近平民，更多地着力于推进“大众道德”或“平民道德”的建设，只有这样，才能更有效、更普遍地提高个人和社会的道德水平。①

主体道德教育关注受教育者个体的当下需要，但不排斥理想的教育，而认为远大的理想，应该化作一段段可以接近的目标，体现在当下的需要之中。理想的目标如果脱离了当下需要的不断满足，点滴积累，是不可能实现的。道德教育的价值就在于唤起受教育者当下自身发展的意识，并创造条件，满足他们发展的需要。同时，道德教育应该直面生活，把人引向人的生活世界，培养生活中的道德主体，而不是培养隔离生活的封闭的“温室里的幼苗”。从这个意义上说，主体道德教育呼唤回归生活世界。

---

①扈中平、刘朝晖：《对道德的核心和道德教育的重新思考》，《华东师范大学学报（教育科学版）》2001 年第 2 期。

第三节 公民主体性及其教育

主体和公民都是现代社会的产物，在历史发展过程中具有一致性。公民首先要成为主体，具有主体性。没有主体性，没有独立的意识、独立的人格，就不可能有公民的出现。所以，人的主体性是使古代人摆脱依附状态，成为现代公民的前提条件，也是公民品格的基本价值维度。

一、公民的主体性

人的主体性表现在面向自然和面向社会两个方面，公民作为一个政治和法律的概念，只涉及社会关系。所以，个人主体与公民主体性不能完全等同，但个人主体是公民的先决条件。公民不是臣民，就在于公民是主体，具有主体意识和独立的人格。公民身份虽然表现为公民的权利，但根本上取决于公民内在的主体性。公民主体性是人的主体性在公民品格上的体现。

主体性是主体在主客活动中所表现出来的特性，公民的主体性就是公民在自己对象性活动中的地位和作用。公民对自己在政治生活和公共生活中的地位和作用，要有一种明确的意识，知道自己作为主体应该具有什么样的地位，发挥什么样的作用。公民只有意识到自己的主体地位和作用，才能在政治生活、社会公共生活中作为主体享有正当的权利与承担相应的义务。

公民的主体性主要有公民的主体意识、权利意识、义务意识、自由意识。

（一）公民的主体意识

人类历史的发展从群体主体到个人主体，就是不断弘扬和完善人的主体性的过程。群体本位阶段，个人只不过是狭隘群体的附属物，人或者盲目受自然支配，或者屈从于等级的压制，个人不属于自己，没有独立性。即便是古希腊公民也没有摆脱对城邦的依附。亚里士多德认为，人天生就是一个政治动物，公民在城邦中生活，能达到自足、至善和公正，脱离了城邦，则会堕落为最恶劣的动物。[①] 近代以来，人摆脱了群体的限制，个人主体意识的觉醒，才会有真正的公民出现。公民是公共生活之“民”。公共生活不同于群体主体的共同生活，就在于公共生活的主体是个体，主权在民。每个主体的自由生活，组成了公共生活。公共生活不压制个人的存在，是一种民主生活。在民主的公共生活中，每个公民都是主体，都是民主社会的主人。在政治生活和公共生活中，公民当家做主，必须具有主人翁的意识。主体意识是公民的基础性意识。公民只有意识到自己的主体地位，才能意识到作为主体而应有的权利，去争取权利，履行义务，参与公共生活。

（二）公民的权利意识

公民的权利意识是公民主体意识的具体化。公民是一个主体，但如何才能体现公民的主体地位，就需要公民具有权利。没有权利，不可能有实质性的公民地位，公民就不可能成为真正的主体。权利是公民的基本要求。早期的西方思想家提出的“自然权利说”“天赋人权说”，主张权利人人平等，这对于破除“君权神授论”“贵族特权说”具有积极的作用，但这是建立在抽象的人性论基础上，马

---

①亚里士多德：《政治学》，颜一、秦典华译，中国人民大学出版社，2003，第4—5页。

克思主义认为，人权不是天赋的，而是历史地产生的。[①] 马歇尔提出了公民发展的三个阶段：从18世纪的公民权利，到19世纪公民的政治权利，再到20世纪公民的社会权利，公民的权利是公民不断争取、甚至是斗争的结果。公民有什么权利，是国家的规定，但它是公民争取的结果。为此，公民必须具有权利意识，有对公民权利的渴望，才会有对公民权利的不断争取。公民的权利意识是公民主体意识存在的逻辑条件和参与意识生成的逻辑前提。[②] 公民具有自觉的权利意识，才能真切地意识到公民自己的主体地位，才会有主动践行公民权利的意识和行为。

（三）公民的义务意识

公民的权利和义务是密不可分的，公民享有一定的权利，就必须承担一定的义务。公民的权利是对自己主体性的肯定，公民的义务是对公民主体性的约束。前者反映了公民主体性主动的一面，后者反映了公民主体性被动的一面。公民的权利维护了公民的主体性，但公民的主体性不是肆意的，而是受他人制约的。公民把自己作为主体之时，也必须把他人作为主体，把自己作为客体。所以，公民既是主体，也是客体；既是目的，也是手段；既要管理他人，又要受他人管理。公民享有自己的权利，也必须对他人尽义务。尽义务不只是为了他人，也是为了自己。马克思指出，“每个人为另一个人服务，目的是为自己服务；每一个人都把另一个人当作自己的手段相互利用”，“每个人是手段同时又是目的，而且只有成为手段才能达到自己的目的，只有把自己当作目的才能成为手段”[③]。没有义务

①马克思、恩格斯：《马克思恩格斯选集》第2卷，人民出版社，1972，第146页。
②姜涌：《公民的主体意识》，《山东大学学报（哲学社会科学版）》2003年第3期。
③马克思、恩格斯：《马克思恩格斯全集》第46卷上册，人民出版社，1979，第196页。

的权利是特权，没有权利的义务是压迫，都不是民主社会公民身份的要求。公民具有权利意识，也必须确立义务意识。义务具有强制性，是享有权利的公民不得不履行的。

（四）公民的自由意识

自主是自由的前提，自由是自主实践的形态。马克思主义认为，实践是一种自由自觉的活动。作为主体的人在实践中将自身的意志、思想、情感自觉运用于客观对象之上，由此体现人的自由。所以，自由最终实现于实践之中。在公民实践中，自由是公民的最高追求，公民为自由而战。公民为自由而战，就是要摆脱奴役和束缚，争取自己的权利。现代国家普遍承认并保障公民拥有基本的权利和自由，包括财产和人身自由、言论和出版自由、集会自由、宗教信仰自由、良心和思想的自由等。自由是指每个人的自由，公共生活中，每个人都行使自己的自由，如果自由没有约束、为所欲为，相互抵触，最终也实现不了每个人的自由。所以，权利和自由又总是在规范之内的权利和自由，受公共规则的制约。公民的自由限度何在？密尔的答案是："个人的行动只要不涉及自身以外什么人的利害，个人就不必向社会负责交代"，"只有涉及他人的那部分才须对社会负责"。[①] 公民的生活是一种公共生活，所以，个人自由不能妨碍别人的自由。在不妨碍别人自由、不伤害别人利益的前提下，个人可以拥有自己的自由。

二、主体性公民品格

由于公民是一种政治身份，什么人可以成为公民取决于政治的规定，比如古希腊要求公民为本邦的成年男性，有财产、有理性表

①约翰·密尔：《论自由》，程崇华译，商务印书馆，1959，第112页、第10页。

达能力等。现代公民要求具有一国国籍，享有该国法律规定的权利和承担相应的义务。这些都是公民的外在规定，有些人可能具备这些外在条件，但内心和行为却未必符合公民的要求，这样的人具有公民的“外衣”，实则不是真正的公民。所以，公民的身份需要内外兼备。权利和义务是公民身份的外在体现，公民品格是公民的内在要求。

品格是什么？对于这一概念，也有不同的认识。有人指向道德、品德，有人区分了道德品格与非道德品格。但在分歧中也有共同的认识，如品格指向人的内在心理特征，品格以道德为指向，主要反映道德的要求。如西方学者马文·W. 伯科威茨把品格定义为：影响个体道德功能发挥能力与倾向的一系列心理特征，是一个完整的道德人所需要的心理要素。[①] 我国学者叶方兴认为，公民品格是成就现代公民的内在品质与道德人格。[②] 公民的品格有个体性和公共性两个维度，基于主体性的公民品格指向公民个体的内在品质和道德人格，具体包括自主、自利、自尊、自爱、自治、理性、勇敢等。

（一）自主

自主是公民个体的最基本要求，公民的其他品格都源于公民的自主性。公民作为公共生活的主体，就有按照自己的意志过自己生活的权利，不受他人的摆布和奴役。只有每个人都具有自主性，成为一个独立的个体，才可能有公共生活中主体间的民主平等与协商。没有自主为前提，一些人受制于另一些人，最终导致的是专制独权。但公民的自主不是单子式的，是公共生活中的自主。公共生活是共

---

①威廉·戴蒙主编《品格教育新纪元》，刘晨、康秀云译，人民出版社，2015，第56页。

②叶方兴：《公民品格：一种存在论的澄明》，《理论与改革》2016年第6期。

生共存的生活，一个人可以选择自己的生活，但不能妨碍别人的自主生活。所以，公民自主是有底线约束的。自主在消极方面表现为不受他人的奴役，在积极方面表现为主动参与公共生活，并对自己的行为负责。

（二）自利

自利，即利己。利己与利他，是一对矛盾。中国传统伦理强调利他，这种利他甚至到了敌视利己的程度，把利己视为自私自利。正是这样的认识，传统社会的“好人”不被认为是现代社会的“好公民”，就因为现代公民的出发点是“利己”。公民主体性表现在利益上就是“利己”“自利”，这是公民行为的出发点。必须指出的是，利己不等于利己主义。利己主义是完全为了自己的利益，不顾别人的利益，是一种损人利己的行为。利己是基于自己的利益需要。公共生活是由个体组成的，所以，公共生活必须考虑个人的利益，保证个人利益不受侵犯。合理地利己并不排斥利他。利他有三种基本形式：亲缘利他、互惠利他及纯粹利他。[①] 亲缘利他是基于基因关系或血缘关系的利他，是私人家庭生活中的利他，不是公民的利他。公民在共同体中是作为陌生人存在的，公民之间是一种契约关系。契约关系是基于自我的平等互惠。回报是个人在互惠利他行为中的真正目的。[②] 公共生活中的利己与利他是一种平等的交换，利己会带来利他，利他最终还是为了利己。纯粹利他是不求任何回报的利他，是个人对毫不相干的人的无私性的体现。为什么会有纯粹利他？一方面是基于人的同情心，另一方面是基于爱心。从三种利他方式看，

①宋洁：《利己与利他：公共精神教育内外张力关系探微》，《教育评论》2017年第11期。

②刘鹤玲：《亲缘、互惠与驯顺：利他理论的三次突破》，《自然辩证法研究》2000年第3期。

公民的利他是互利互惠型，在公民利己之时也实现了利他。所以，我们不能把利己与利他对立起来，以利他为高尚的道德排斥利己。公民的利己是对公民利益的合理追求，公共生活首先要保护公民的利己行为。

（三）自尊

罗尔斯在《正义论》中认为，自尊是“最重要的基本善”，是公民应该具备的最重要的基本美德。英国教育哲学家帕特丽夏·怀特在《公民品德与公共教育》中把“自尊与自爱”作为公民的重要品德，提出“学校必须鼓励学生感受到某种自尊和适当的自爱”①。

自尊是对自我尊严的认知。专制社会中，统治者的尊严来自权力所赋予他们的地位，被统治者没有尊严可言。民主社会中，“主人和奴隶之间与生俱来的不平等的评价的自尊被平等的承认的自尊取而代之，每个公民认可所有其他公民的尊严”②。所以，自尊作为公民的特征，只有在民主社会才有可能体现。民主社会，每一个人都是自由、平等、独立的理性存在者，社会给予每个人平等的关注与尊重，每个人也为自己的行为负伦理责任。所以，自尊不是一种自我情感，而是一种社会性情感，它源于公共生活中平等的地位、权利和尊严。在消极的意义上，自尊就是免受来自外部的政治制度或他人的歧视、侮辱，不向别人卑躬屈膝。所以，自尊是人对自己尊严和价值的追求，是“基于尊严的承认的自尊”。羞辱是对自尊的伤害。正派的社会就是要保护人的自尊不受制度的羞辱，过一种有尊严的公共生活。必须指出的是，自尊不是“唯吾独尊”，“保护某人

①帕特丽夏·怀特：《公民品德与公共教育》，朱红文译，教育科学出版社，1998，第 34 页。

②周治华：《罗尔斯的自尊概念：一个政治哲学史的视角》，《马克思主义与现实》2010 年第 3 期。

的民主的自尊，并不要求一个人任何时候都坚持自己的权利，坚持自己的尊严，拒绝妥协”①。自尊在尊自的同时，也要尊他，考虑他人的尊严和感受。因此，必要的时候，放弃个人的一些权利，对别人道歉，在伦理上恰是正当的。

（四）自爱

自尊和自爱都是公民的基本美德。罗尔斯在《正义论》中常常将两者互换使用，但帕特丽夏·怀特认为，二者并不必然相适应，人们可能相当自尊却不自爱，反之亦然。她举例说，英国公学可能使学生高度自爱，但却没有民主的自尊。因为他们的自爱来自等级地位和特权。再如，一个学生可能排斥民主的自尊，但不否定他可以从宗教信仰以及校外的其他活动中获取自爱。这些自尊与自爱之所以不一致，因为自尊不是民主的自尊，是等级制基础上的自尊；自爱不是建立于公共生活的德性自爱，是建立在实利和欲望基础上的享乐之爱。在民主自尊和德性自爱方面，二者具有一致性。自尊、自爱都源于主体的权利、自由和价值追求，是公民作为独立主体的特征。自尊是意识到自己正在做正确的事情，自己的行动与自己的价值相符合，尊重了自己的价值观念，不是违心做事。自爱，是对自己作出的良好的评价，对自己的生活计划值得努力去实现具有确定的信念，对自己实现自己意图的能力感到自信。② 具有自尊的主体，按照自己的意愿行事，在具有相应的行事能力情况下，会对自己的行为充满自信，对自己作出良好的评价。

公民的自爱不是等级制的自爱。等级制的自爱是“从自己的地

①帕特丽夏·怀特：《公民品德与公共教育》，朱红文译，教育科学出版社，1998，第44页。

②帕特丽夏·怀特：《公民品德与公共教育》，朱红文译，教育科学出版社，1998，第36页。

位或者官职中得到自爱，可能导致一个人为了自己的荣誉而千方百计向上爬，或者，为了赢得组织中其他人的认可和赞成而对他们采取过度谦卑和顺从的态度”[①]。等级制的自爱是自私的，自私是超过“自爱”本性限度的“私心”，是过度的“自爱”。自私应该受到谴责，但谴责的不是自爱的本性而是超过限度的私意。亚里士多德认为，“德性就必定是以求取适度为目的的”[②]。公共生活中，没有自爱，就不可能延展到对别人的爱。自爱是爱的源头，由爱自己逐步扩展爱的范围，走向爱他人，发展为友爱。自爱发展为友爱的机制是什么？在卢梭看来，人类除了自爱之外，还有对于同类的同情，“人天生就有一种不愿意看见自己同类受苦的厌恶心理，使他不至于过于为了谋求自己的幸福而损害他人，因而可以在某种情况下克制他强烈的自尊心，或者在自尊心产生之前克制他的自爱心”[③]。因此，同情则是对自爱的一种适当节制，防止自爱蜕变为自私。在公共生活中，“做高尚的事情既有益于自身又有利于他人”[④]，实现了爱自己与爱他人、自爱与友爱的统一。

（五）自治

对于公民而言，主权在民。公民自治意味着公民自己管理自己，依自己的意志参与政治事务。公民作为独立的主体不受其他人的奴役和支配，可以自由表达自己的政治意见，自主地作出政治决定或决策，自愿地选择政治行为和政治权力代表（包括政府官员）。[⑤] 公

---

①帕特丽夏·怀特：《公民品德与公共教育》，朱红文译，教育科学出版社，1998，第45页。

②亚里士多德：《尼各马可伦理学》，廖申白译注，商务印书馆，2003，第46页。

③卢梭：《论人与人之间不平等的起因和基础》，李平沤译，商务印书馆，2007，第75页。

④亚里士多德：《尼各马可伦理学》，廖申白译注，商务印书馆，2003，第276页。

⑤吕耀怀：《公民的政治参与：自治与隐私》，《江苏社会科学》2012年第5期。

民自治体现了公民作为主体的自由、自主和自愿，也体现了公民的独立、自主和自律。公民作为公共生活的主体，为防止自治蜕变为“独断专行”或“蛮横”，必须对自我行为作出必要的约束。具体的约束包括：

第一，法治原则。公民的自治是法治中的自治，法治尊重公民的权利，维护公民利益，公民的自治行为必须遵守法治，法治保障每个公民的自治行为。

第二，民主的原则。公民自治不是唯我至上，它体现公民的民主平等，在法律面前人人平等，相容共存，维护公共生活的公平正义。

第三，参与的原则。自治不是“自扫门前雪”，“如果在公共事务中缺乏某些类型的参与，‘公民’这个词就毫无意义”[①]。公民自治真正“治”起来，必须在公共生活中，发出自己的声音，理性表达自己的意志，在公共事务中承担自己的责任。

公民的民主自治，不仅作为一种精神，而且也作为一种能力。公民自治强调公民的自我管理、自我服务、自我约束，强调公民在公共生活中的独立性和自主性，强调公民和公民社会组织的责任。[②]公民是否具备自治能力，是公民自治能否得以实现的关键。

（六）理性

公民的生活是公共生活，公共生活是陌生人之间的理性生活。理性是公民对待公共生活的基本态度，也是公民的德性之一。理性是柏拉图提出的公民四主德（智慧、勇敢、节制、正义）之一，亚

①德里克·希特：《公民身份——世界史、政治学与教育学中的公民理想》，郭台辉、余慧元译，吉林出版集团有限责任公司，2010，第301页。

②党秀云：《公民社会的精神与时代意义》，《中国人民大学学报》2008年第2期。

里士多德也把德性分为理智德性和道德德性。公民通过自己的言行，理性地表达自己的利益诉求，以契约为纽带与他人进行平等交往，过一种公共生活。理性是对个体欲望的约束，缺少理性，公民之间就不可能形成一种公平正义的制度，也不可能有一种良序的公共生活。公民理性是公共生活成熟的标志之一。只有大多数公民具有了普遍的理性，大家才能合理表达诉求，通过正确的途径解决矛盾，整个社会才能建立良好的公共秩序，保持稳定和谐的状态。①

公民的理性，是一种德性，也是一种能力。作为理智道德，公民要约束自己的感性、欲望，公平地划分个体间的利益，依照公共规则开展人与人之间的交往。理性还要求公民对于一切重要的信念，不盲从、不迷信，具有独立思考的批判精神，敢于挑战权威的意识。作为一种能力，理性要求公民在公共生活中说真话、说实话，不唯权、不唯上，具有表达自己意愿和利益诉求的能力和批判反思的能力。“无反思本身就是思想最严重的缺陷。而且，无反思的思想最终只能产生坏的生活。”② 有意义的好生活，是需要反思的生活，在反思中质疑、批判，表达自我，理性地参与公共生活。

（七）勇敢

心理学家认为，勇敢是一种不怕困难、不惧危险、敢于冒险的行为。③ 心理学注重勇敢的外在行为表现，但难以区分勇敢与鲁莽、野蛮的差别，也难以说明为坏的目的从事的行为是否是勇敢。伦理

---

①李长庚：《“好政策”滋养公民理性和德性》，《学习时报》2016 年 1 月 7 日第 5 版。

②赵汀阳：《论可能生活：一种关于幸福和公正的理论》，中国人民大学出版社，2004，第 12 页。

③帕特丽夏·怀特：《公民品德与公共教育》，朱红文译，教育科学出版社，1998，第 21 页。

学家认为，只有当勇敢内含于合乎美德的行为之中时，勇敢才能展示并且为人们所称颂。因此，应当责备那些不是为了道德目的并引起不良后果的勇敢，在某种程度上，勇敢似乎比其他人类的特性更容易助长作恶。[①]

其实，勇敢作为一种道德品质早已被古希腊哲学家所重视。苏格拉底认为，勇敢是建立在智识基础之上由理性教导的什么该恐惧、什么不该恐惧的命令。[②] 亚里士多德认为，“一个人在危险面前坚定不移，保持快乐至少并不惧怕，这就是勇敢。如若痛苦不堪，就是怯懦”[③]。亚里士多德也把勇敢指向不惧怕、不怯懦，但他把勇敢视为恐惧和自信之间的适度，鲁莽与怯懦的中道。鲁莽是过度的，怯懦是不及的，勇敢则恰得中间，做了所应该做的事情。

现代的伦理学吸收了心理学对勇敢的行为界定，也吸收了伦理学对行为目的的认定。一方面认为，勇敢是人们在面对和克服恐惧时必备的条件，是人们在达成目标的道路上必须克服有害与危险的阻碍，控制住恐惧的情绪，鼓足勇气，克服困难，实现目标。另一方面认为，勇敢行为只有为道德目的服务、执行道德律令时，才是一种真正的美德。勇敢并不需要残忍的侵略、暴力、冒险或对自己与他人冷酷，耐心与温和不是勇敢的对立者，而是同盟者。

公民作为一种理性的个体，面对专制社会的打压，不畏权，不畏势，坚持真理，说真话，说实话，这也是公民的勇敢。公民的勇敢来自公民对自由、民主的信仰。所以，我们应该“把注意力集中

①左高山、唐俊：《当代英美学界“勇敢”美德研究进展及问题》，《道德与文明》2015 年第 4 期。

②柏拉图：《理想国》，郭斌和、张竹明译，商务印书馆，1986，第 148—149 页。

③亚里士多德：《亚里士多德全集》第 8 卷，中国人民大学出版社，1994，第 37 页。

在鼓励那些出自内心的热爱自由和正义，以及关心他人福利的人，那些知道如何发扬和保卫一个民主社会的日常生活中的那些价值的人的发展”①。因此，公民教育中勇敢的重点应该放在对民主的信仰以及准备成为一个有活力、有生机的公民的培养上。

三、主体性公民品格培育

公民主体品格不是先验的，其生成有其自身的社会基础。公民主体品格的培养，是教育的任务，但如果社会发展没有走到相应的历史阶段，这样的教育失去了社会基础，也就没有实现的可能。因此，谈论公民主体人格的培育，必须基于现实社会的必须和可能。

（一）培植个人主体的公民教育的必要性

就马克思提到的人类社会发展的三个阶段而言，第一个依附性阶段的群体主体出现在古代社会，已经完全成为历史的过去。近代以来，资本主义市场经济的发展是个人主体的第二个阶段。在西方发达国家，个人主体的发展也已暴露出大量的矛盾，人们开始关注从第二个阶段向第三个阶段的转变，探索发展类主体的问题。但是，回到我们的现实，情况则有所不同了。我们必须如实地承认我们的落后，这种落后不只表现在经济和政治方面，更主要的是表现在人的发展的落后状态。② 我们属于后发现代化国家，与西方发达国家不同。西方发达国家在反思个人主体性之时，从群体本位走出来的我们，还需要补上这一课。没有个人主体性的发展和成熟，也不可能发展后面的类主体性。

---

①帕特丽夏·怀特：《公民品德与公共教育》，朱红文译，教育科学出版社，1998，第29—30页。

②高清海：《主体呼唤的历史根据和时代内涵》，《中国社会科学》1994年第4期。

中国传统社会缺少个人的主体性。一方面是自然经济、小农经济形式，靠天吃饭，自给自足，限制了个体的交往，个体生命被局限于家庭、家族的有限范围之内。另一方面，从社会文明发展看，西方社会从氏族到私产再到国家，私有制的国家代替了氏族；而东方亚细亚文明是由氏族社会直接进入到国家，国家的组织形式与血缘氏族制结合，国家混合在家族里。文明的不同进路，使西方发展了私有制，高扬个人主体性，主张个人的权利和自由；东方文明则把家族意识与国家意识结合在一起，发展家国意识。梁启超在《新民说》中揭示了中西政治以“家族”与“个人”为单位之异：“欧美各国统治之客体，以个人为单位（unit），中国统治之客体，以家族为单位……中国过去种种制度，无不以族制为之精神。”“中国有族民资格，而无市民资格”①，家国同构、宗法一体的封建政治文化把人牢牢地系在了血缘纽带之中。对此，陈独秀批判道：宗法社会以家族为本位，而个人无权利，一切听命于家长。宗法制度之恶果，在损害个人独立自尊之人格，窒碍个人意志之自由，剥夺个人法律上平等之权利，养成依赖性而戕贼个人之生产力。“欲转善因，是在以个人本位主义，易家族本位主义。”②

诞生于小农经济和家族政治的儒家伦理，同样扼杀着个人的主体性。“三纲五常”中“君为臣纲，父为子纲，夫为妻纲”，把个体置于权力和礼教之中，“君叫臣死，臣不得不死”。与专制主义相适应的只能是依附、顺从、萎缩的无向度政治人格。个体不仅在政治生活中，而且在整个社会生活中都缺乏主体性。“普天之下，莫非王土，率土之滨，莫非王臣”，有的只是皇帝、贵戚、达官、贵人，他

①梁启超：《新民说》，辽宁人民出版社，1994，第208—209页。

②陈独秀：《陈独秀著作选》第1卷，上海人民出版社，1993，第167页。

们凭借手中的权力获得了身份，百姓、布衣、臣民既没有身份，也没有人格。两千多年孕育的封建传统文化，在人们身上积淀形成了持久不衰的“臣民”意识和“私民”人格，维护着封建社会的统治，延缓了中国现代化进程，成为近代以来中国社会长期停滞和发展缓慢的主要原因。

新中国成立以来，我们确立了社会主义公有制，人民当家做主，政治上确立了公民的主体地位，但大一统的计划经济，再加上“文化大革命”期间“左”的倾向，把个人利益等同于个人主义、利己主义，作为资本主义尾巴而加以批判，把私人利益和私人生活挤压到极致，真正意义上的“个人”并不存在。① 高度指令性的计划经济，没有激发经济活力，还养成了依赖上面、照章办事、懒于思考的习惯。改革开放40多年来，我们在人的发展道路上取得了很大进展，但个人主体性也出现了病态，一方面受市场经济影响，个人功利性、世俗性增强，甚至为了个人的私利不择手段，违背公共规则和社会公德；另一方面在政治生活中，一些人似乎是不折不扣的子民，要么是顺从政治的要求，“并在懂得政治活动的局限和危险的情况下例行公事般参与政治生活”②，要么对政治生活缺少热情。政治生活中的阿谀奉承、唯书唯上，本质上都是对权力的依附，缺少公民的独立、自主、理性和勇敢精神。这些残余的臣民意识根深蒂固，根本不能适应中国社会现代化转型的需要。

面对人的发展的主体性缺失，我们的迫切任务首先是解放个人，大力培育人的主体意识，这是社会主义现代化建设的重点。但又必

---

①杨清荣：《公共生活伦理研究——以中国的社会转型为背景》，人民出版社，2016，第18页。

②阿尔蒙德、小鲍威尔：《当代比较政治学——世界展望》，朱曾汶、林锋译，商务印书馆，1993，第584页。

须看到，在我们培植个人主体性之时，西方发达国家在反思个人主体性，走向类主体。那么，是否意味着我们可以超越个人主体这一阶段，直接从群体主体跨向类主体呢？显然，这样的认识不符合社会发展规律。个人主体超越群体本位主体，是历史的进步，没有个人主体的发展和完善，不可能走向类本位的主体。类本位不同于群体本位，群体本位无个人，类本位有个人。如果不经历个人主体的发展阶段，那样建立起来的类主体很可能就成为群体主体的变相复活。作为后发现代化国家，在发展个人主体的道路上，应该尽可能吸取西方的教训，少走弯路，使个人主体性变得更加完善。

（二）培植个人主体的公民教育的可能性

随着生产力的发展、商品的出现，市场经济取代了自然经济。以市场经济为基础，发展起了以“物的依赖性为基础的人的独立性”，即具有独立人格的个人主体。也就是说，在解放个人主体性上，市场经济是根本的。从市场经济催生的社会交往看，人与人之间的是平等的交换主体，具有平等的利益关系，而且以契约保证人与人之间的利益分配。所以，市场经济解放了个人，催生了个人主体成长所需要的社会环境。

1. 确立公民的主体意识是市场经济发展的根本要求

随着生产力的发展，出现了社会分工和剩余产品。分工使每个人都专属于某一职业，人与人之间需要通过产品交换激发多方面需求，满足生活的需要，这就出现了市场经济。市场经济，一方面孕育了新的人与人的关系；另一方面，面对市场，每个人都是一个独立的主体，依靠自己的能力获取更多的物质利益，显示自己的主体性。市场经济催生的主体性，不是依靠自然，不是依靠他人，而是以自己的能力体现在获取更多的物质财富上。对于市场经济，我们既要看到它世俗的物质主义一面，更要看到它对人的解放的作用，它催生了个人自主、独立、自由、竞争的主体人格，衍生了平等、公正、诚信的契约精神。有学者指出，健康发展的市场经济是培育公民意识之决定性的基础。① 市场经济所形成的自主、独立、竞争、平等、公正、契约的观念必将折射到政治、文化等社会领域，促使传统社会向现代社会的转型。

2. 现代社会为个人主体成长提供了生活空间

社会是人与人之间交往中形成的。人与人之间的交往方式决定了社会的类型。在自然形式的小农经济中，中国传统社会盛行的是私人交往，形成的是熟人社会。熟人社会是以血缘、地缘关系为核心的家族群体，人与人之间遵循的是等级伦理规则，如父慈子孝、君臣有义、夫妇有别、长幼有序。在私人交往中，个人不是作为独立的个人进行交往，而是由他的身份决定的，是按照他的角色进行的交往活动。

市场经济的商品交换关系打破了传统社会的等级伦理关系，塑造了现代社会。与传统的熟人社会不同，现代社会是陌生人的社会。罗尔斯在《正义论》中提出的“无知之幕”就是要制造一个陌生人的社会。在陌生人社会，人与人之间没有角色之分，没有社会差异，每一个参与者都被作为整个社会的平等成员对待。罗尔斯认为，只有在每个人都受到无社会差异的对待时，公正才会出现。

中国社会转型是伴随着市场经济而发生的。市场化的社会存在方式，打破传统社会的宗法人伦秩序，个人主体意识的自觉和重义轻利价值结构的消融，使宗法与政治紧密结合并高度统治社会生活

①沈瑞英：《市场经济是培育公民意识之决定性的基础》，《探索与争鸣》2013 年第 8 期。

的格局被迅速瓦解，个人摆脱政治权力的控制与束缚，私人生活从共同体中分离出来，获得了生存的空间。① 市场经济催生的现代社会，重视个人主体性和个人的权利、自由，遵循理性交往原则，建设社会主义民主政治，推进依法治国，促进社会治理能力现代化，这些都为主体人格的培育和形成提供了良好的实践环境。公民主体人格的发展，既不是自发的，也不是政府的政治推动所能解决的，而是在公民的社会活动、社会交往中形成的。当代中国的社会转型，政治、经济和社会治理领域的深刻变革，必将有力地促进公民主体性人格的发育与形成。

（三）构建公民主体教育的机制

公民是在做公民中成为公民的，公民生活在社会中，社会是公民教育的大课堂，生活本身就是公民教育。正如亚里士多德所说，“我们做了公正的事情才能成为公正的（人）”②，所以，对于公民教育来说，社会中的公民实践比学校教育的作用更为重要。公民教育的实践体系，应该由家庭、社区、社会、学校、大众传媒（包括网络、自媒体）等共同构成，它们对公民的成长都产生着直接和间接的作用。尤其是网络和自媒体的出现，为个体公民意识增长、公民言论自由提供了广阔的空间，但也带来了谣言传播等一些问题，使得网络公民的培育成为网络时代的新议题。因此，当代中国的公民教育实践必须把社会实践与学校教育结合起来，使青少年在学校接受公民教育的同时，也能够在社会中实践公民教育。

学校是公民教育实践的重要领域，但学校公民教育不是单一的

---

①李萍、钟明华、段希：《公民教育：当代中国教育的历史选择》，《中国德育》2007年第12期。

②亚里士多德：《尼各马科伦理学》，苗力田译，中国社会科学出版社，1999，第28页。

教育内容，也不是单一的教育方式，而是整个教育的一种范型。从传统的臣民意识教育走向现代公民教育，需要确立主体性教育观，并以此来规划公民教育目标、内容、方式和方法等。

1. 确立公民教育的哲学——主体教育哲学

孕育于自然经济和封建宗法制的中国传统教育，是以社会、集体为出发点的，人被置于社会之中，被置于集体之中，忽视了个体人的存在，致使中国传统教育表现为工具性教育、整体至上的教育。① 工具性教育，把人作为工具加以训练，当政治需要时，把人培养成“政治人”，当经济需要时，把人培育成“经济人”，教育失去了对人作为公民素养的培养。整体至上的教育，把个人与集体对立起来，以集体的名义压制个人，培养绝对服从集体需要的奴性人格和臣民意识。

公民在人格特征上不同于臣民，就在于它具有主体性。所以，这就需要变革传统臣民的顺从教育为现代公民的主体教育，确立现代公民教育的主体哲学思想。主体教育在我国兴起于20世纪80年代，90年代中期达到高峰。主体教育的兴起，是改革开放教育思想解放的一个标志，它就是对传统“无人”教育的批判，对市场经济解放人的回应。刚刚兴起时，20世纪80年代讨论的师生主客体关系，还局限于教育方式。20世纪90年代以后，主体教育提升到在目的上讨论培养人的主体性。主体性教育是一种培育和发展受教育者主体性的社会实践活动。有学者区分了主体性教育的近期目的和最高目的。近期目的是在教育过程中，通过培养学生的主体意识、主体能力和主体人格，发展和提高学生在教育活动中的能动性、自主性和创造性，使他们具有自我教育、自我管理和自我完善的能力，

---

①冯建军：《走向主体性的教育哲学观引论》，《教育理论与实践》1998年第5期。

从而成为教育活动的主体和自我发展的主体；最高目的则是通过弘扬人在社会发展中的主体作用，把学生培养成为社会历史活动的主体，造就具有类主体性社会成员（即类主体）。[1] 这里所说的主体教育的近期目的培养和发展学生的个体主体性，指的就是公民的主体人格。主体人格的出现，为中国公民的产生奠定了基础。从根本上讲，"主体性就是主体对自身权利的意识，而且要求把这种权利以法律的形式固定下来，这样才能真正确保人的尊严"[2]。

2. 个人主体的公民教育内容：重视法治与权利

中国传统社会是伦理社会。传统社会要求人做一个"好人"，好人是指具有高尚道德品质的人，但"好人"常常以牺牲个人的利益来彰显道德的高尚。所以，好人是可以为他人、为集体而牺牲自我的人。这种理念与公民的理念不同。公民是基于个人的，以个人的权利、利益为前提。没有对个人权利和利益的保障，公民也无从谈起。在这个意义上，"好人"与"好公民"并不一致。中国传统社会以"好人"为标准，道德教育放在了第一位，排斥了公民教育。现代社会实现从"好人"到"好公民"的转型，必须把尊重、保护公民权利作为教育的出发点，重视法治和权利教育，培育具有健全法治意识、能够有效地行使自己权利、承担应尽义务的公民。

传统道德教育，强调个人的义务，不讲个人的权利。公民固然需要尽义务，但义务是伴随权利而生，是相对于权利的义务。没有权利，谈不上义务。所以，权利优先于义务。国家作为公民的政体，首先要保护公民的权利，公民才履行相应的义务。权利教育就是要

---

①张天宝：《试论主体性教育的基本理念》，《教育研究》2000 年第 8 期。

②檀传宝等：《公民教育引论：国际经验、历史变迁与中国公民教育的选择》，人民出版社，2011，第 209 页。

唤醒公民的权利意识，认识公民权利的合法性，并正确地保护自己的权利，运用权利，并履行相应的义务。

传统社会重视道德教育，但历史实际情况说明，纯粹的道德教育并不能达到其教化的目的，并不能有效制止社会的恶。因此，在看重道德崇善作用之时，必须强化法治的惩恶作用。道德是社会的崇高追求，法治是社会的底线。道德与法治相比，法治具有实践的优先性。传统社会重视道德有余，法治不足，尤其是“文化大革命”期间，彻底破坏了法治。邓小平在与外国记者谈到如何防止或避免“文化大革命”的错误做法时特别指出，“我们这个国家有几千年封建社会的历史，缺乏社会主义的民主和社会主义的法制。现在我们要认真建立社会主义的民主制度和社会主义法制。只有这样，才能解决问题”。[①] 党的十一届三中全会开启了我国法治建设的伟大征程，1999 年“依法治国”写入宪法，2002 年写入党章。依法治国的根本目的是保证人民充分行使当家做主的权利，维护人民当家做主的地位。我国一向重视“以德治国”和道德教育，随着“依法治国”方略的提出，法治教育也得到了加强，中小学思想品德课程名称也修改为“道德与法治”，并把“法治意识”作为高中思想政治学科的核心素养。法治教育在于养成公民的法治意识、法治思维，提高公民依法行事的能力，做一个遵纪守法的好公民。

3. 个人主体的公民教育方式：重视自主参与

公民教育是主体教育。主体教育是活动形式与目的的统一，以形式保证目的的实现。主体教育目的是培养具有主体性的人，主体教育的活动也必须体现参与者的主体性，对于公民而言，就是自主自由的活动。在消极意义上，自主自由就是要免于支配和灌输。支

①邓小平：《邓小平文选》第 2 卷，人民出版社，1983，第 348 页。

配和灌输，无论是思想上，还是行动上，都把人作为客体，强制其接受某种思想和行为。支配和灌输即便达到了被“接受”的效果，也会带来问题：其一，这种意识不是“我”内心的意识，“我”对这种意识所引发的行为不负责任。因为勇于承担责任，是自主选择的必然结果。其二，支配和灌输只能培育臣民意识，培育不了公民独立思考、独立判断、自主行事的能力。在积极意义上，自主自由就是要在活动中，公民自己做主、自己思考、自己判断，自己做自己的主人。所以，公民教育必须在思想上破除权威，破除对权威的迷信，面对复杂的问题，学会分析、学会选择，发展理性和批判思维，培育他们选择各种思想观念的独立态度和判断是非的能力。公民不是在“教”中成为公民，而是在“做”中成为公民，在参与中成为公民。但中国当前公民整体政治参与意愿低，权威依附意识较高，对参政权的重要性认识不足，[①] 这直接影响着公民主体的培育。公民教育要在“做中学”，要引导学生做学校公民生活、班级公民生活的主体，做社会公民生活的积极参与者。公民在参与中维护自己的权利和利益，也尽到对他人、对社会的义务和责任。因此，公民教育反对“损他利我”的自私自利和利己主义，支持平等互惠的道德境界。

（四）完善公民主体教育的社会制度保障系统

公民培养仅依靠教育是很难奏效的，所谓公民意识不是凭空培养出来的，它是对公民现实状态的意识。公民不是培养了再进社会，而是在社会中培育。没有民主公正的社会，不可能培养出公民。所以，民主的社会是公民成长的沃土，制度是公民教育的保障。

①何平立：《公民观、公民意识与公众参与》，《探索与争鸣》2013年第8期。

1. 进一步健全和完善公民的社会制度

“似乎没有任何一个制度可以单独地充当‘公民品德的苗床’，而公民们必须通过一系列交叉的制度去学习一系列交叉的品德。”①公民的社会制度包括社会主义市场经济体制、政治体制和法治建设、社会治理制度。党的十九届四中全会通过的《中共中央关于坚持和完善中国特色社会主义制度 推进国家治理体系和治理能力现代化若干重大问题的决定》对新时代完善社会主义制度作出了进一步部署。第一，进一步健全社会主义市场经济体制。市场经济是人的解放的动力所在，有利于培育公民的自主性、平等性、竞争性，培育公民的自利意识、平等意识和互惠意识等，但不完善的市场经济体制也可能导致人的不公平竞争，所以，完善社会主义市场经济体制，就是要完善公平竞争的制度，培育互利互惠的公民道德，加强市场主体诚实守信的道德建设。第二，进一步完善社会主义民主政治建设，健全公民的政治参与制度。社会主义是人民当家做主，国家一切权力属于人民。所以，社会主义民主坚持人民主体地位，确保人民依法通过各种途径和形式管理国家事务，管理社会事务。当前完善社会主义民主制度，就是拓展公民参与社会公共事务的渠道，健全民主协商、民主决策、民主管理、民主监督机制，在公共事务中体现公民的意志，培育公民的参与意识，锻炼公民的民主能力。第三，进一步推进社会主义法治建设，坚持法治国家、法治政府、法治社会一体建设，全面推进科学立法、严格执法、公正司法、全民守法，引导全体公民做社会主义法治的忠实崇尚者、自觉遵守者、坚定捍卫者。第四，坚持和完善共建共治共享的社会治理制度，建设人人有责、人人尽责、人人享有的社会治理共同体，使每个公民真正成

①威尔·金里卡：《当代政治哲学》，刘莘译，上海三联书店，2004，第561页。

为社会治理的主体，参与社会治理，共享治理成果。

2. 培育健康的公民社会，促进公民的自主参与

“公民社会主要是指以个人能够充分自治为基础，可以自主地参与依法成立的各种非政府组织，自觉自愿地追求公共利益的社会生活领域。”① 公民社会也称为“非政府组织”（NGO）、“非营利组织”（NPO）、“第三部门”“公民社会的组织”（CSO），我国官方也称为“社会团体”“民间组织”“社会组织”。公民社会是国家和市场的重要补充。“没有公民社会，国家和市场构成的社会是残缺不全的，不能展示人以及人们之间关系的丰富性和多样性。”② 公民社会是公民的自发组织，公民自愿参加、自我管理、自我服务，具有自治性。公民社会的主体是具有个人独立意志和自由选择的志愿者。公民或因个人兴趣，或因志同道合，或因共同利益，选择参与某一社会组织，从事公益性服务。公民社会对于公民的自由、自主、合作与互信等品格的培育具有重要的作用。对于每个公民而言，除了参加国家的政治生活、成为国家政治生活中的主人外，还要积极参与各类社会组织，从事社会服务。要正确看待社会组织在国家多元社会治理中的作用，培育和鼓励社会组织的健康发展，规范各类社会组织的管理，激发社会组织的活力，拓宽公民参与社会治理的渠道，培育健全的公民社会。

---

①叶汝贤、黎玉琴：《公民社会、公民精神和集体行动》，《马克思主义与现实》2006 年第 3 期。

②叶汝贤、黎玉琴：《公民社会、公民精神和集体行动》，《马克思主义与现实》2006 年第 3 期。

第三章

主体间性教育

第一节 主体教育理论：从主体性到主体间性

中国的教育理论从 20 世纪 80 年代讨论“教育过程中师生主客体关系”开始，到 90 年代深入讨论“教育的主体性”和“主体性教育”，至今主体教育的理论研究和实验研究蓬勃开展且日益深入，成为近 20 年来中国教育理论研究的最大热点之一。通过这些年的研究，把学生当作主体，培养学生的主体性，已经成为理论工作者和教育实践工作者的共同认识，成为指导当今基础教育课程改革和实施素质教育的核心理念。这场讨论突破了传统教育的“塑造论”和“工具论”，肯定了学生的主体地位，确立了现代教育的主体性。实事求是地说，它是中国教育理论研究中的重大进展，具有重大的历史意义。但是，主体性自身依然存在缺陷，不能有效地解释现代教育的问题。因此，中国的主体教育理论需要进一步明确方向，加以更新。这种更新不是要否定主体性，而是要更加完善主体性，使之从单一的主体性转换到交互的主体性，即主体间性。

一、主体性教育理论的困境

主体性是近代理性启蒙的产物，最初它以理性反对神性，进而以理性来征服人类，征服自然。西方教育的主体性也重复了同样的道路。文艺复兴运动，把人从神权的束缚中解放出来，归还人的自然本性，产生了古典人文主义教育和以卢梭为代表的个人主义的教育理想，强调尊重儿童的自然本性，归还儿童的自由，把儿童当作儿童。工业革命以来，随着自然科学的成功和科学技术价值的增大，现代社会越来越重视技术以及工具理性，于是原本自然完整的人的发展，就演变为以技术理性为核心的主体性的发展。表现在教育上，近代以来科学教育的地位日益攀升，以至于在当代出现了科学在教育中的“霸权”。我们一方面把一个人的价值和快乐建立在对客体世界的征服和占有上，教人征服自然、统治他人的技术、知识和能力；另一方面，把人与自然的主客关系也运用到人与人之间，出现了自我中心、自我陶醉的个人主义，人与人之间不是合作，而是竞争；不是友爱，而是“地狱”和“豺狼”的关系。从历史中看，近代西方的个人主体教育，培育了西方社会的理性主体，带来了西方工业文明的进步，其积极意义是值得充分肯定的。但也应该看到它所潜藏的内在危机，这就是它在不知不觉中塑造了人类对待自然的“人类中心论”和个体对待他人的“个人中心主义”的心态。现代社会，随着个人主体性的张扬和泛滥，这种危机已经由潜在转换为明显，由弱到强，充分地暴露了出来。“主体性危机”“主体性黄昏”的说法，即源于此。

虽然中国长期的封建宗法制度和新中国成立初期僵化的计划经济体制严重地压抑了人的主体性，但实施市场经济后，由于缺少规则和规范意识，主体性被严重地歪曲，成为“为我性”，人们不惜为了一己私利，而置集体和他人的利益于不顾，损公肥私、贪污腐化、坑蒙拐骗、尔虞我诈等丑恶现象不断涌现。在教育中，个人的主体意识增强了，但个人对他人的关心减少了；个体的个性张扬了，但共在性和合作意识却削弱了；为了自己利益的私德有了，但社会公德却没有了。加之，由于中国缺乏主体性的国内社会现实，所以现阶段我们对主体性的启蒙，受到西方社会主体性过分膨胀的影响，这就使得中国主体性的培育没有经历发展“过程”，就直接攫取了西方多少世纪以来的发育“结果”。主体性没有在中国大地上充分地发育，却已经被“催熟”了，它的危害已经确确实实地暴露了出来。现在的学生大部分是独生子女，他们在家庭中的地位，更加剧了他们个人至上、以个人为中心的主体性。有研究表明，独生子女“一切以我为中心”的观念较强，在性格上容易不合群，多表现出自私自利的倾向。

个人主体的危机需要克服，但我以为，克服个人主体的危机绝不是一个简单的教育补救问题。从根本上说，主体性的危机是主体性自身发展的必然结局，是迟早要发生的。因为主体和主体性是在“主体—客体”的关系中获得的规定。正是这种主客关系，导致主体性及其教育理论陷入了困境。

（1）建立在对象化活动基础上的主体性，不仅缩小了实践活动的范围，而且也是对主体性不完整的诠释。主体是在与客体的关系中获得身份的，因此，“主体性是在与客体相互作用中得到发展的人的自觉、自主、能动和创造的特性”①。马克思认为，完整的实践活动应该包括两个方面：一是人与自然之间的关系，二是人在改造自然的过程中所形成的人与人之间的关系。前者是“主体—客体”关系，后者是“主体—主体”关系。局限于对象化活动的主客关系中理解的主体性，撇开了实践主体与主体之间的社会交往关系，使实践活动变成了“孤立的鲁滨孙故事”，窄化了对实践活动的理解，同时，社会交往中的主体性也没有得到正确的认识和有效的发展。

①郭湛：《主体性哲学——人的存在及其意义》，云南人民出版社，2002，第31页。

（2）由于在对象化活动中建构人的主体性，主体将自身之外的一切都视为客体，对它们进行支配、占有和改造，为自己所利用，发展了主体的一种占有性人格。这种占有性人格的不适当运用，就会出现人与自然关系上的“人类中心论”，人与社会关系上的“个人中心论”，人与他人关系上的“自我中心论”，从而造成了人与自然、人与社会、人与他人关系的对立和分裂。弗罗姆指出，在当今社会，占有关系的范围被扩大了，“对朋友、情人、健康、旅行、艺术品都可以占有，就连上帝和自我也不例外……人变成了物，他们之间的关系具有占有性质”①。因而一切都被物化了，就连人与人的关系也变成了人对物的关系。尤其是以支配和占有的心态来处理人与人之间的关系，必然带来一方对另一方的控制和奴役，人与人的关系就演变为人与物的关系，背离了人的自由本性和“人是目的”的基本原则。

（3）尽管当代教育理论强调“双主体”，但局限于“主体—客体”关系无法对教育过程中的“双主体”作出合理的解释。因为教学过程有三个基本要素：教师、学生和教育内容。将教学过程仅仅看作是主体与客体之间的对象性关系，将实践主体“个体化”“自我化”，撇开了实践主体与主体之间的社会交往关系，只能揭示教育过程的两个要素：教师—学生或学生—教学内容。不仅主客体关系不能科学解释教育过程，更重要的是，教育中的主客体关系，以一方为主体，容易形成对象性的思维方式、世界观和占有性的主体人格，把自身之外的一切都占为己有，为自己所用。当代的环境危机、社会问题和人格分裂都根源于此。

---

①弗罗姆：《占有还是生存—— 一个新社会的精神基础》，关山泽，生活·读书·新知三联书店，1988，第77页。

（4）建立在主客体的认识关系中的主体性，也不符合教育的本质和教育理论研究的特性。在“主体—客体”的框架中的主体性是一种认识论的主体性，主体获得的是关于客体的知识。但对教育来说，它关注的是人的灵魂的唤醒，而非理智知识和认识的堆积①。教育是通过心灵体验而达到人与人的心灵相通，进而达到相互理解；教育是一种存在之交流，是一种双方的对话与敞亮。而建立在主客体关系中的教育只能是一种心灵隔离的训练。

基于主客认识框架下的教育研究，是主体对教育现象的认识，它把教育现象看作客观的事实，研究获得的是关于客观的教育现象的知识。其实，教育学不是知识之学或技术之学，而是一种关于生活体验和生存意义的人文之学。认识论和科学认知的方法，完成不了教育学的任务，甚至可以说科学认知的方法就根本不适合研究教育的问题。②

可见，主体性理论的危机是主体性自身所为，而只有把主体性改造为主体间性，才是走出主体性危机的唯一选择。

二、主体间性的内涵

当代西方哲学从主体性哲学正在走向主体间性哲学。主体间性哲学的崛起不仅与上面提到的主体性自身存在的逻辑矛盾有关，也与当代西方社会面临的社会危机有关。正是对工业文明中人的异化的反思，人们开始意识到，单向的主客关系的取向和建立在这一主客关系上的认知及工具理性的努力，虽然增强了人类征服自然的能力，但也带来了自然对人类的报复，更重要的是它加重了人与人之

①雅斯贝尔斯：《什么是教育》，邹进译，生活·读书·新知三联书店，1991，第4页。
②冯建军：《走向生命关怀的教育研究》，《高等教育研究》2004年第3期。

间的对立和冲突，难以适应民主、开放、全球化社会的需要；它破坏了人类社会的和谐发展，不可能给人类带来真正的幸福和自由。进入 21 世纪，信息化时代的到来和全球化进程使人类的生存方式发生了变革。人与人的关系跨越了时间与空间的阻隔，跨越了文化与种族的限制，呈现出新的关系结构。人与人之间的相互联系与交互影响广泛存在。作为主体的个人不再排斥其他主体，不再把他人看作征服、占有的客体，人类的生存已经步入共生性的存在，“共生”这个词语反映了时代的趋向。共生是“向异质者开放的社会结合方式。它不是限于内部和睦的共存共荣，而是相互承认不同生活方式的人们之自由活动和参与的机会，积极地建立起相互关系的一种社会结合”①。

因此，当代西方哲学开始超越主体性，从主客的对立关系转为主体间交往关系，即从主体性到主体间性。哲学家以主体间性全面地置换了主体性，表现在认识论、存在论和实践论等诸多方面。

（一）认识论和方法论意义上的主体间性——意义的相通性

传统认识论的命题源于笛卡儿的“我思故我在”，其意思是：只有我思到的，它才是存在的。我没有思的，它是不存在的。如此说来，最终剩下来的就是且只能是一个纯粹的认识主体，即“我思”。胡塞尔的主体间性针对笛卡儿孤独的“我思”，致力于解决：为什么世界中不仅存在着我的“思我”，而且也存在着他人的“思我”？为什么我的“思我”与他人的“思我”在本质上是统一的？他试图在寻找“我”的“思我”与他人的“思我”统一的中介，使认识从“自我”走向“他人”，将“他人”纳入认识之中，由“我思”

①尾关周二：《共生的理想：现代交往与共生、共同的思想》，卞崇道、刘荣、周秀静译，中央编译出版社，1996，第 120 页。

"我"的认识变成"我们思""我们"的认识。他认为，这一转换的中介或途径是"移情"和"共同经验"。他说，"主体间的世界是主体间经验的派生物，它是以移情为中介的"①，"我"通过移情产生"共同经验"来说明他人的存在，从而将他人纳入认识之中。

哲学解释学发展了胡塞尔开拓的认识论上的主体间性思想，提出了"理解"的方法论。理解不同于"科学"的认识。"科学"的认识把对象看作客体，通过对客体的分析，抽象概括出关于客体的本质、规律，认识的结果取决于客体本身，而与认识主体的经验、情感、价值无关，认识者和认识对象之间是一种主客关系。"理解"的双方不是一种主客关系，不是理解者对对方的"客观"认识，理解者与被理解者之间是一种意义的沟通，它所要实现的是"我的"视界与"他的"视界的"融合"，生成新的视界。"理解"的双方是同样的主体，各自都把对方看作另一个"我"，他们之间是一种"我"与"你"的平等交往关系。所以，主体间性在认识论上超越了传统认识论的主体与客体的"二元"对立，把"理解"作为认识的方法，"心灵的共同性和共享性隐含着不同心灵或主体之间的互动作用和沟通，这便是它们的主体间性"②。

（二）存在论意义上的主体间性——主体的共在性

在主体间性问题上，胡塞尔所关心的是自我与他人之间认识上的联系，与之不同，海德格尔更关心的是我与他人之间生存上的联系，即我与他人之间的共同存在。海德格尔认为，主体间性的依据在于人的生存本身，因为"此在的世界是共同世界。'在之中'就

①任平：《走向交往实践的唯物主义——马克思交往实践观的历史视域与当代意义》，人民出版社，2003，第123页。

②尼古拉斯·布宁、余纪元：《西方哲学英汉对照辞典》，人民出版社，2001，第58页。

是与他人共同存在。他人的在世界之内的自在存在就是共同此在”。“此在自己本来就是共同存在。此在本质上是共在。”所以，“此在”不可能单独、孤立地存在，“共在在生存论上规定着此在。此在之独在也是在世界中共在”①。现实中，虽然存在着单个主体改造世界的活动，但这种主体与客体间的关系也不是直接的，而是间接的，它以主体间的关系为中介，也就是说，主体的“独立”活动，也要借助于人类共同的文化、语言和劳动工具，这样，所谓的独立活动也就不是真正的“独立”了。因此，主体间性比主体性更根本。哈贝马斯也把交往行为“看作更根本的东西”②。

所以，存在论意义上的主体间性是主体间的共在，由于强调主体间的共在关系，使得个人不再封闭于自我的世界，不再与他人分离，从而超越了个人的主体性。但主体间性绝不排斥个人主体性，相反，必须以此为前提。只有个体的独立、自由的存在，才会有人与人之间平等的交往；同时个体的生命又不仅是自身存在的反映，还凝结了其他个体生命的存在，凝结了与其他个体的交流、合作、共同生活的经验。所以，主体间性是既有个人的主体性，又有群体的共同性，是个体和群体的有机融合。

（三）实践论意义上的主体间性——以客体为中介的内在的关联性

马克思把主体间性建立在交往实践的基础上。他认为，人改造客观世界的活动，不是单一的主体对客体的活动，而是多个主体间的联合活动。这就是马克思在《德意志意识形态》中所指出的：

①海德格尔：《存在与时间》，陈嘉映、王庆节译，生活·读书·新知三联书店，1999，第136、140页。

②哈贝马斯：《交往与社会进化》，张博树译，重庆出版社，1989，第1页。

“人类活动的一个方面——人们对自然的作用，另一个方面是人对人的作用”，生产“表现为双重关系，一方面是自然关系，另一方面是社会关系”。这说明，人与自然的“主—客”关系和人与人的“主—主”关系是有机统一的，是“主体—客体—主体”的关系。所以，马克思的交往实践观把“主体—客体”作为交往的一个环节，把“主体—客体”“主体—主体”双重关系内在地统一起来。交往实践中的主体间性不仅与另一主体相互制约和相互设定，而且与客体相互制约、相互设定，是主体性、交互性和客观性的统一。因此，主体间性是以共同客体的改造而达成的主体间的内在关联性。

马克思主义的主体间性基于对共同客体的改造，这不同于现代西方哲学所提到的主体间性。现代西方哲学把主体间性与交往理解为一种主观的精神交往，而未能从物质交往、交往实践的角度对主体加以现实的、客观的、感性的规定，使主体间性变成“主观际性”，走向了相对主义和非理性。其实，造成这种情况的根本原因是，现代西方哲学把交往理解为“主体—主体”结构，取消了客体“底版”，主体的行为没有客观性的制约，使实践变成了纯粹主体际的行为，进而转向了语言交往行为。在一定意义上说，走向了交往实践的唯心主义。马克思主义的主体间性反映的是一种交往实践的唯物主义。

总之，主体间性超越了在主客关系中占有性的个人主体性理念，把主体性置于主体与主体的关系之中。在这里不存在孤立的单子式主体，每个主体都是关系中的主体，主体之间是“和而不同”的关系。所以，主体间性超越了主体性的自我异化，又保留了个人作为主体的根本特征，同时强调主体间的相关性、和谐性和整体性。表现在认识论上，主体间通过“赋义”“统摄”“移情”“体验”，强调主体间的相互沟通与理解，达成意义的共识与视界的融合。在存在论上，“此在”中渗透了他人与世界，“此在”本质上是“共在”，反映的是人与人、人与社会、人与自然的和谐共存。在实践论上，就是要反思当代社会的危机，澄清主体性所赋予的工具性行为的危害，倡导主体间的交往行为，构建以平等对话、理解、交往、合作为特征的和谐社会关系。

三、主体间性的教育学意义

从根本上说，教育的关系是人与人的关系。但传统的教育理论以教育对象的可塑性为基础，把教育的对象当作物，教育中的关系衍变为人与物的关系。主体间性教育理论就是对以往迷恋于单子式主客取向的主体性教育的纠偏，为教育理论提供了新的哲学范式和方法论原则，从而在新的基础上还原教育的本真。因此，主体间性之于教育是对本真的一种追溯，是教育本性的要求，具有本体意义。

（一）主体间性把教育看作是主体间的交流，从而确证了教育是人本真的生存方式

以往的教育理论都是在“主体—客体”的框架中解释教育的。在认识论的基础上，把教育看作主体对客体的认识，对客体的占有和掠取，把教学过程视作特殊的认识过程，教学的目的就是占有以教材为载体的知识；或者以现代实践观为指导，把教育看作主体对客体的改造，实现主体力量的对象化。在这种主客框架中，教育理论都是强调主体的为“我”性、自主性、选择性、独特性，把主体性变成了唯一中心性，实际上是一个“大写的自我”，发展受教育者一种以“我”为中心的外在占有性主体性，而忽视了教育过程中的主体间性，忽视了主体性必须以共在为基础，导致自我与他人、个

性与社会性的冲突。在教育活动中，教师和学生都是作为一个完整的、具体的、现实的人而存在，教育是在人与人的关系中进行的，是一种人对人的活动。教育活动的人——教师与学生，同样既不是孤立的单子式存在，也不是充满占有欲望的存在。教育过程中，任意主体被客体化、对象化，都必然导致教育的僵化，而丧失了教育的本意。

个体以孤立的主体方式，以主体性的思维作用于世界，无论是作用于自然界，还是作用于人与人的世界，都不可能给人带来自由和幸福。因为只要世界作为客体与人对峙，就没有自由可言。即使主体支配和征服了世界，也不能达到自由的境界。只有当世界成为主体，他人成为主体，与自我主体和谐共存时，才有自由的可能。教育不是主体对客体的改造和塑形，而是主体间的自由交往、和谐共存。在认识论上，受教育者与作为教育内容的文本之间，不是传统认识论强调的主客占有关系，而是一种意义关系，是“我”与“你”的理解、对话关系。在教育过程中，受教育者不是把自己的意志强加给文本，也不是对文本固有意义的认知或构造，而是把文本由客体变成主体，并与之对话。如同解释学所说的，“文本是一种语言，也就是说，它像一个‘你’一样自身说话。它不是一个客观的对象，而更像对话中的另一个人”①。通过与文本的对话，实现自我的视界与文本视界的融合，从而扩大自己的视界，形成一种新的视界。

在实践论看来，教育不是教育者与受教育者之间直接的主客体改造的过程，而是以共同客体为中介的多极主体的交往过程。教育是以语言为中介，因此，教育的过程也就成为教育主体双方围绕教

---

①霍埃：《批评的循环》，兰金仁译，辽宁人民出版社，1987，第77页。

育内容的一个交流对话的过程。个体在相互的言说与倾听中，彼此敞开自己的精神世界，获得精神和意义的分享。

教育不是有知者带动无知者，更不是有知者对无知者的改造，而是人与人之间的思想对话。在对话过程中，个体作为完整的人体现出自己独立的价值、思想和自由，只有这时，他才在教育过程中作为一个真正的“人”而存在。

人是一个社会性的群居动物，交往是人的本性。人只有在平等的交往中才能获得身心的满足，体验到人生的意义、自由和幸福。因此，不能把交往简单地认为是促进人的社会性或主体间性发展的手段而只具有工具价值。交往是人的本性的需要，教育交往使教育主体双方都进入了一种属于人的存在方式。正如精神科学的奠基人狄尔泰所说：教育从本质上讲，是一种完美地理解生命意义的精神活动，是通过心灵体验而达到人的心灵的相通，精神的相遇。在精神的相遇中，双方都把对方当作知己，充分地理解对方，也理解了自我。教育通过对他人与自我的真正理解，达到了对生存意义的领悟。

所以，真正的教育是人对人的主体间的物质与精神、灵与肉的交流活动，而不是在主客体的关系中，将我（主体）的意志强加于他人身上，也不是人与人心灵无交流的隔绝状态。教育的关系是人与人之间的平等交往关系，这种关系结成的主体间性体现着民主、平等、自由、理解、和谐，这才是真正的民主社会人的生存方式，才是教育中个体生命的一种诗意栖居。

（二）主体间性抛弃了主体性的主客关系，把教育过程改造为交往实践的关系，实现了对教育过程的完整认识

交往是主体间性的生成机制，主体间性的教育必须把交往引入

教育过程，科学地解释教育过程的特性。教育作为一种实践活动，教育过程总是与实践观密切相连。现代实践观在“主体—客体”关系模式中，把教育过程认定为主体对客体的影响和改造。即便是后来有人提出了“双主体论”，但这种理论把教育活动分为“教”和“学”的活动，仍然局限在“主体—客体”的关系模式中。后现代实践观将“主体—客体”关系转变为“主体—主体”的交往关系，认为教育的过程是师生双方的对话与敞亮，师生之间是“我”与“你”的关系。相比主客关系而言，“主体—主体”关系更为接近对教育过程的认识，但问题是缺少客体的交往，忽视了客体对交往主体的限制，使交往仅仅成为主体际的行为。因此，一元的真理观、反映论、理性论统统被清理出去，认识仅凭个人的理解而定，一个观念和行动不再有“终极根据”或元评价标准，甚至也不存在“正确与否”，而只有对不同主体而言的“正当与否”。这就是后现代所倡导的“没有人拥有真理，而每个人都有权利要求被理解”①。这种教学过程取消了标准和真理，只有多元、差异和独特性，“消解中心”“反标准”“反真理”“反本质”，使认识走向了相对主义、虚无主义、非理性观，最终走向主体际交往的唯心主义。

马克思主义认为，实践活动本质上是一种交往实践活动，是融合“主体—客体”和“主体—主体”关系的“主体—客体—主体”的结构，它吸收了后现代实践观“主体际关系”的思想，并对其进行了唯物主义的改造，同时扬弃了现代实践观和后现代实践观的各执一词的片面性。“主体—客体—主体”的关系结构，不是“主体—客体”和“主体—主体”的简单连接，它具有内在的相关性和

---

①小威廉姆·E. 多尔：《后现代课程观》，王红宇译，教育科学出版社，2000，第9页。

统一性。“任何单一主体对客体的改造，即‘主体—客体’关系，都不过是‘主体—客体—主体’结构的一个片段和环节；主体在作用客体的同时就担负着、实现着‘主体—主体’交往关系，并受其牵引和制约。”①

教学活动是一种以促进学生的发展为目的的实践活动。但学生不是教师改造的被动的客体，而是一个能动的主体，他的发展只能通过自己的活动来实现。所以，在教学活动中，教师和学生是活动的主体，以课程、教材为载体的教育内容构成他们共同作用的客体。其实践结构的模式是：教师↔教育内容↔学生。在教学过程中，学生作为发展的主体，发生两种关系：一是与教育内容之间的“主体—客体”的对象性关系，这是学生的学习活动。在活动中，通过主体客体化和客体主体化的双向环节，学生在认识和改造教育内容的同时，也建构了自身。现代实践观把教学过程看作认识的过程，就是这一关系的反映。二是教师和学生以共同的教育内容为中介而建立的“主体—主体”的交往关系。这是教育主体间双向建构和双向整合的过程。也就是说，学生对教育内容的认识、改造不完全是自发的、自主的，它还要受到教师对教育内容的调节和影响。当他们对教育客体共同发生作用时，就产生了主体间的交往关系。后现代实践观把教学过程视为交往、对话的过程，实际上就是这一关系的反映。

在交往实践的教育过程中，学生作为主体有两个方面的表现：与教育内容构成“主—客”关系，作为教育内容的主体，表现出主体性；与教师构成“主—主”关系，作为师生关系的主体，表现出

①任平：《走向交往实践的唯物主义——马克思交往实践观的历史视域与当代意义》，人民出版社，2003，第57页。

主体间性。主体性是人作为活动的主体在认识和改造客体中所表现出来的积极能动的功能特性。学生在教育过程中的主体性主要表现为对教育内容选择和加工的自主性、选择性、能动性和创造性。学生与教师之间构成的则是一种平等的交往关系，反映的是主体与主体间的相互尊重、理解、融合的关系。学生作为教育交往的主体，其主体间性表现在：交互性、平等性、宽容性、合作性，等等。①

教育活动是学生的主体性和主体间性的统一。不过，必须指出的是，即便是学生面对教育内容客体所表现出来的主体性，也不完全等同于单子式的个人主体性，一是因为学生对教育内容的理解还要受到教师对内容理解的影响，即“主体—客体”关系只是“主体—客体—主体”关系中的一环；二是因为教育内容作为一个文本，学生对文本的理解实际上是学生与文本作者之间的一种非共时性沟通，理解是寻求读者与作者的“视界的融合”。所以，学生面对教育内容也不是一个为所欲为的发挥自我主体的过程，而是寻求文本作者、教师与学生三者之间的视域融合，以达成三者的共识和共享。这也证明了哈贝马斯的那句话：主体间性比主体性更根本。

（三）主体间性意味着特殊的人文学方法论，它使教育学走出科学化的误区，成为人文之学

笛卡儿的“我思故我在”奠定了传统认识论主客二分的思维方式。自然科学的致知方法都是与主体性哲学相适应的，它把研究对象看作客体，通过对客体的分析，抽象概括出关于客体的本质、规律。这种认识强调的是一种单一的主客关系，反映的是人与物的关

---

①曾新：《论主体性教育中的主体间性》，《华中师范大学学报（人文社会科学版）》，2001年第5期；冯建军：《以主体间性重构教育过程》，《南京师大学报（社会科学版）》，2005年第4期。

系，物无感情、无思维、无能动性，人对物的认识是单向的、无交流的。胡塞尔的主体间性在认识论上提出了“我们思故我们在”的新命题：“我”通过移情产生“共同经验”从而将他人纳入认识之中，达到“我们”在认识中的“共在”。哲学解释学发展胡塞尔开拓的认识论上的主体间性思想，提出了“理解”的方法论。理解不是一种单向的人对物的认识，而是人对人以及人的世界的认识，作为认识对象的人或人的世界，与认识主体同样具有躯体、情感、心灵、思维，因此，理解是人对人的认识，是双向的思想、语言、心灵的交流与碰撞。

建立在主体性基础上的主客二分的认识方式是把握“物”的方式，它适合于自然科学研究，其目的在于获取关于物自身的科学知识。而建立在主体间性基础上的体验和理解的方法是把握“人”的方式。人不仅是一个自然生命体，更是一个超自然的意义生命体，人的自然生命体之所以是“人”的自然生命体，而不是动物的，就在于赋予了它意义。所以，对人的意义生命体的把握只能通过对话、移情、体验、理解，进入人的内心世界。

自然科学的认识方式是一种主客二分的认识方式，张扬的是认识者的主体性，这是受主体性支配的教育哲学。可以说，近代以来，在自然科学成功范式的支配下，教育研究的科学化成为一个主流，自然科学的致知方法备受推崇，它视教育的世界为客观的物质世界，对教育进行实证的研究。这是对教育及其世界的最大误解。

教育的世界虽然借助于物质的世界，具有客观性，但如果剥离了人的活动及其所体现的意义，它们就不再是“教育”的世界。所以，人赋予了教育以意义，教育活动是生命创造的活动，教育的世界也因此构成人的世界，是人文的世界。教育活动中，教育者是人，受教育者也是人，虽然他们在身心发展、知识、能力等方面存在着差异，但这并不能取消他们作为人的资格与特性。所以，教育的关系是人与人的关系，而不是人与物的关系，无论是教育者或是受教育者，都不会以物的方式而存在。胡塞尔认为，科学的危机就在于，科学丧失了活生生的人的意义，是科学对人的存在或人的生活的遗忘。

教育的关系是人与人的关系，教育的世界是人的世界。以此为基点考虑问题，教育研究不能把教育中的人当作物，不能把教育的世界看作无意义的物质世界。所以，教育研究也必须放弃科学化的思路，回归真正属于“教育”的研究，开展对教育中“人”及其关系的研究。这就要求教育研究走向人文之路。作为人文科学，教育学所要面对的不是客体世界，而是主体世界；教育学不是对“物”的把握，而是对“人”的理解；教育学不是教育活动的技术规范和操作体系，而是对人的精神世界的理解，是对教育生活的体验。教育学的目的不在于使人“客观地”把握教育行为怎样操作，而在于引导人去理解“教育生活”，启发人与教育生活的联系，激发教育生活的智慧，使教育彰显人的生命意义，让人“智慧地”“意义地”生活在教育之中。

教育研究不同于自然科学的研究，它是对教育生活体验的研究，它所关注的是具体的特殊性而不是普遍的规律。教育研究应该注重研究的具体性、情境性、理解性，关注教育生活的意义。而这一切都意味着我们必须要改变在传统认识论的框架中对教育研究性质的认识，放弃主体性的研究视野，转变为在主体间性的视野下，把教育的世界真正看作人与人的交流，成为人的意义世界，从而使之成为人文科学的对象。

总之，在主体间性的框架中，教育关注人生的意义，教育学是培育人生、建构人生的人文之学，教育研究也必须走向人文关怀，关注个体的生命，关注教育的生活，只有这样的研究，才真正是“教育”的研究。

第二节　主体间性及其教育①

自从笛卡儿提出“我思故我在”，人就开始了对自我的不断追寻，频频自问“我”如何存在，为何存在。人的主体性就这样得到逐渐强化，自身以外的东西一律被视作客体。由于这种观点走向极端，主体性逐渐异化，个人主义倾向使人的这种质的规定性面临黄昏。

一、个人主体性的“黄昏”与主体间性的出现

（一）个人主体性的黄昏

马克思认为，人的主体性发展经历了三个历史阶段：人的依赖关系；以物的依赖性为基础的人的独立性；建立在个人全面发展和他们的共同的社会生产能力成为他们的社会财富这一基础上的自由个性。人类社会的生产能力和与之相适应的社会关系是人的主体性发展的现实制约因素。

在古代社会，人的主体性处在发生和发展的最初阶段，个人不具有独立性，这种状态下人的主体性是一种群体的主体性，在人的依赖关系中个人成为群体主体的组成部分。真正意义上的个人主体

---

①本部分内容与沙琦合作撰写。

性产生于生产力突飞猛进的近代工业社会。欧洲的文艺复兴，实现了由“尊神”到“重人”的转变，尊重人性，以人为中心的思想开始席卷工业化大生产影响下的社会。因为资本主义生产与再生产对私人财产有很大的依赖性，而生产实现飞速发展以后，人的生活方式和阶级关系发生了重大变化，人开始重新审视自我的存在，挖掘自身的价值，个人主体性就这样在价值追寻中得到确立。

随着生产力水平的发展和工业文明的进步，科学技术在生产生活中的应用达到空前的水平，而且还在不断渗透到各个领域。世界被物化，被视作改造的对象，于是科技理性成了人与自然发生作用的指导思想，人越来越陷入“唯我论”。人与自然的关系失衡使人自身的生存环境受到破坏，人最基本的生存基础已不再牢固如往昔，由于人破坏生态平衡导致的物种危机和自然灾害便是明证。而人与人之间的关系也陷入了过度的竞争和对立，个人以达成自己的目的、获得更大程度的利益作为人际交往的准则。人与人之间缺乏必要的信任与互助，因此人与人的关系是极不稳定的。

“人的主体性是人作为活动主体的质的规定性，是在与客体相互作用中得到发展的人的自觉、自主、能动和创造的特性。”① 人的主体地位只有在与客体的相互作用中才能得到凸显。但是由于人完全按照自己的意志改造外在世界，工业化导致的人的异化使人们意识到，单维的主客关系取向及在此基础上的工具理性的努力不可能使人真正成为完整的个体，不可能使人在生活世界中达成真正的幸福与自由，更不可能解决人与人之间、人与社会之间的种种冲突。因

①郭湛：《主体性哲学——人的存在及其意义》，云南人民出版社，2002，第30页。

为人对外在世界的过度占有不但物化了自然，而且物化了人自身。[①]在不断占有世界时，人把自身当成了手段，人的主体性被异化，走向极端的个人主义，人本身也失落于自身之外的商品化和物化的世界。随着个人的自我中心倾向愈演愈烈，现代社会各个领域的竞争日益白热化，权力、金钱关系在人际交往中不断地渗入，人与人之间的心理距离日渐扩大，个体逐渐走向封闭的自我。[②]

（二）超越个人主体性的主体间性

面对主体失落于外与封闭于内这一事实，处在社会转型时期的人也需要实现自己的转型，才能在主体性走向黄昏的路上挽回作为主体的人与世界的和谐关系，以及主体间的和谐关系。

1. 人与客观世界的关系转变[③]

主体从占有、破坏向生产转变。在与客观世界的关系中，人是生产者、创造者的主体，而不是过度地占有甚至破坏外在世界的自我中心主义的主体。生产性是指包括人的生产、物质生产、精神生产在内的全部人类活动中表现出来的主体内在本质对象化的能力。它不是对物的占有索取，而是主体的付出。一味地占有必然导致外在世界的失衡和人际关系的僵化。生产性主体的付出对客观世界是一种再创造，使世界得以维系，实现可持续发展。

主体从简单重复向创新转变。重复性的活动是对现有状况的复制，落后地区重复先进地区的活动方式或许可以实现进步，今天的生产实践重复昨天的过程或许可以使一切得以维系，但是新的东西

①弗莱德·R. 多迈尔：《主体性的黄昏》，万俊人译，广西师范大学出版社，2013，第163页。

②杨国荣：《主体间关系论纲》，《学术月刊》1995年第11期。

③张再林：《关于现代西方哲学的“主体间性转向”》，《人文杂志》2000年第4期。

无从产生。创造是非重复性的活动，是新的内容或形式、结构或功能的生成，同时也是外部世界内在化、对象观念化和客体主体化的过程。在创造活动中，主体“赋予自己的能力以生命，也赋予别的人和物以生命”①。

2. 人与人的关系转变

同样，人与人的关系也需要这种转变。人的这种转型即从主体性向主体间性的转变。主体间关系是两个或两个以上主体的关系，它超越了“主—客”关系的模式，超越了主体性对其他主体的对象化。主体间关系中的主体是自觉、能动的主体。主体间关系具有内在性，即作为关系项的主体只能存在于关系之中，而不能存在于关系之外，强调主体之间的关系与互动，但它也不排斥单个主体本身特有的存在价值。

第一，人是可理解的，人与人之间可以实现平等的对话交往。主客模式下，他人被视为客体，人与人之间是对立的关系。

主体性问题从本质上说是主体如何作用于客体的问题，也就是人的实践活动的能动性问题。主体间性则是主体间关系的内在性质。主体间关系是“主—主”交往的模式，主体间交往是平等的交往。从主体性走向主体间性首先面对的便是生活世界。哈贝马斯将人的行为分成目的—理性行为和交往行为，前者主要指向主体与对象的关系，后者则指向主体间关系，他认为要建立健全社会生活就必须关注主体间的交往关系，交往是主体之间物质的和精神的相互联系与相互作用，主体间的交往行为应当由互为对象转向互为主体。

主体与主体通过共同分享彼此的经验来构成相互间的交流，从

①弗罗姆：《占有还是生存—— 一个新社会的精神基础》，关山译，生活·读书·新知三联书店，1988，第97—98页。

而使主体间的交往实践得以实现。通过交往实践，人与人之间得以确立平等的主体地位。在与他人的平等交往中，个人相对于他人才成为自我。哈贝马斯认为自我在本质上是一个社会的成就，人类早期群体中，个人没有真正从群体分化出来，也就无所谓自我，在分化出个人主体，形成社会之后，才有了所谓自我，每个人也都从他人身上看到自我。在主体间这种相互观照中，人确定了自身的自我存在，也确定了他人的自我存在。这就是庄子所谓的“非彼无我”。

第二，人与外部世界的关系不再是单纯的占有支配关系，人也在为世界付出自己，同样在主体间关系中，人与人之间不再是纯粹的物质利益关系，每个主体都在为他人付出自我，在主体间互助交往中，满足自我与满足他人同时实现。

占有性个人主义的代表诺齐克认为个人是分离的，这意味着人与人之间不存在道德平衡行为，也不存在有道德上优先于他人存在的存在，存在的只有分离存在的不同个人，因此人不能为他人而牺牲，也不能侵犯他人,[①] 这显然是个人主义的论调。个人带着自己的目的参与活动、与他人交往，在活动中个体尽一切可能实现自己的目的，但不考虑他人是否有需求、有什么样的需求以及他人的这些需求是否得到了满足。这种人际关系是索取式的，一味地索取、占有自己所需的。在当今信息社会中，人与人的联系愈益紧密，合作程度也越来越高，单独的个体很难在活动中达成预期目的，不想付出的个体也不可能从活动中得到他人的付出，互为主体的参与者在活动中也同样是相互付出的关系。在这种紧密的主体间关系下，人与人之间的调节平衡依靠的是主体间的尊重、理解和合作，实现

---

①弗莱德·R. 多迈尔：《主体性的黄昏》，万俊人译，广西师范大学出版社，2013，第13页。

“为我”与“我为”的统一。“为我”指主体的一切活动，包括个人行为和与他人交往的行为，都是以主体自身为目的。“我为”则突出了作为活动主体的人，强调人在活动中的主体性参与。主体的创造性活动是主体间的交往活动，它使每个参与者都不仅为自己创造新的内容，而且也帮助他人实现新的内容的生成，更重要的是，在活动中人与人实现了互为主体的交往。

第三，主体间的对话、交往与理解并不意味着主体或主体性的消解。

主体间关系同样具有外在性，每个个体存在都具有不可替代性，存在与角色的关系的差异表明主体间关系并不能完全取代主体本身，正因为每个个体存在个性，我们才能倡导主体间的交流与理解。而且不可否认的是，尽管主体间性呼吁个体内在世界的敞开，但个体总有不敞开的一部分，有独自思考的一部分，主体间关系要求超越封闭的自我，并不意味着以关系消融自我，而是更加肯定了主体自身的存在意义。

二、主体间性教育：当代教育变革的路向

教育是为人的活动，迷恋着每个人的成长，旨在助人实现幸福自由的生活。教育活动受到社会大环境的影响与制约。社会与人都处在转型时期，教育的方方面面受此影响，也在发生转向。

（一）教育目的的内生性

教育通过培养人才可以促进文化繁荣、科技进步和经济发展，但功能不应成为教育的目的。我们实施教育不是或不主要是因为社会的某些部门需要某种特定类型的人才，恰恰相反，正是因为教育培养了自由自主的主体，而这些主体按他们的意愿生活，改造世界，

推进社会发展的历史进程，这才决定了社会的走向。

一旦教育以为社会培养某种专业技能型人才为主要目的，受教育者的个性、潜能就受到严重威胁，甚至会被彻底埋没。人从异化了的主体性转向主体间性，因此，培养目标不能再受控于工具理性，不再为科技进步的要求去刻画人。而当人的情感培养无法受到应有的重视，学生由于长期受到个人前途与偏见的社会需求的引导，在人际交往、意志情感等方面产生严重缺失，不能在日常生活中独立为一个自觉的个体。教育就是帮助学生生活、生长的活动，它无力预测学生以后将过什么样的生活，因而不能将成人的意愿强加于儿童。

怀特认为，在实际的教育活动中，教师与学生都怀有各自的目的，而且师生之间的教育目的往往存在差异。在同一活动中，两类同为主体的人的目的若存在差异，而且欠缺必要的交流，将对活动本身产生阻碍。受教育者是教育活动预设的影响对象，同时又是教育活动的主体，他们对教育怀有的期望与目的应该受到更多的尊重，而且他们的目的往往反映了教育活动的内在规律，带有内生性。

教育本身作为主体，不再是政治经济发展的工具。在社会发展的历程中，教育由于其特有的政治、经济、文化功能而曾被视作推动社会发展的工具。然而，诚如前文所述，教育的功能不应被异化为教育的目的，否则一旦教育本身沦为工具，教育发展也就偏离了正常的轨道。事实上，教育与政治、经济、文化互为主体，在相互作用中展现自己的价值，而不再依附于社会，纯粹地为政治、经济服务。因此教育培养目标不再完全受控于外部因素，教育目的不应该为外界强加，教育自身的规律与需求以及人的发展需求决定了教育目的。

以往的教育目的制定似乎在挖掘教育的实用功能时，忘却了教育作为关注人的活动，还有铸造人的灵魂的功能。主体间性是建立在对主体性充分尊重的基础之上的，因而我们不但要在教育中尊重学生的主体性，更要充分发掘每个学生的独特性，因材施教。然而主体间关系的内在性决定了培养目标还有更深的内容。人是主体间关系中的人，处在与他人的交往之中。学生应懂得与人沟通、理解他人，在社会交往中形成正确的自我认识，与他人、自然、社会相互交融，和谐统一。

因此，主体间性教育目的是内生的，主体间性教育是在个人主体性得到发挥的基础上实现学生个性的张扬，使主体的情感、认知、意识都得到全面发展，达成人与人、社会、自然关系的协调的生态式发展。

（二）师生关系的平衡化

师生关系是教师与学生在教育实践中形成的关系，实质上反映了教师与学生在教育交往中的地位。“教师中心论”者推崇教师的学术权威，学生在教学中居于被动接受的地位，即使有主动性的发挥也只是体现在对知识的正确理解上，而理解正确与否的尺度，其实就是掌握在教师手中的学术权威。“儿童中心论”者则崇尚学生的自由发展，从儿童的成长发展规律出发，教育活动完全围绕儿童的需求，教师只是在一旁起辅助作用。两种观点在各自的角度上都指出了教师与学生在教育中的作用，但都明显有失偏颇，因而两种观点维系下的师生关系都是不平衡的。

师生关系首先是人与人的关系。教师与学生都是以一个独立主体的身份进入教育活动中的，师生共同的教育活动不再是以往“主—客”式的对象化活动，而是以“主—客—主”模式出现的交往活动。[①] 主体间交往是平等的交往，主体间关系是平等的关系。无论教师在学术上是否具有权威，在人与人关系上，教师不应凌驾于学生之上，而应当把学生视为一个完全独立的个体。

可是在现实中，我们又见学生的言行及其价值判断一味受到肯定，显然，学生的主体性问题被误推向了另一个极端。即使我们提倡尊重学生的主体性与创造力，反对过去那种无视学生个性的灌输式教学，也并不意味着就要把教师赶到教育的边缘，要求教师对学生的言行不能有任何相左的意见。在学生被生硬的框架束缚住时，教师不过是按框架束缚学生的人，而不是真正的教学主体。同样，教师的主体性缺失于教育中，学生的主体性也势必走向僵化。因此教师主体性也是教育活动不可或缺的一部分。平等的主体间关系中，没有主体性被压抑的一方，任何一方的自主性没有得到发挥，也就意味着另一方的主体性不能得到应有的尊重与反映。因为每个人都以他人为反观自照的镜子，主体间是相互观照的，一方压抑，“镜子”也就失真了。

仅仅这样，师生关系只能算平等，还称不上平衡。因为师生关系不是单纯的人与人的关系，不单是教育主体间的相互理解。教育内容是教育活动的作用对象，师生双方要共同作用于教育内容才构成完整的教育活动。主体间性教育是师生双方共同进行的创造性活动，对教育内容的解读与内化不是教师对学生的灌输，更不是学生的任意误读，它需要教育主体在创造性活动中将教育内容这一对象观念化，对内容做深刻的主体性理解。通过教育的解释使受教育者

---

①冯建军：《当代主体教育论——走向类主体的教育》，江苏教育出版社，2004，第276页。

理解，而且理解不是获得知识的方式，理解本身就是接受教育。①

因此，教育中的师生关系是平等的理解性的关系。教师与学生在相互尊重，实现主体间交流与理解的同时，还在对教育内容的共同解释中实现理解，实现成长与沟通的统一，使彼此关系走向平衡化。

（三）教学方式的理解性

要培养与他人、社会、自然交融的主体，灌输式教学就走到了末路。单调的灌输只能使学生在教学中变得被动，对待知识的态度也会以“占有”知识为主，而“占有”知识的目的就是为了利用知识的实用性。但已经很明确，今天的教育不是为了明天的科技进步培养“工具化”的技术人员。

走向自由的个体是现实生活中的个体，不仅需要掌握科学知识，更需要具备人文素养。一旦面对人文精神，灌输式教学就显得更加苍白无力。无论是科学知识，还是人文知识，都是在教师与学生的共同理解下实现知识传递的。

教育意义在学生的理解中逐步生成。在教育过程中，学生的理解基本有四个方面：①对教材、课程和教师解释的理解，即知识的理解；②对教育内容、教育活动、教育环境、教育关系、校园文化及学校中一切事物的理解，上述诸项对学生的受教育观、人生观、行为观、世界观都有直接的影响；③对同处于教育情境中的他人以及与他人关系的理解；④对自我的理解。

理解带有多元性、个性化和人文倾向。主体间性教育是回归个体生活世界的教育，个体对知识的理解都带有自己生活经验的痕迹。

---

①金生鈜：《理解与教育——走向哲学解释学的教育哲学导论》，教育科学出版社，1997，第114—116页。

正是在生活经验基础上，个体实现对知识的创造性和个性化理解，教育的意义在于帮助学生在生活中发现意义、接受意义，对具有不同成长经历的学生而言，教育的意义是不同的。因而学生的个人理解是不可替代的，传统的教学方式所奉为指南的统一化和标准化违背理解的个人化。主体间性教育以差异存在为前提，没有差异就无法实现主体间的交流与理解，多元化恰恰尊重差异，寻求理解，且排斥相对主义。基于个人生活经验的理解在很多时候有价值判断的倾向，尤其是人文知识，当受教育者将它与自己的生活相联系，就会不可避免地从中寻找生存的意义与价值，反思自己乃至整个人类的归宿，可见理解带有较浓的人文倾向。

学生的理解活动是创造性的活动，学生在教育中的发展是自我实现式的发展。随着生活经验的不断构造，精神世界不断发展，人的理解也在不断变化。学生在理解中把自己投入到教育之中，这种个性化的教育理解不是对共性的否定，也不是对传统教育的全盘颠覆，而是在共性中的个性发展，是对传统教育的批判式扬弃。

如果说科学知识的传授还带有较多的教师向学生解释的色彩，那么人文知识所蕴含的巨大精神财富，则完全需要学习者全身心地投入理解，并在与他人交流心灵收获的过程中汲取更多的养分。学生理解知识，理解他人对知识的解释及他人为何对知识作出如此解释，这样才能使科技知识和人文知识得到深化与发展的契机，教育才能完成自由主体的培养和推动人类文明的双重使命。

第三节 主体间性与教育交往

笛卡儿的“我思故我在”，作为西方哲学的第一原理，成为工业文明时期的主导文化精神，滋养着个人主体的萌生。这一原理认为：人通过其独特的思维方式而成为主体，主体是人的特征；当人被确立为主体后，被思之物就成为客体。这一原理奠定了“主体—客体”分裂的二元论基础，也孕育了人对万物支配的主体性。康德的“人为自然立法”，把这种主客分离和人的主体性张扬至极。主客二分从此成为从笛卡儿到萨特的现代西方哲学的主旋律。正是这种文化精神和模式，塑造了现代社会的占有性个人主体性。在这种主体性的支配下，个人把自己之外的一切都客体化、对象化，通过对客体和对象的认识、征服、掠夺，达到占有的目的，进而确认自己的价值，实现自我的“自由”。个人主体性的发展与工业社会中作用日益彰显的科学技术结合，铸造了现代社会的技术理性。技术理性成为工业文明中现代化的核心构成，也是推动现代化发展的深层动因。

从工业文明的发展来看，个人主体性一方面促进了科学的发展，增强了人类征服自然的能力，推进了文明的发展和现代化的进程；另一方面又带来了负面后果，特别是主体与客体的分离、人与自然的分离、人与社会的分离、人与自身的疏离和异化，最终导致人对自然的无限制宰割和大自然的报复，出现了环境恶化和生态危机；导致国家的霸权、混乱以及人与人之间的信任危机；导致技术理性和价值理性的失衡，出现了单向度的人。

个人主体性在20世纪中期就完成其历史使命，由“凯旋”走向了“黄昏”。作为对建立在主客对立基础上的占有性个人主体性的否定，20世纪的西方哲学提出了主体间性的范畴，试图将人与人、人与自然、人与自身的对立、分离结合起来。

主体间性作为主体间关系的规定，是指主体与主体之间的相关性、统一性。主体间性是两个或多个个人主体的内在相关性，它以个人主体性为基础。人不成为主体，不具有主体性，人与人之间就不会有主体间性。但是主体性与主体间性又有区别，主体性是主体与客体（包括自然和作为客体的人）发生关系时所表现出来的以“自我”为中心的能动性、占有性等个体特征；而主体间性则只是主体与主体在交往活动中所表现出来的以“共主体”（交互主体）为中心的和谐一致性等集体特征。主体性生成于对象化活动，主体间性生成于交往实践。因为对象化活动反映的是主体与客体之间的“占有”关系，它是单一的主体对客体的占有。交往反映的不是“主体—客体”关系，交往的双方，不存在纯粹的客体，每个人都是主体，都是彼此间相互关系的创造者，它们塑造的不是对方，而是相互间的关系，通过对相互间关系的塑造而达成共识、理解、融合。因此，交往意指一种主体间的关系或一种内在的相关性（relatedness）。

人通过交往活动来发展自身，不同的交往形态，决定了人的不同发展状况。最初的“人的依赖关系”的交往形态，造就了无主体性的依附的人；“以物的依赖关系为基础”的交往形态，使人与人之间的关系“反映成存在于生产者之外的物与物之间的社会关系”（马克思语），人对物的占有作为最高的追求，导致占有性个人主体性的出现。理想的交往形态是“普遍的交往”，它体现为人对交往关系的自由占有。人在对其交往关系的全面占有中，达到了个体和自然、他人、社会的统一，从而获得自身的全面而自由的发展，这就是类本位状态下的主体。

今天，在全球化的背景下，马克思所预想的“普遍的交往”已经可以触摸到它的一些现实。20 世纪 80 年代后期，逐渐兴起的全球化是世界历史的典型特征。“作为一个概念，全球化既指世界的压缩（compression），又指认为世界是一个整体的意识的增强。”① 这主要表现为：第一，和平与发展是全球的主题和指导思想，在这一主题下，世界局势呈现多极化发展趋势；第二，网络和信息高速公路的广泛使用，使人们首先成为信息地球村的“村民”；第三，全球危机，尤其是生态危机及其伴随的环境保护问题，使全球的利益紧密联系在一起；第四，各国在经济贸易、政治领域的合作日益加强；第五，不同文化之间的对话意识增强；等等。正是全球化的这些转变，使人类的实践观再次发生重大变革，从传统单一主体论模式向多极主体间交往实践观转变，有人甚至认为，交往实践成为人的基本生存方式。每个人在交往关系中成长，在多极主体关系中发挥个人的主体性，这是以共在性为前提的主体性，它谋求的是人与人之间的和谐“存在”，而非对立性的占有。

一、现代教育中交往的缺失

现代教育发生在工业社会，它与主客二分的文化精神和科学技术相适应，以技术理性为圭臬。现代社会日益强化的技术理性、工具理性，最终使教育陷入“非人性化”的境地。“占有”更多的知识，以获得外在自身的身份，成为教育的目的。主客对立的思维方

①罗兰·罗伯森：《全球化——社会理论和全球文化》，梁光严译，上海人民出版社，2000，第 12 页。

式渗透于教育、教学过程之中，使教育成为教育者对受教育者的控制和训练。现代教育忘记了学生的“生存”，由此导致完整人格的支离，个性的扭曲，迷失于外在的观念、权威、功利、名义、物质利益之中。造成这种状况的根本原因，大概在于教育中交往精神的缺乏，使现代教育表现为占有式教育和异化的师生关系。

（一）占有式教育：学生主体自主活动的缺失

占有式教育教人像占有物质财富一样占有知识，受教育者和知识之间的关系是一种占有者和被占有物的关系，而非“探求”知识，“理解”知识。因此，弗罗姆说：“占有生存方式和存在生存方式在知识领域的区别表现为‘我有知识’和‘我懂得’这样两种措辞方式。”“存在生存方式的至高鹄的就是深刻的知识，而占有式生存则是大量的知识。”[①] 生存方式把知识看作是生产思想的一部分，而占有方式把知识看作实体性的财产，不与自身的内心世界、精神世界发生联系。这种知识越多，不仅不会给人以“闲暇沉思”的智能，反而会压迫人、束缚人的发展，限制人的思维，并受它的支配。这种人可能学富五车，但只能是一个书虫或学匠，而非一个思想家，按照尼采的说法，他的头脑作了别人思想的跑马场，让别人的思想骏马蹂躏一番。多读书、掌握知识并不是坏事，但只读书不思考的人，就为知识所异化，封闭了自己的头脑，所以孟子说：“尽信书，不如无书。”

占有式教育是被动灌输的教育，教师作为权威灌输知识，学生虔诚地接受知识。他们在课堂上洗耳恭听，并尽可能面面俱到地记笔记，所以，最优秀的学生是上课最认真，笔记记得最好，能最大

---

①埃·弗罗姆：《占有或存在—— 一个新型社会的心灵基础》，杨慧译，国际文化出版公司，1989，第36—37页。

限度地复述别人思想的学生。在这个过程中，学生成了容器，没有怀疑，没有思考，课堂上所获得的知识只是借助于他的头脑而储存，并没有融为他自己的思想，更谈不上丰富和扩展他的思想。

占有式教育是一种标准化知识的教育，它用标准化的知识或答案代替了对问题的思考。它所呈现的内容不是启发学生思考的原料，而是让学生记住的大量的“标准”知识，它把标准答案作为权威，杜绝知识中的或然性和未知性。应试教育是当今占有式教育的典型表现。

（二）教育过程的主客两极模式

长期以来，我们把教育视为“教育者有目的、有计划、有组织地对受教育者施加影响，以期变革、改造受教育者，使其达到教育者预期目的的活动”。这种“施加影响，改造受教育者”的过程观，是一种单一的对象化的“主体—客体”两极模式。它的特征是：

第一，单一的主体观。教师中心是我国目前教育过程的主导倾向，教师是课堂的控制者，他通过提出明确的、硬性的要求和作出评价，把自己的观点强加给学生，学生是教师权威的服从者。教育社会学的研究表明，“在我国中小学课堂教学中，学生指向教师的行为多半是服从”，这种服从表现在课堂上，是学生对教师要求的“应答”。中外“几乎所有的研究者都认为，在课堂师生交互作用的关系中，学生对教师的应答是一种基本的行为单位”①。

第二，片面的教育关系。主客体的关系是一种认识关系，是主体对客观现象及其本质的把握，因此，认识的核心和目的是知识的掌握。这样，教育活动就成了或主要成了知识掌握的活动，教师是知识的权威，学生是知识的需要者和接受者，教育关系就成了知识

①吴康宁主编《课堂教学社会学》，南京师范大学出版社，1999，第84—85页。

授受关系，其中道德教育、审美教育和社会性的发展也简单套用知识教育的方法，造成了教育活动中严重的唯理性色彩，而缺少反映精神相遇的情感活动。

第三，造成了教育与生活的断裂。若教育简化为传授知识，忘却了原本丰富的师生关系，就会出现把教育的世界等同于科学世界，而排斥作为根本的生活世界，出现了现代教育远离生活的趋势，造成学生人格的分裂。

（三）现行教育中教师与学生交往关系的扭曲

交往主体的客体化。这是一种最典型的将交往中的“主体—主体”关系向“主体—客体”关系的降格。交往主体的客体化是指交往的一方不把另一方看作与自己相同的、自由自主的主体，而是视作实现“以我为中心”的目的、需要之手段，这种交往使一方失去独立性，而为另一方所统治和支配。我国学者吴康宁等根据对中小学课堂的观察，把师生互动模式归为九类，分别是：指令—服从、指令—交涉、指令—抗争；建议—采纳、建议—参考、建议—筛选；参与—协从、参与—合作、参与—支配。[①] 在这九种模式中，只有“参与—合作”型才体现着平等的交往主体关系。

交往主体的片面化。一方面是师生的教育交往蜕变成知识信息的交流，教师和学生只是作为知识的承载体而交往，失去了人格精神在教育中的相遇；另一方面是教师职能和角色的专门化，使某一学科的教师只对学生某一方面的发展负责，师生之间的这种交往就是片面的教师与片面的学生之间的交往，从而消解了真正的交往所具有的自由和属人的本性。

---

①吴康宁、程晓樵、吴永军、刘云杉：《课堂教学的社会学研究》，《教育研究》1997 年第 2 期。

师生关系的疏离和抽象化。现行教育在班级授课制的情况下，教师以学生集体为教育对象，学生集体作为一个抽象的东西横亘在教师和各个学生之间，课堂教学中的师生交往实际上撇开了具体的学生，是教师与一个朦胧的整体印象在交往，个体与群体交往成为课堂交往的主要形式，这在扩大交往面的同时，又使得师生的交往关系疏远化和抽象化。

（四）学生主体与学生主体间交往活动的匮乏

校园是学生的主要生活空间，课堂是他们的主要交往场所。在课堂中，他们除了和教师的有限交往外，更重要的是和同学的交往，这是他们在集体中促进自身发展的重要途径。然而现行教育中却存在着学生间教育交往的匮乏。吴康宁等人对中小学课堂的研究表明：与师生交往相比，学生之间的交往极少，前者占93.2%，后者只占6.8%。在有限的师生交往中，主要是学生个体与班级之间的交往占73.6%，学生个体与个体之间的交往占19.4%，小组与小组之间的交往占6.9%。[①] 张博对幼儿在教学活动中的交往的研究表明：同伴之间的交往占11.1%，教学活动、生活活动、儿童工作、游戏四类活动中，同伴之间互动最少。但教师与儿童互动的频次却是最高的，居四类活动之首，占师幼互动总数的55.3%[②]。所以，在这个意义上，学生堪称是教学活动中“孤独的学习者”。

课堂教学中学生主体间的交往匮乏的主要原因在于：第一，秧田式的座位排列方式。学生与学生之间前额对后脑一致面向教师和黑板，使学生处在教师全方位的控制之下，学生之间的交往范围就受到了限制，只能发生在同桌之间。第二，课堂规则的控制。为了

①吴康宁主编《课堂教学社会学》，南京师范大学出版社，1999，第164—166页。
②张博：《走向对话的幼儿教育》，南京师范大学博士后出站报告，2000，第20页。

维护班级授课的有序性，教师都要提出一些课堂常规限制学生的交往行为，保持良好的课堂秩序。第三，有效的学习小组没有出现。我国学校中的课堂虽有小组，但多履行管理或服务职能，还没有成为行使课堂讨论职能的学习小组。课堂教学中的交往，多是师生之间的轮式交往，教师处于中心位置，与学生个体或全班学生交往。这种交往形式虽有利于教师对学生的控制，但无法满足学生间交往的需要。

二、走向交往式教育

现代教育对交往的运用着眼于两个方面：一是把交往作为与“活动”并列的手段，强调它对人的发展价值；二是把交往作为对权威师生关系的挑战，强调交往中的民主和平等。可以看出，现代教育对交往的运用都是局部的，把交往只是作为手段，强调其某一方面的意义。这里试图把交往作为一种精神，运用到教育中，构建一种新型的教育交往形态。

（一）教育交往的提出：对传统教育和现代教育的超越

传统教育是一种灌输教育。传统教育把教师作为教育过程的主宰者，向学生灌输支离破碎的学科知识；学生作为知识的接受者，为了外在的目的而盲目地占有知识，结果为知识所支配，最终压抑了学生的自主发展和创造性，甚至导致完整人格的解体。现代教育强调学生的自主发展，它把发展看作人的内在潜能的挖掘，教育者应该像园丁，他的任务就是创造条件，让学生的潜能按照内在逻辑发挥出来。因此，现代教育强调学生的自然天性，鼓励儿童自主探索、自由表现，教师绝不干预和限制儿童的活动，他的作用就是提供新奇的媒介，创造轻松、自由、愉快、和谐的环境，引发儿童的表现力和创造力。如果说传统教育没给儿童提供自由发展的机会和空间的话，现代教育则克服了传统教育的不足，但又矫枉过正，过分强调学生的自由表现。

就发展观而言，传统教育是“外烁论”，现代教育是“内发论”。现代心理学的研究表明，儿童的发展既不来自外在的客体，也不源于主体自身先天的潜能，而是在一种不断相互作用中生发出来的东西。换言之，人的发展既不处于先天的领域，也不处于后天的领域，而是处于先天和后天之间的“边缘领域”。若人的发展处于先天的领域，则需要的是现代教育的开采，但边缘领域诉诸的是交往、对话，它强调通过教师与学生在交往中与“文本”的对话，在对话造成的边缘领域进行不断地生成和创新。传统教育的教师中心主义压制儿童的发展，现代教育的儿童中心主义又放任儿童的发展，教育交往试图超越二元对立，旨在通过教育主体间的交往和对话，在一种和谐共存中促进儿童的发展。

（二）教育交往的内涵：人在教育中是一种“存在”的生存方式

教育是人的一种生存方式，现行教育寻求的是一种占有性生存方式，交往式教育寻求的是一种存在的生存方式。弗罗姆指出，存在的生存方式意味着“去自我更新，去成长，去不断地生成，去爱，去超越孤独的内心自我之牢笼，去关心，去倾听，去给予”①。在这种情景中，一个人常常忘记了自我，忘记了他的知识和他的身份，他不是以自我为中心的。正由于此，使他得以全力以赴了解对方及其思想，但不固守任何的东西，不断地产生出新的思想。这就是人

---

①埃·弗罗姆：《占有或存在—— 一个新型社会的心灵基础》，杨慧译，国际文化出版公司，1989，第 77 页。

在教育中“存在”的生存方式。

如此来看，教育交往必须具备以下几个特征：

第一，在教育交往中，教师与学生之间是一种“我”与“你”的平等关系，这是它区别于占有式教育的显著特征。占有式教育是主体“我”把“我”之外的一切都作为占有、利用的对象，结成的是“我—它”的关系。交往式教育强调主体间的精神沟通，教师和学生不是把对方看作可占有、改变的对象，而是与“我”讨论共同“话题”的对话中的“你”，沟通交流中的“你”，师生之间是一种平等的“参与—合作”关系，二者的合作达成一种默契。因此，交往的过程是一种共享，共享精神、知识、智慧、意义，师生在共享中相互促进发展，保持共识，容忍差异。因此，教育交往是一种共主体教育，它消除了自我中心意识，而生成了交互主体性。

第二，受教育者置身于教育情景之中，他为了自身的发展而学习，其学习的动力不是外在的分数、升学、激励，而是内在成长的需要。因此，教育交往就不再是被动地接受，而是对话式的积极参与，表现出极大的能动性。尽管占有式教育中受教育者也可能表现出极大的热情，如为了考上大学而发奋学习，但这种能动性是异化的能动性，因为“我”想获得的不是生命的体验，而只是外在的结果，因此，行动的不是“我”，而是外在的力量通过“我”在行动。而教育交往不是为了占有知识，而是把知识作为手段，获得一种生命的体验、智慧的增长、人格的完善，因此，“我”的能动性是我的力量和能力的一种表现，“我”和我的劳作及劳作的结果是浑然一体的。

第三，教育交往的目的，不在于我“有”知识，而在于我“懂得”知识；不在于“知”，而在于“智”。老子说：“为学日益，为道日损。”这就是说，学习追求知识，知识一天比一天增加；学习追求智慧（道），知识一天比一天减少。所以，苏格拉底把“自知自己无知”的人看作最聪明的人。因为教育既要使学生由不知到知，教给他们知识，更要使他们由知到无知，培养他们对已有知识的质疑和挑战精神，对未知的好奇心和探索能力。

（三）交往的教育过程：对话、理解和共享

教育交往是一种精神交往，语言是交往的手段。因此，教育交往的过程就是诉诸对话，通过理解而实现精神世界的共享。交往的教育过程包括对话、理解和共享三个阶段。

对话。对话不同于独白，它是两个以上主体的语言交流活动，但并不是任何的语言交流都是对话。“真正决定一种交谈是否是对话的，是一种民主的意识，是一种致力于相互理解、相互合作、共生和共存，致力于和睦相处和共同创造的精神的意识，这是一种对话意识。”① 鉴于教师中心主义的盛行，所以对话意识的形成，关键在于教育者观念的转变。教师不能总以师者的姿态，对学生耳提面命，在对话中，学生是平等的伙伴，而不是灌输的对象。教师是“平等中的首席”，教师在交往过程中要有一定的预见性和引导性，教师的作用表现在对教育资料的选择加工以及对所选择的教育内容进行“激活”，使它为学生所喜闻乐见，诱导学生参与其中，共同塑造一个“教育文本”，学生通过对这一文本的内化，而促进自我的建构和自主发展。

理解。对话的过程就是一个不断理解的过程，这种理解不仅是师生之间的理解，它更多的是指学生对符号文本的理解。师生之间的理解要依靠对话，在对话中通过移情体验，在“你”中发现了

①滕守尧：《文化的边缘》，作家出版社，1997，第177页。

"我"。对符号文本的理解，不是了解"符号是什么"，而是指向符号和话语的意义。符号化的文本，不是纯粹的符号及其组成，它保持了主体的灵魂和生命体的复杂意义和信息。因此，理解的对象也不再是某种符号传达的内容或某种特定的作者在某个情景下表达的东西，而是一个有能力的言说者在用语言诉说。对文本的理解，不是"死读书"的过程，也不是掌握局部的某一知识点，而是我与他人的情感、意识、人格力量的沟通。文本的理解也是我与你的对话。

共享。教育主体间通过平等的对话和相互的融入，生成了主体间性。主体间性有两个方面：主体间的互识和主体间的共识。互识表明交往中的差异性，共识表明交往中的统一性。交往的过程不是为了达到某种共识而泯灭个性的过程，相反，真正的交往是以人格平等、互相尊重为基础的主体间关系。在这里，一切等级压制、思想强迫、话语霸权、人格歧视……都让位于平等的对话、投入的理解和真诚的合作，渗透在这种自由交往中的是真正的个性，交往的空间是一个充满自由、民主和活力的公共领域。因此，交往式教育所实现的不是去复述一个标准答案，而是学生富有创造性思想的生成。教师和学生、学生和学生之间的交往，获得的不是一个答案，而是多个答案，师生在交往中共享这些成果，促进师生共同发展。占有式教育中，教师把真理教给学生，教师是知识的权威，教的过程不是教师发展的过程，但交往式教育，发展的不只是学生，同样有教师，这才是真正的"教""学"相长。

（四）教育交往实现的条件

教育交往是一种活动，它离不开一定物质条件的支持，如座位的排列形式、班级的规模等，但更重要的还是一种交往的意识和精神的养成。有时教师虽然也在"言说"，但若居高临下，没有自觉的交往意识，就不会得到弱者——学生的信赖，这就不是真正的交往。所以，在占有式教育盛行的今日，谈教育交往，重要的是改变教师的自我意识，树立以下几种意识：

互主体意识。交往的过程是一个双向的过程，每一个人都是交往的主体，他们所面对的客体，不是对方，而是主体间的关系或话语文本。交往的过程不是一方压制或变革另一方，而是共同参与，塑造一个属于双方的话语情景。对话的实质是在自我中发现他人，在他人中发现自我，因此必须防止自我的丧失。对话生成主体间性，不是“求同除异”“以一驭众”，而是“求同存异”“一中有多”。学生主体性的丧失是交往的最大障碍，它表现为以复述权威的见解代替自己的发现，以表演性的自我代替真正的自我，屈从他人而失去本真的自我。

民主意识。民主、平等、自由是一组相近的概念，它们不是与规则相对立的。民主体现在社会关系中，如果不要规则，它就会破坏和谐的关系，从而导致“民主的悖论”。伦理学家告诉我们，公正是处理社会关系的首要价值法则。公正包括两条最基本的原则：一是平等原则，凡属机会，每个人无例外地给予；二是对等原则，凡属待遇，均与其所为对等。[①] 教育交往中的民主，不仅是教育主体间的平等和彼此尊重，而且指有限教育资源在学生之间的平等享用。教育交往中的自由，强调权利和责任的统一，个人有自己做事的自由，但个人必须为自己的自由行为承担责任，并且个人的自由以不妨碍他人的自由为前提。只有这样，教育中的交往才能既充分自由，又有条不紊。

宽容意识。占有式教育是一种独断意识，它强调主体的自我中

①赵汀阳：《二十二个方案》，辽宁大学出版社，1998，第200页。

心，导致人与人之间的对立。教育交往强调一种宽容意识，在宽容中共生、共存，人与人之间和平共处。教育交往作为一种教育形式，它不是要学生复述“标准答案”。在教育过程中学生时时有思想的火花迸发，对这些离奇的、“不守成规”的思想观念，教师要有一种容忍的心态，不是要强迫同化学生一方的思想，而是鼓励多元和发散。对此，英国思想家密尔说得好：“对于异于寻常的个人，不应该阻止他们，而应该鼓励他们与众人在行为上有所不同……一个社会中所见到的不守常规，是与它所有的创造力、思想活力及道义上的勇气成正比的。”① 宽容不是纵容，它体现着教师对学生的期待。当然，宽容也不是无限的，无原则的，宽容以人性化的纪律为底线。

创设交往的“公共领域”。人与人的交往必须在一定的情景中进行，这一情景包括物质的环境、制度和氛围，三者共同作用创造一个交往所需要的“公共领域”。所谓交往的公共领域，是一个各种不同的思想观念、理论体系和意识形态进行自由、理性讨论的“公共空间”。在这个领域中，每个人作为平等的谈话主体，可以自由地公开表达他们的意见，理性地进行对话和协商，民主地讨论各种感兴趣的话题；每个人都拥有亮出自己观点和思想的机会以及参与对话和讨论的资格，但谁都不能成为“话语的霸权者”，交往主体之间以一种自由平等方式，通过谈话的双向交流，形成一个开放的、动态的、自由的“思想场域”。

---

①田友谊、涂艳国：《教神的宽容与创造——兼论创造性人才成长环境的培育》，《教育发展研究》2009 年第 20 期。

第四节　公民主体间性品格及其培育

一、公民主体间性

（一）公民主体间性：超越孤立的公民主体性

公民的发展与人类社会的发展是一致的。在古代社会人的依附性阶段，公民与城邦浑然一体，城邦的利益就是公民的利益，确立了古典共和主义的公民观。在近代“以物的依赖性为基础的人的独立性”阶段，个体摆脱对共同体的依赖和对权力的依附，具有了独立的人格，确立了自由主义的公民观。自由主义公民观以个人为出发点，以个人权利为核心，追求公民个人自由的最大化。从共和主义的“无我”到自由主义的“有我”，是公民发展迈出的重要一步，但自由主义公民在发展个人主体性之时，丢失了共同体的公共性，致使公民成为一个孤立的个体，公民只关注自己的利益，对公共领域、公共生活表现得冷漠和消极，对家庭、职业和个人事业等私人领域更加关注，出现了极端的“公民唯私主义综合症”，表现为“个体对公共领域中的公共角色持着否定或者消极的态度，他们倾向于以逃避公共责任的方式来追求自我中心的身份认同以及私人利益的满足，从而呈现出典型的个体私利主义和自我中心主义的心理病症及人格特征”。①“公民唯私主义综合症”是公民个人主体性发展

①叶飞：《公共参与精神的培育——对“唯私主义综合症”的反思与超越》，《高等教育研究》2020 年第 1 期。

的异化。之所以说是异化，是因为它无视公民共同体的存在，使公民成为一个孤立的利己主义者。走出公民个人主体性的异化，并非否定个人主体性，重回古典共和主义，而是使个人主体性转变为交往主体性、主体间性，这就是当代出现的共和主义的复兴和社群主义的形成。社群主义对自由主义孤立的自我观进行批判，提出个人离不开社会，公益先于个人。查尔斯·泰勒指出："我不能在与他人隔离的孤独状态下，而只能通过与他人公开或半公开的交流协商来确定自己的特性。从本质上说，我的个性与人格的形成离不开社会。"① 威尔·金里卡也指出："一旦我们承认人对于社会的依赖，我们就有义务把社会的共同利益置于与个人的自由权利同等重要的地位"②，或者至少前者应该受到后者的补充。新共和主义与社群主义试图超越孤立的个人主体性，将个人主体性纳入共同体之中，平衡个人与共同体的关系。

从主体性到主体间性，关键在于主体关系模式的变化。主体性存在于主体与客体的关系中，是主体对客体的作用所表现出来的能动特征。在主体性中，主体是主动的，客体是被动的；主体是目的，客体是手段。所以，在主体支配的实践活动中，客体成为主体利用、支配、征服、占有的对象，导致人与人、人与自然关系的对立紧张和矛盾冲突，尤其是在人与人的关系，主体性把对方看作为我所利用的客体，必然导致一方对另一方的压迫和统治，不符合共同体中公民平等的理念。主体间性以主体与主体的交往关系代替了主客体之间的关系。主体不再把对方看成征服、占有的对象，而是视为与

①Charles Taylor, *The Ethics of Authenticity* (Cambridge: Harvard University Press, 1991), pp. 47-48.

②威尔·金里卡：《当代政治哲学》，刘莘译，上海三联书店，2004，第385页。

自己同等地位的主体。主客关系是“我”与“它”的关系，交往关系是“我”与“你”的关系。“我”与“你”作为独立人格的主体，具有同等的地位、同等的权利。交往关系是人与人之间的共在关系，也是共同体中公民应该具有的关系。

个人主体性反映的是主体对客体的占有，占有是个人主体性的生存方式。在占有的生存方式中，人与世界、人与人的关系是占有与被占有的关系，个体企图把所有的人和物包括个人自己，都变成自己的占有物。所以，占有关系以自我为中心，个人具有绝对的优先性。以占有方式看待公民与国家的关系，公民利益先于国家利益，国家为公民而存在，保护公民个人利益，不能为国家利益而损失公民个人利益。在公民共同体的交往关系中，公民摆脱“自我”的迷恋和“唯我论”的幽灵，克服“自我中心的危险”，把自己作为主体，也把他人作为主体；把自己作为目的，也把他人作为目的，人与人之间是一种平等合作关系。正因为个人走出单子式的封闭“自我”，把他人作为同样的存在，建立了平等的互惠合作关系，人与人之间才真正开启了公共生活。

（二）公民主体间性的特点

公民作为共同体中的人，与多种类型的主体间性都密切相关，是多种类型主体间性的综合。首先，公民是特定政治或社会共同体的成员，公民要有对共同体的政治、社会和文化的认同，具有共同体的意识，体现着意识领域的主体间性。其次，公民的“公共性”表现在共同体中关注公共事务、参与公共生活、服务公共利益，体现了存在论意义上的主体间性。再次，主体间性是“主体—客体—主体”的模式，公民主体间性反映的是共同体中公民之间平等的交往关系，体现了交往实践意义上的主体间性。最后，公民的公共生活需要规范地维护，公民在公共交往和公共生活中建构了社会契约和公共道德等公共规范，体现了规范论意义上的主体间性。尽管公民主体间性包含着多个领域和多个意义上主体间性，但公民主体间性不等于“大杂烩”，它有其独特的内涵。公民主体间性是公民在政治共同体或公共生活中的主体间性，是公民在公共交往中体现出的相互联系、公共存在和公共利益。它具有如下特点：

第一，生活的共在性和公共性。存在论意义上的主体间性是所有类型主体间性生成的客观依据。阿伦特指出，“所有的人类活动都依赖于人们共同生活的事实，但只有行动在人类社会之外，行动是无法想象的”①。阿伦特所说的行动即公民的政治生活，“复数性却是一切政治生活特有的条件”②。也就是说，在政治共同体中，政治生活是以复数的形态存在的。阿伦特举例说，就如一张桌子被放置在围着它坐在一起的人之间一样，既把人联系起来，又把人分离开来。所以，公民的共在不是古代社会的群体主体，而是公民个体在公共生活中的集合，形成了公众。它既关注每个公民自身的利益，又关注其共同的、共在的利益，生活世界处于共同拥有它的人们之间。所以，公共生活是公民彼此间共在和共享的生活。存在论意义上的公民主体间性就是公民生活的共在性和公共性。

第二，交往的独立性和平等性。主体性与主体间性都是一种关系模式，主体性反映的是“主体—客体”的对象性关系，主体间性反映的是“主体—客体—主体”的交往关系。对象化活动是主体性的生成机制，交往是主体间性的生成机制。公民不是孤立的、单子式个人，而是特定共同体的成员，成员之间具有公共性。公民的公

①汉娜·阿伦特：《人的境况》，王寅丽译，上海人民出版社，2009，第 14 页。

②汉娜·阿伦特：《人的境况》，王寅丽译，上海人民出版社，2009，第 2 页。

共性通过交往而形成，但公民的公共交往不同于私人交往。私人交往是基于血缘和情感关系的亲密性交往，它排斥外来者、陌生人，具有封闭性和自我性。公民生活是公共生活，“公共生活的典型形式就是个人同陌生人之间的交往关系。在与陌生人的交往中，对方是一个无差别的、可普遍化的公民他者，交往双方的身份具有普遍性和无差别性的对象特征”。[①] 共同体中的公民，不是作为熟人在交往，而是作为无差别的、普遍化的他者在交往，因此，公民之间的交往不是人情的交往、人际的交往，而是非人格化的理性交往。它凭借的不是私人的情感，而是公共的规范（契约、法治和伦理），公民在公共规范面前，无差别地一律平等。

第三，利益的互惠性和公正性。人作为一个社会性的存在，马克思说：“把他们连接起来的唯一的纽带是自然的必然性，是需要和私人利益。”[②] 利益是个人存在的根本，每个人都要追求自己利益的最大化，“人们为之奋斗的一切，都同他们的利益相关”[③]。利益原则是维护社会关系、把人们聚合在一起的张力，社会由此形成人与人之间的利益共同体。在利益共同体中，人与人之间是一种利己性合作关系。公民的主体间性，既不是单子式的个人主义，也不是“无我”的虚假的集体主义、纯粹的利他主义。公民在共同体中，是基于个人利益的互惠性合作。公民不是私民，不能自私，但公共性也不是放弃自我利益，而是互利互惠。“公民是作为私人带着私利诉求进入公共交往中的，公民身份确证的意义在于通过交往实践（主

---

①崔丽娜：《良序的公共生活何以可能——基于唯物史观视域的考察》，中国社会科学出版社，2019，第 51 页。

②马克思、恩格斯：《马克思恩格斯全集》第 3 卷，人民出版社，2002，第 185 页。

③马克思、恩格斯：《马克思恩格斯全集》第 1 卷，人民出版社，1995，第 187 页。

体间的反思论证）将私利统合于公益中。”[①] 公民以正义作为公共利益分配的尺度，“正义是利他主义和自我要求之间的恰当平衡，因而包含一种互惠的概念”[②]。正义要求公民具有一种互惠性的道德意愿，既不要求个体完全利他而不求回报，也不能容忍个体完全利己而不承担责任。“正义原则中已经隐含着互惠性。”[③] 所以，主体间性的公民要超越自私的公民个人主义，但不否认公民的合理利益，而是在人们都能接受的互惠原则的基础上考虑自己，建构一个公平合理、利益共在的公共关系。

第四，价值的共识性和互识性。任何社会都需要社会规范来维护。古代的规范源于大自然或者神灵的启示、上帝的旨意。近代单子式的个人主体性，社会规范源于统治阶级的意志，是统治阶级对被统治阶级的支配和压迫，形成了社会等级观念和差序格局。民主社会，公民主体间关系，不是支配与被支配的关系，而是一种民主协商的关系。共识不是来自上帝，也不是来自某一特殊群体，而是在独立平等的公民之间，基于生活的公共性和交往的平等性、利益的互惠性，通过理性的协商、平等的对话而产生“相互承认”和“相互信赖”，达成的“公意”。共识是一种认识的统一性、共同性，但它不是强加给个体的，也不是某种终极的价值，而是主体间协商的结果，即罗尔斯的“重叠共识”。公民在民主协商对话过程中，不仅寻求统一性“共识”，还要尊重差异性“互识”。缺少“互识”的“共识”，就缺少对独立个体意见的尊重，极可能会被某些特殊的人

---

①冯琼、吴宁：《交往视域中的公民及其中国意义》，《人文杂志》2013 年第 5 期。

②约翰·罗尔斯：《正义论》，何怀宏、何包钢、廖申白译，中国社会科学出版社，2009，第 397 页。

③约翰·罗尔斯：《正义论》，何怀宏、何包钢、廖申白译，中国社会科学出版社，2009，第 396 页。

或群体以“共识”之名打压个体，这种“共识”是一种虚假的共识。真正的共识，是与差异性“互识”相伴随的，是以差异性、多样性为前提的“异质”的“统一”。所以，主体间的价值共识，要坚持求同存异，聚同化异，保持开放性，尊重多样性，增强包容性。

二、主体间性公民品格

与个人主体性相比，主体间性具有一定的公共性，但这种公共性是为了各自利益的合作、共识，只能算作初级的公共性，是公共性的初级阶段。在这个意义上，基于主体间性的公民品格是公共品格的初级形态。基于主体间性的公民品格表现为合作、平等、民主、协商、正义、契约、法治、尊重、诚信、信赖、正派、宽容等。品格不只是道德的范畴，它是一个包含知情意行的综合性人格特征。

（一）合作

主体性与主体间性都是关系概念，主体性是主体与客体之间的对象化占有和征服关系，主体间性突破了主体与客体之间的对立，将自己面对的对象看成是一个与“我”一样的一个“主体”，因此，主体间性是主体与主体之间的交往关系，是一种平等合作关系。在主体性视野下，公民之间是一种对立的竞争关系，出现了“竞争性个人主义”和“孤独的”公民①，也有学者称为“精致的利己主义者”（钱理群）。公民的主体间性关系，不否认竞争的存在，但要避免竞争的“恶灵”发展为个人主义，要在一个适度的合理框架内竞争。一是竞争要遵循公共规则，二是有竞争也有合作，使竞争与合作相互制约。主体性只有竞争，主体间不否定竞争，但必须以合作

---

①叶飞：《竞争性个人主义与“孤独的”公民——论公民教育如何应对公共品格的沦落》，《高等教育研究》2013 年第 2 期。

为竞争设定限度。合作是两个或多个主体之间基于共同的生存需要和共同的利益目标而展开的互惠或互补行动。为了实现合作，个体必须放弃自利、独断的思想，认识到其他主体与自己的同等地位、同样价值，认识到共同生存的利益，具有多元、平等、对话、互助、团结、共享意识和团队精神，进而产生合作行动，共同面对现代社会的各种问题和挑战。

（二）平等

主体间的交往关系是主体间的平等关系。如何理解主体间的平等？萨托利指出："平等表达了相同性的概念……两个或更多的人，只要是在某些或所有方面处于同样的、相同的或类似的状况，那就可以说他们是平等的。"① 艾德勒也指出："当一个事物在某一认同的方面不比另一事物多，也不比另一事物少时，我们说这两个事物是平等的。"② 这样的平等观念，就是我们所说的"完全一样""无差别"。这样理解的"平等"，就把人视为一样的人，成为抽象的人，非具体的人。马克思主义认为，"平等，一向指社会的平等，社会地位的平等，绝不是指每个人的体力和智力的平等"③。主体间性是以个人主体性为前提的，每个人都作为一个独立的、独特的存在，因此，把主体间性中的平等完全理解为"无差别""一样"是不合适的。人与人之间是有差异的，这是客观存在的。完全的平等抹平了差异，就是平均主义。在一个公正的社会，平等有两类：一是完全的平等，它对应于人的类特性，指每个人在人格上的平等；二是

①乔·萨托利：《民主新论》，冯克利、阎克文译，东方出版社，1993，第340页。

②艾德勒：《六大观念》，郗庆华译，生活·读书·新知三联书店，1998，第188页。

③列宁：《列宁教育文集》上卷，人民教育出版社，1984，第304页。

比例平等或差异性平等，它对应于个体发展程度的差异。[①] 前者是同等情况同等对待，比如说权利平等、机会均等；后者是不同情况差异对待，比如对收入、财富要体现按劳分配、多劳多得。只有这样，才能保证主体间多元主体差异性的平等。

（三）民主

民主可以在国家层面、社会层面和个人层面有多种理解。在国家层面体现为基于一切权利属于人民的国家制度和践行民主政治制度的程序，但民主不仅是一种政治制度、政府的形式，在杜威看来，“它首先是一种联合生活的方式，是一种共同交流经验的方式”[②]。作为一种生活方式，民主有两个要素：一是人们之间的共同利益，二是人们之间更加自由的相互影响。杜威所说的基于共同利益的人们之间的自由交往，就是针对民主作为一种社会生活方式而言。民主作为一种政治制度、一种生活方式，背后隐藏着“民主作为一种人格品质”的前提。公民具有了民主品格，才有实现民主的最大可能性。据此，民主国家和民主社会的建设，要求每个公民具备民主品格，把民主品格转化为生活态度和行为方式。

民主是公民的基本品格，它是民主作为政治制度和社会交往行为对公民的基本要求。公民的民主品格表现为民主认知、民主态度、民主能力、民主行为等。民主认知，即关于民主的认知和知识。民主作为一种国家制度和政府管理形式，什么样的制度是民主的，公民在民主制度中具有什么权利和义务，怎么参与民主政治，这些都需要公民掌握民主知识，形成对民主的理性认知，并在此基础上，增强对民主制度的认同。民主态度，是在民主认知基础上形成的关

---

①冯建军：《教育公正需要什么样的教育平等》，《教育研究》2008 年第 9 期。

②杜威：《民主主义与教育》，王承绪译，人民教育出版社，2001，第 97 页。

于民主和民主自身的情感、态度和价值观，是民主行为的动力。民主公民不仅知民主，而且信民主，对于民主具有坚定的信念，具有民主本身的行为态度。民主能力是指公民参与公共事务，在公共交往中表现出来的能力，包括公民的理性表达能力、沟通交流能力、对话协商能力、批判思维能力和公共参与能力等。公民的民主能力是公民行为的保证。民主行为是指公民对公共生活的参与、维护公共利益的行为，包括民主政治参与、社会公共事务的参与、公益事业和志愿服务参与等。

（四）协商

主体性反映的是主体对客体的支配和占有，在这种理念下，统治阶级通过强权强加自己的意志于人民。主体间性是主体与主体之间平等的合作关系。多元的差异主体之间如何能够达成一种合作，不是依靠统治阶级的强权，而是通过不同主体之间的协商。协商以个人主体为前提，承认差异和利益冲突的存在，通过协商的机制，化解主体间的利益冲突，达成一种共识，建立社会共同的准则。罗尔斯在《政治自由主义》中提出的“重叠共识”就是解决“一个由自由而平等的公民——他们因各种尽管互不相容但却合乎理性的宗教、哲学和道德学说而产生了深刻的分化——所组成的稳定而正义的社会怎样才能长治久安”[①] 的问题，“重叠共识”是使持有不同的完备性学说的公民对已经建立的原则达成稳定而持久的承诺的方法。重叠共识，是自由民主社会的稳定和统一的基础。

2014 年，习近平总书记在全国政协成立 65 周年大会上的讲话中

①孙莹：《罗尔斯“重叠共识”理念的逻辑起点、内涵与践行》，《求索》2014 年第 8 期。

提出“有事好商量，众人的事情由众人商量，是人民民主的真谛”①。协商是民主社会的一种合作机制，是两个及两个以上主体以语言为中介，通过充分的交流、对话、讨论，在各自利益妥协的基础上形成共识。公民协商需要相应的品质：第一，公民要有表达的权利和机会，有对自己意志和利益诉求的充分表达，“广开言路、博采众谋”；第二，尊重每个公民的想法，公民之间平等交流，求同存异，“寻求最大公约数，画出最大同心圆”；第三，公民要学会利益的妥协和心理的宽容，尤其是能够接纳不同的意见，能够听取不同的声音，包括反对的意见；第四，追求公共理性和交往理性，这是协商得以和谐、有序、公平、公正进行的保障，也是协商的独特优势。

（五）正义

正义是社会追求的核心目标。罗尔斯指出：“正义的主要问题是社会的基本结构，或更准确地说，是社会主要制度分配基本权利和义务，决定由社会合作产生的利益之划分的方式。”② 正义是用来分配公民的基本权利和义务、划分由社会合作产生的利益和负担的主要制度。在罗尔斯的《正义论》中，有两个前提：一是每个人都是自私的，二是社会资源处于中等的匮乏。在资源中等匮乏的情况下，自私的本性使每个人都想多占有资源，因此，唯一的办法是设计一种制度，这种制度能够公平地分配资源。所以，作为社会分配的一种制度，公正要有利于每个人，是有条件的互利正义。公正感来自

①习近平：《在庆祝中国人民政治协商会议成立65周年大会上的讲话》，人民出版社，2014，第13页。

②约翰·罗尔斯：《正义论》，何怀宏、何包钢、廖申白译，中国社会科学出版社，1988，第7页。

人类社会合作中产生的互惠性，它指公民能够按照“得其应得”的原则，不偏不倚地要求自己，对待别人，既不过，也无不及。基于人性利己的公正，是一种合理的利己主义，追求的是公民的合理利益，因此，为了个人的利益，公正就会表现为斤斤计较，缺少一种无私奉献和对他人的责任。如果人与人之间充满着仁慈和爱，正义将失去用武之地。只有缺少仁爱、责任这种美德时，正义才能存在。所以，作为公民的品格，公正是有局限性的。越关注公正，越缺少爱与责任。[①] 因此，我们既要追求互利公平的正义，又要追求超越公平的仁爱德性。[②]

（六）契约

契约是人对人之间的公共约定。契约和契约意识诞生于现代社会的市场交换。作为市场交换的主体，为了获取自己的利益，主体之间就需要一个约定。契约是在个人主体的基础上，双方基于共同利益而协商的约定。“契约强调的是平等、理性、尊重个性和共同体的权益以及对游戏规则的尊重，强调生活方式的自主性、个人中心性、异质性和多元化等。”[③] 从传统社会到现代社会，人们的交往方式从身份关系到契约关系。现代社会，契约广泛运用于社会交往生活，成为现代社会根本的交往规则。[④]

主体间的公民关系不是熟人关系，而是陌生人的关系，维护公民关系的不是等级、人情，甚至也不是仁爱，而是规则、契约，是

---

①冯建军：《公民正义感及其超越：公民教育的双重任务》，《教育学报》2014 年第 6 期。

②郝文武：《教育的公平正义与超公平正义》，《教育研究》2019 年第 12 期。

③扈中平、蔡春、吴全华、文雪：《教育人学论纲》，高等教育出版社，2015，第 232 页。

④扈中平、蔡春、吴全华、文雪：《教育人学论纲》，高等教育出版社，2015，第 232 页。

人与人之间平等的约定。契约是公民交往的方式，契约精神应该成为公民必备的一种品格。作为公民品格的契约，是指公民在公共生活中主动遵守契约，自愿为契约所约束的意识观念。对于公民来说，缔约自愿，守约自觉，违约负责。所谓缔约自愿，也就是说，契约是当事人不受外力干预，民主协商，自由选择的合意结果。黑格尔说，“契约以当事人双方互认为人和所有人为前提”①，契约各方享有平等的权利和义务。缔约自愿，反映缔结契约主体的自由意志和双方地位的平等。守约自觉，是指契约一经达成，双方必须自觉遵守。契约是共同的约定，约定后的契约，对于双方来说，都具有相应的约束效力，必须自觉遵守，履行相应的责任和义务。契约信守精神是契约精神的核心，也是契约从外在规定上升为内在精神的伦理基础。契约精神虽然倡导信守契约，但对于违约者，必须进行惩罚，对损失者进行赔偿或救济。

（七）法治

在国家层面上，法治是公民与国家之间的法律约定。因此，法治是契约的高级阶段，契约精神是法治意识的前提，也是公民守法的心理基础。法制与法治不同，法制是指一个国家的法律制度，法治是一个国家依法治国的方式。现代国家都有法制，未必都依法治国。中国传统的封建宗法社会，道德规范具有绝对的至上性，在某些方面甚至超越国家法律。新中国成立以来，我们不断健全法制体系，党的十八大明确提出，法治是中国共产党治国理政的基本方式；党的十九大提出，坚持全面依法治国。党的二十大进一步提出，推进法治中国建设，加快建设法治社会。

依法治国不仅要完善法律体系，更要涵养公民的法治意识。法

①黑格尔：《法哲学原理》，范扬、张企泰译，商务印书馆，1961，第80页。

律要发挥作用，真正地实现依法治国，公民就必须遵纪守法，具有法律的意识。如果没有对法律的敬畏和遵守，有法不依，就不可能建成法治社会。因此，一定要引导公民具有法治意识，树立宪法法律至上，法律面前人人平等的法治信仰，明确社会主义法治国家的基本要求，做到知法、守法、懂法，并合理用法，具有法治思维，养成依法办事、依法行使权利、依法履行义务的习惯，把法制的外在规定内化为行为准则，积极主动地遵守宪法法律，运用法治手段解决社会冲突，保护自身和他人合法权益，做社会主义法治的忠实崇尚者、自觉遵守者和坚定捍卫者。

（八）尊重

自尊是公民作为个人主体的特征，但公民如何获得自尊？民主社会公民的自尊，不是自负，是公民主体间相互对待的尊重。因为主体间的共在性，使每个人不仅生活在自我世界中，也生活在他人世界中，尤其是个人的自尊，不是孤芳自赏，而是源于他人对自己的尊重。人的内心都渴望得到他人的尊重，健康的自尊来自别人对他的尊敬，只有尊重他人，才能获得别人的尊重，实现自尊。所以，自尊和尊重他人是不可分离的，尊重是相互的，是尊重与被尊重的统一，具有对等性。没有对他人的尊重，也不可能获得自尊。所以，获得自尊首先要学会尊重他人。

传统等级社会，被统治者慑于权力，对统治阶级的尊重，是虚假的尊重。真正的尊重是人与人之间平等的尊重。这种尊重源于人性的普遍性和平等性。作为人，每个人都有平等的人格和尊严，这是尊重的人性基础。尊重就是对人的人格和尊严的“认可”和“尊敬”，是把人作为与自己同样的人，而不是作为非人、次等人。公民的主体间性，主张每个公民都是平等公民，而不是二等公民。因此，尊重是公民之间相处的基本态度。“在公民的一般人际交往中，获得尊重是公民的权利，尊重他人则是每一个公民义不容辞的义务，公民间的相互尊重是权利和义务的统一。”①

（九）诚信

中华民族把诚信作为人之所以成为人的基本美德，人无信不立，“言必信，行必果，硁硁然小人哉!”所以，诚信是公共生活中公民的基本要求。现代社会公民间的关系，是一种陌生人之间的契约关系，契约关系更是把诚信作为最重要的公民品格加以强调。如果没有诚信，公民生活于其中的市场经济就会陷入不可克服的混乱。

诚信，是诚与信的组合，“诚”为内心的自觉，“信”是外在的行为表现。“诚”是“信”的前提，内心不“诚”，就不会有外在的“信”。诚即诚实，一个人说真话，不违心即为诚实。所以，诚包括着真实、顺从内心、诚恳。由于受到各种环境的制约，尤其是在外部条件与自己内心的想法不一致时，直接表达自己的真实想法，可能要付出代价。这个时候，一个人就会故意粉饰自己的意图，不真实地表达自己的意思。诚实要求忠于自己，不因畏惧付出代价去粉饰自己，去做真人，说真话。但真话不是随便乱说，真话是真实的话，真实不仅是自己内心的表达，也是“真实”地反映了事物的特征，不是对事物的歪曲。信是信守、信任、信用，一个人的真诚，不仅表现于内心，还要外显为行动，所谓“言必信，行必果”，就是说话一定要信守诺言，做事一定要有结果，讲究信用，受人信任，这是诚信的外在体现。诚信是对公民个体的要求，没有诚信，就不可能有公民之间的信赖。因此，诚信是公民之间信赖的基础和前提。

①夏澍耘：《论公民的尊重教育》，《伦理学研究》2005 年第 4 期。

（十）信赖

在日常生活中，信赖运用较多，但作为公民的道德品质，信赖的讨论较少。帕特丽夏·怀特在《公民品德与公共教育》中，把信赖作为公民的重要品质，“它是支撑所有可以想象到的人类生活形式的基础”，“在民主社会中可以发挥一种非常特殊的作用”①。信赖有制度信赖和个人信赖。主体间性视野下的信赖，主要讨论个体公民之间的信赖，个人信赖包括两个方面：信赖别人和被别人信赖。当我们信赖别人或被别人信赖时，才可能考虑与他人开展合作。如果一个人不值得信赖，也不可能合作。

信赖是两个或两个以上主体经过一段长时间的相处后，对彼此的一种信任和依赖。一个值得信赖的人，你可以向他坦露心迹，分享快乐和烦恼。信赖超越了一般的主体间的利益平等关系，而进入到感情交流层面。但信赖不完全受情感支配，信赖的前提条件是建立在对他人信任的基础上。一个人对别人是否信任，是理性的判断，比如说，对他人人品的考察，他人是否待人友善、忠诚，与自己的价值观是否一致，等等。这种考察是长期的、理性的，短时间作出的信任判断，可能受某一事情的干扰，可能会上当受骗。在信任基础上的依赖，就是信赖。但信赖不是放弃自我的独立性，防止过度、盲目地信赖，完全依赖别人，容易导致被他人所操纵。信赖是主体之间良好的信任与合作关系，是人与人之间充分的交流和情感的共享。

（十一）正派

公民之间要尊重，尊重是对别人人格正面的、积极的肯定。尊

---

①帕特丽夏·怀特：《公民品德与公共教育》，朱红文译，教育科学出版社，1998，第68页。

重他人自然是最好的，但如果做不到尊重，起码要做到不羞辱，这就是正派的最低要求。“正派”是耶路撒冷希伯来大学哲学教授玛格利特提出的一个概念，他在《正派社会》开篇说道：“羞辱是制度造成的一些行为或境况，使个人尊严（自尊）受到伤害。”玛格利特特别强调制度对公民的“羞辱”，羞辱是对人格尊严的侮辱，它“把人不当人，当成物、机器、动物，或者是当作次等人”，没有人格尊严。羞辱是对公民人格的伤害，它伤害着人的尊严，远比物质利益分配的不正义对人的伤害更大。玛格利特认为，正派比正义重要，因为正义关注的是基本权利和物质利益的分配，正派关注的是社会排斥和心理伤害，尤其是对社会弱势群体的排斥和伤害。正派具有优先性，一切社会都应该首先是正派的社会。正派社会是制度不羞辱的社会。“正派社会的理想虽低调，但要求却并不低，因为只要你去留心，生活中处处都有羞辱。既然羞辱渗透在我们生活的每一个领域之中，要做到不羞辱，它本身就已经是一个很高的要求。”①

公民是平等的，不仅表现在权利、利益上，更表现在人格尊严上。公民之间是以契约维持的民主关系。民主制度不仅意味着不羞辱人的自尊，保护人的尊严，而且意味着每一个人的人格都是平等的，平等对待每一个人，尤其是不歧视每一个人。正派是对公民负面行为的底线要求，正因为是底线，也是首要的要求。一个公民只有做到“不羞辱”“不歧视”，才能把人当作人，友善地对待非亲密的陌生人。

（十二）宽容

主体间性既要保持个体的独立，又要维护主体间的和谐关系。

①应奇主编《当代政治哲学名著导读》，江苏人民出版社，2010，第422页。

独立的个体，即真实的个体，他们具有独特的见解、独立的思想。公民之间是平等的，不能以任何理由压制个人的独立思想。因此，个体之间的差异乃至对立都是存在的。具有差异性的独立个体，维护他们的和谐关系，只能诉诸宽容与理解。缺少宽容和理解，个体的差别性、多样性乃至对立性根本就没有生存的空间。

什么是宽容？《大不列颠百科全书》的解释是："容许别人有行动和判断的自由，对不同于自己或传统观点的见解的耐心公正的容忍。"①《布莱克维尔政治学百科全书》的解释是："一个人虽然具有必要的权利和知识，但是对自己不赞成的行为也不进行阻止、妨碍或干涉的审慎选择。所谓不赞同既可以是道义上的，也可以是与道义无关的（即不喜欢）。宽容要求做出正确的、给不同意见留有余地的判断。"② 宽容的核心在于宽容异己。这样说好像某人是正宗的，其他人是异己的，宽容是对异己者的同情，甚至是怜悯，正是在这个意义上，有人说宽容是美德。实际上，在主体间关系中，每个人都是平等的，宽容是由平等性的内在要求衍生而来的"推己及人"，体现为对其他公民个体的独特性、差异性以及隐私性的认可。③ 宽容不是异己，而是对不同主体的尊重，是差异主体寻求的一种平等。对差异主体而言，没有宽容，就没有平等。所以，不是因为一个人对另一个人的宽容而具有美德，宽容是差异主体平等共处的方式，是每个主体在交往中必须具有的态度。

三、主体间性公民品格培育

主体间性是公民公共性的体现，但公民的公共性也不限于主体

---

①贺来：《宽容意识》，吉林教育出版社，2001，第1页。

②贺来：《宽容意识》，吉林教育出版社，2001，第2页。

③夏澍耘：《论公民的尊重教育》，《伦理学研究》2005年第4期。

间性，一定意义上，主体间性是公共性的底线。因为主体间性保证了公民之间的平等，反映了公民之间一种利益互惠关系、一种非人格化的契约关系。公民的主体间性在强调平等互利和契约式交往时，弱化了公民之间的道德关怀和无私的奉献。超越公民主体间性，使公民社会充满着道德关怀和温情，这是公民他者性的要求。这里只基于主体间性，讨论公民主体间性的教育。

（一）培养契约精神：公民主体间性教育的重点

公民的主体间性建立在个体利益基础上，主体间性需要用制度来约束个人的自我利益，因此，必须要借助于公共契约和制度。契约和制度是外在的，契约和制度的实施根本还在于公民的契约精神。契约精神是公民的主体间性的基本品格，也是建立良序公民社会[①]的关键。

人的社会性决定了人必须依靠交往而存在，但交往有不同的形式。亚里士多德早就关注到两种交往形式：一种是家庭私人生活中的私人交往，另一种是城邦政治生活中的公共交往。亚里士多德认为，私人交往体现的是家庭成员之间的友爱、温情、关怀；公共交往追求城邦的正义和秩序。私人交往之间是熟人的关系，公共交往之间是陌生人的关系。私人交往形成的是差序格局的人情社会，公共交往形成的是理性的契约社会。契约是一种主体间关系，是双方经过协商达成的公共约定。契约最初形成于商品交换之中。商品交换是天生的平等派，“他们是作为自由的、在法律上平等的人缔结契约的。契约是他们的意志借以得到共同法律表现的最后的结果”[②]。

①这里的公民社会，不是与政治社会、经济社会分离意义上的特定的公民社会，而是泛指以公民为主体要素构成的社会。

②马克思：《资本论》第1卷，人民出版社，1975，第199页。

现代社会，契约已远远超出了商品交换的范畴，广泛运用于政治、经济、文化和日常生活交往中，成为现代社会生活中重要的交往方式。正因为契约在社会生活中的普遍运用，促使社会实现从“身份”社会到“契约”社会的现代转型。我国传统社会是熟人社会，维系社会关系主要靠伦理道德，契约意识相对淡漠，因此，传统社会是一个“人情味”浓厚的伦理社会，容易滋生“情权关系”，是人治社会。现代社会的转型，从熟人社会到陌生人社会，从人治到法治，维持社会关系的不是等级伦理和差序格局，而是陌生人之间理性的契约关系。公民意识从传统身份意识中解放出来，在平等理性关系中打开，在社会生活中呈现其公共性。

公民生活是公共生活，公民公共交往遵循的是契约。契约是公民公共交往的外在法则。但“如果一个规则体系强加于什么人，那么，就必须有足够的成员自愿接受它；没有他们的自愿合作，这种创制的权威、法律和政府的强制力就不能建立起来”①。公民若缺少契约精神，契约便是毫无约束力的一纸空文。所以，依赖契约维持的公民社会，最终还有赖于公民契约精神的养成。培育公民的契约精神，是公民进行公共交往、构建公共生活、建设公民社会的内在要求。

契约是主体间在平等、自由、公平、合理前提下的相互约定，它规范和约束着每个人的行为。契约精神是关于契约的认知、意识和对契约的尊重、遵守，它体现着契约双方的主体间性，主要表现为：第一，自由选择。契约是当事人不受干预和强迫而自由选择的结果。契约是契约双方或多方的自由选择、自愿签订，是他们自由

①哈特：《法律的概念》，张文显、郑成良、杜景义、宋金娜译，中国大百科全书出版社，1996，第196页。

协商的结果。一方支配另一方的不平等规定，不是契约，契约一定是双方平等的。第二，理性协商。契约是在个人利益基础上，就公共利益的达成开展理性协商的结果。在协商中，双方会将一些利益让给对方，通过利益的博弈、妥协，达成双方都较为满意的约定。第三，权责对等。公平交换是契约精神的基本要求。在契约关系中，个人在享受权利的同时也承担着对对方的责任，它以契约双方权利义务的对等性确保主体间的平等。第四，遵守约定。契约是一种公共约定。契约双方可以事前协商约定的内容，一旦签订了契约，契约就具有内在约束力和外在强制力，具有了约束性和强制性，违约自负。第五，法治意识。法律也是一种契约，是一种约束性更强的契约。公民对法律的信仰与自觉遵从是法治的基本要求。所以，法治意识就是要使公民树立法律至上、法律面前人人平等的法治信仰，具有法治思维和法治判断力，养成依法办事、依法行使权利、依法履行义务的习惯，把法律的外在约束内化为法治的素养，做到有法必依、守法自觉。第六，信守承诺。契约精神和法治意识的最高境界不是外在强制，而是逐渐消解强制，实现对契约和法治的自我约束和内在自觉，使由契约规定的交往转变为理性自觉的交往。为此，公民必须做到诚实守信、信守承诺。

培育公民的契约精神，要坚持教育引导、实践养成和制度保障相结合。学校作为专门的教育机构，要将契约精神纳入专门的公民教育之中，在学校公共生活中，引导学生践行公共规则，遵循公共约定。在社会生活中，引导学生遵纪守法，遵守公共规则和公共伦理道德。要建立健全公共约定，使社会生活处处有规可循，有法可依。在建设契约社会、法治社会中，践行公共约定和法治，养成契约精神和法治意识。

（二）公共交往：公民主体间性教育的实践机制

主体间性是主体在交往活动中表现出来的一种积极特征，交往是主体间性生成的内部机制。对于什么是交往，西方思想家与马克思主义的认识有所不同。西方的交往行为理论以哈贝马斯为代表。哈贝马斯认为，“交往行为是主体之间通过语言或非语言符号进行交流的活动，遵循一定的规范，通过对话达到主体之间的相互理解，达到理解的目标是导向某种认同”①。依据哈贝马斯的交往定义，交往是“主体—主体”的关系模式，是主体间以语言、符号为中介，通过对话进行知识、情感、观念、信息的交流，形成相互“理解”与“共识”的行为。在“主体—主体”的关系模式中，主体间性就表现为主体间的主观性，是认识论和意识论意义上的主体间性。马克思主义认为，交往是社会实践活动，包括物质生产和在物质生产中结成的社会交往，是主体之间物质的和精神的相互作用。因此，交往是“主体—客体—主体”的关系模式。在这一关系模式中，“主体—主体”是交往实践的一个环节，“主体—主体”（交往）与“主体—客体”（对象化活动）共同构成了交往实践。马克思的交往实践使主体间性摆脱了主观性和抽象性，具有历史性和现实性。马克思提出的人类社会的发展阶段，从人的依赖关系的群体主体到以物的依赖性为基础的个人主体，再到自由个性的类主体，就是人类交往的范围不断扩大，交往性质更加自由，交往程度更加充分的发展过程。主体间性作为公民的一种特征，是人类发展走出单子式个人主体的异化，朝向类主体发展的一个过渡阶段。

交往是主体间性的生成机制，公共交往是公民主体间性的生成机制。公民只有在公共交往中，才能形成主体间性的品格。公民教

---

①哈贝马斯：《交往与社会进化》，张博树译，重庆出版社，1989，第3页。

育实践就是依据公共交往的机制，组织和开展公民公共交往的过程。

第一，公共交往是无差别的、对等的交往。

私人生活的交往与公共生活的交往不同。私人生活中，个体基于血缘和亲缘关系被赋予了特定的伦理角色，个体作为特定的伦理角色进行交往，父子关系、夫妻关系就是如此。传统社会“父为子纲”“夫为妻纲”，父与子、夫与妻之间是主从关系。现代社会，这种主从关系虽然不存在了，但父子、夫妻间的交往还是一种私人的亲情交往。私人交往中，对有亲情关系和非亲非故的人，是不同的，这就是费孝通所说的“差序格局”。但公民的生活是一种公共生活，公民的交往是公共交往。公民在公共生活中，不是以私人生活的角色出现的，而是以平等的公民身份出现的。所谓平等，就是无差别的。每个人都作为独立的交往主体，公民交往是对等的。所谓对等，就是互利互惠、礼尚往来。对于公民来说，不可能只奉献，不要个人利益；也不能只索取个人利益，不对他人和社会奉献。公民的权利和义务是对等的，当获得一定权利之时，必须对他人承担对等的义务。只有每个公民对他人平等地尽义务、负责任，形成主体间的合作关系，才会对“我们”负责任。

第二，公共交往基于公共伦理和公共理性的交往。

私人的血缘和亲缘关系，使私人交往基于天然的情感，重视的是人际交情，充满“人情味”，形成的是“小圈子”。“在公共生活中，当人们为了一己私利而拉关系、攀交情时，就必定会导致与‘公德心’的严重对峙与冲突。”① 这就是梁启超1902年发表的《论公德》中作出的判断：中国传统社会重私德，公德阙如。他所谓的

①程立涛：《中国社会“人情味”与“公德心”的冲突及其消解论析》，《理论导刊》2019年第6期。

私德不是个人主体的道德，而是私人生活的道德。公德是公共生活的道德，是社会的公共伦理。公民的公共交往不能由私人情感、个人的好恶来决定，必须超越了私人的情感和人情关系，把所有的人都视为无差别的陌生人，不管其身份、地位如何，不管他与你的私人关系如何，不管你是否喜欢他，都必须一视同仁、平等对待。“公共伦理的一个基本准则就是，即使对方与你没有任何的血缘关系、亲缘关系或者情感关系，你也依然必须把对方当作一个平等的公民来对待，必须充分考虑对方的公民权利。”① 公民之间的交往摆脱了个人的情感、利益和偏好，遵循的不是私人性情感和人际关系，而是普遍性的公共伦理。公民之间的交往凭借的不是个人的主观偏好，而是公共理性和公共约定（契约）。公共理性保持了对公共秩序的尊重、对公共约定和法治的自觉遵循，但只基于公共理性的陌生人的交往，也可能带来道德风险，这也是公共理性交往的局限性所在。

第三，公共交往是民主协商与平等对话的过程。

民主协商和平等对话，是公民公共交往和公共生活的实践路径。阿伦特指出：“存在于人类共同体中并为人类共同体所必需的活动中，只有两种被看作是政治的并构成亚里士多德所谓的‘政治生活’，即行动（praxis）和言说（lexis）。”② 阿伦特说的“行动”和“言说”，就是公民在政治生活中的协商与对话。“言说和行动则是同时发生和同等重要的，属于同一层次同一类型。”③ 言说不是作为协商的工具，言说与对话都是公民参与公共政治生活的手段。因为公民作为独立的、平等的主体，在公共生活中形成一种合作共在关

---

①叶飞：《公共交往与学校公民教育的实践建构》，《华东师范大学学报（教育科学版）》2012 年第 3 期。

②汉娜·阿伦特：《人的境况》，王寅丽译，上海人民出版社，2009，第 16 页。

③汉娜·阿伦特：《人的境况》，王寅丽译，上海人民出版社，2009，第 16 页。

系，依靠的不是强制和暴力，而是公民之间的理性协商和平等对话。

2014年，习近平总书记在全国政协成立65周年大会上的讲话中指出："在中国社会主义制度下，有事好商量，众人的事情由众人商量，找到全社会意愿和要求的最大公约数，是人民民主的真谛。我们要坚持有事多商量，遇事多商量，做事多商量，商量得越多越深入越好，推进社会主义协商民主广泛多层制度化发展。"[①] 协商民主克服以合计选票为中心的选举民主的缺陷，它以尊重公民个人的权利、人格为前提，每个人都有充分表达自己意见和心声的权利，公民之间通过交流、对话、协商，求同存异，"寻求最大公约数，画出最大同心圆"。协商民主用"公共讨论—对话"替代"私人投票—选举"[②]，协商过程是公民民主参与的过程，每个公民作为理性主体，积极参与公共政治生活，关注公共事务，通过理性的思考、对话、批判，形成自己对于公共事务的看法，为实现公共利益和公共价值出谋划策。政府要建立民主协商机制，"广开言路、博采众谋"，听取不同的意见，最大限度地反映公民的意志，吸收公民智慧，使共同体的建设成为公民共同的责任。

公民参与政治生活的过程，是公民言语对话的过程。亚里士多德把"人是政治的存在"与"人是能言说的存在"看作是一体的，就是因为公民的政治参与依靠的是言说。在阿伦特看来，政治参与不仅要借助言说，而且"在恰当的时刻找到恰当的言辞本身就是行动"[③]。哈贝马斯更是把交往行为等同于言语交往，他提出了言语交

①习近平：《在庆祝中国人民政治协商会议成立65周年大会上的讲话》，人民出版社，2014，第13页。

②肖滨：《让公民直面"res publica"——当代共和主义塑造积极公民的战略性选择》，《南京大学学报（哲学·人文科学·社会科学）》2006年第6期。

③汉娜·阿伦特：《人的境况》，王寅丽译，上海人民出版社，2009，第16页。

往的四个条件："一是表达的可理解性，二是言说或呈现的客观世界是真实的，三是设计的社会规则是正当的，四是表达是真诚或热情的。"① 哈贝马斯的言语交往是通过平等的对话交流，形成人与人之间的可理解性和思想共识。公民交往无论是借助于言语，还是把言语本身作为交往，公民的话语在交往中都应该具有平等的地位。一方面是不能剥夺公民话语权利，公民具有言论自由。另一方面，公共话语不能成为一个人的"独白"和话语霸权，只能是通过平等对话而形成"公共话语"，寻求思想共识。

协商和对话是公民公共交往的两种重要方式。学校作为公共教育机构，必须按照公共交往的要求，为学生创造公共生活中协商与对话的机会与条件，比如组织模拟法庭、模拟联合国、模拟政协，开展学校的民主管理，吸引学生参与到学校重大问题的讨论和决策当中，激励他们积极参加班级、学校和社团的公共生活，开展学生社团自治、协商民主和志愿者服务。把课堂变为师生对话的重要场所，开展课堂研讨、对话、交流，建立对话性教学关系，构建对话课堂。学校还可以借助于公共媒介，组织沙龙、辩论赛、读书会、演出会，出版报纸、刊物，微信、微博交流和推送，组织他们开展对话、讨论、辩论，在这个过程中，学会理性表达、学会协商、学会对话、学会尊重、理解和宽容，具备公共理性、协商意识和合作能力等公民品格。

（三）正义的社会制度：公民主体间性教育的保障

公民主体间性，既靠教育的引导和道德的自觉，也靠外在的约束和制度的保障。如果仅靠道德觉悟，那是不现实的。公民主体间的互惠性和公正性，决定了正义是对公民主体间制度的基本价值诉

①哈贝马斯：《交往与社会进化》，张博树译，重庆出版社，1989，第2—3页。

求，正如罗尔斯所说：“正义是社会制度的首要价值。”① 公民社会的制度必须建立在正义的基础上，只有这样的制度，才能保证公民作为平等的社会成员，开展交往合作，形成平等互惠的公民社会关系。

第一，以分配正义构建公平的社会分配制度。

罗尔斯的正义关注的是社会物品的分配，分配首先需要追问以什么价值取向进行分配？罗尔斯的答案是“作为公平的正义”（justice as fairness）。他把正义的一般观念确定为：“所有的社会价值——自由和机会、收入和财富、自尊的基础——都要平等地分配，除非对其中的一种价值或所有价值的一种不平等分配合乎每一个的利益。”② 据此，他提出了三大分配原则：自由权利的平等原则、机会的平等原则和差别原则（适合于最少受惠者的最大利益）。罗尔斯不仅追求自由和机会的形式平等，而且追求结果的实质平等。为了结果的平等，罗尔斯不惜以优势群体的利益为代价。诺齐克反对罗尔斯的差别原则对优势群体利益的损害，他提出了“持有的正义”，即“如果每一个人对分配中所拥有的持有都是有资格的，那么这种分配就是正义的”③。也就是说，凡是一个人有资格（能力）拥有的东西，对拥有者来说都是正义的，除非这个人愿意转让，否则，他人无权占有其持有物。诺齐克站在个人立场上，捍卫个人权利及其持有，他把“不侵犯个人自我所有权”作为道德的边际约束。分配正义既涉及每

①约翰·罗尔斯：《正义论》，何怀宏、何包钢、廖申白译，中国社会科学出版社，1988，第1页。

②约翰·罗尔斯：《正义论》，何怀宏、何包钢、廖申白译，中国社会科学出版社，1988，第62页。

③罗伯特·诺齐克：《无政府、国家和乌托邦》，姚大志译，中国社会科学出版社，2008，第181页。

个人的自我所有权，又涉及每个人可分享的社会公共资源。每个人的自我所有权应该得到保护，但不是他享有应得的社会公共资源的基础。社会应得的基础是人在共同体中享有的成员资格①，这种资格取决于他在社会中的地位和对社会的贡献。所以，分配正义既全面保护每个人的自我所有权，又主张每个人平等地享有基本的公共资源，公平地分配社会资源。教育作为一种社会公共物品，分配正义关注教育权利和资源的公平享有，从起点、过程和结果保证每个人平等地享有发展的权利、机会和基本的公共资源。

分配正义是正义的核心理念，但分配正义在关注社会物品分配的同时，却忽略了社会关系、人格尊严对正义的影响。针对分配正义的缺陷，20世纪90年代，出现了承认正义（recognition as justice），它关注文化、身份、尊严、资格等不可分配的资源。“分配正义和承认正义不是谁取代谁的问题，而是相互补充，分工合作，共同构成社会正义的两个重要维度。”②

第二，以承认正义构建不羞辱的正派社会制度。

分配正义关注物质利益的分配，承认指向人与人之间的“社会—心理”关系，使人与人在“社会—心理”关系中得到平等的尊重、自尊。承认正义关注的是人的尊严。尊严是做人的核心，失去了尊严也就失去了做人的资格。在这个意义上，“承认是比物质资源的再分配更为重要，且更为根本的问题”③。即便是实现了物质分配

①张国清：《分配正义与社会应得》，《中国社会科学》2015年第5期。

②冯建军：《后均衡化时代的教育正义：从关注“分配”到关注“承认”》，《教育研究》2016年第4期。

③贾可卿：《作为正义的承认——霍耐特承认理论述评》，《浙江社会科学》2013年第10期。南茜·弗雷泽、阿克塞尔·霍耐特：《再分配，还是承认》，周穗明译，上海人民出版社，2009，第130—133页。

的正义，但可能依然存在着对某些公民的种族歧视、偏见和人格污名化，人格的羞辱比物质的不平等分配，使他们更受伤害，因为剥夺了他们做人的资格和公民平等的权利。因此，承认正义注重的不是物品的平等分配，而是对人格和尊严的尊敬和认可，避免对人格的羞辱或蔑视，伤害人格尊严。主体间性是在个体之间平等基础上的心理的相互承认、认同。没有对人格的承认，就没有心理上的主体间性。

对人格和尊严的崇敬和认可，过一种有尊严的公共生活，是公民社会的理想。公民为此而斗争。斗争是公民为争取“承认”而斗争。对于实际而言，消除承认不正义比追求理想的正义更具有现实性。承认正义首先要消除社会制度中存在的羞辱和蔑视。羞辱就是不把人当作人或者把人当作二等公民。康德讲，人是目的，是指每个人都是目的，不是有的人是目的，有的人是手段。康德讲的人永远是目的，永不把别人做手段，这就是公民主体间性的基本要求。所以，承认正义，先从不羞辱做起。不让制度羞辱、歧视每一个人，不伤害每一个人的自尊和人格，这是正派社会的制度。“在正义的社会里，每个人都会积极为别人设身处地着想，更努力去实现一种大致的公平和公正。在正派的社会里，人们相互避免，尤其是要求他们的社会制度避免对任何人造成物质和非物质的伤害。在一个正派的社会里，人们重视一切制度伤害的严重性。”① 正派是正义的前提，正义的社会首先需要是正派的。和正义社会相比，正派的社会看似不高的要求，但却是一个极为重要、更为现实的目标。所以，建设一个人人有尊严的公民社会，首先从不羞辱人的正派社会制度做起，从公民公共生活的小处做起，朝着正义的理想社会前进。

①徐贲：《通往尊严的公共生活：全球正义和公民认同》，新星出版社，2009，第21页。

第四章

他者性教育

人的觉醒伴随着主体意识的启蒙，现代性的发展也是人的主体意识增长的过程。现代教育培养主体人，以发展人的主体性为根本。改革开放以来，随着我国市场经济的兴起和社会转型，国内开始了对主体教育问题的探讨，提出把学生当主体、发展学生的主体性，这是一个巨大的进步。但以自我为中心的个人主义、主体性膨胀带来的同一性暴力，又正在企图控制或排斥异质性而走向自我的同一性，引发了许多社会矛盾和冲突。面对主体性的危机，我们不是否定主体性，“再也没有比什么全盘否定主体性的设想更为糟糕的了”①，而是要转换主体性的思路，确立“他者性”这一全新观念。以“他者性”作为反思现代性教育的切入点，为祛除现代性的病症、走向差异性共生，提供一种可能的教育回应。

①弗莱德·R. 多迈尔：《主体性的黄昏》，万俊人译，广西师范大学出版社，2013，第1页。

第一节　同一性的困境与他者的差异性

一、同一性与他者的消失

一直以来，西方哲学有着对“同一性”的迷恋和追求。“同一性”源于古希腊哲学的本体论（也称“存在论”）。本体论哲学把本体的存在作为不证自明的前提。古希腊哲学通过对世界本源的探寻企图使万物归“一”，成为追求“同一”的存在论。自古希腊以来，这种“把他者还原为同一的本体论”成为古代西方哲学发展的方向。古代哲学的存在论，最初指向外部世界，在普罗提诺这里开始转变，从指向“外部世界”转向指向“自我精神”，进而在“自我”中寻求“同一”。普罗提诺认为，最高精神本体即“太一”，它是一切存在的始源，是超越一切存在的存在。从“太一”漫溢出第二层本体“理智”，“理智”又漫溢出第三层本体“灵魂”，使存在成为自上而下由“太一”漫溢出来的精神“同一”。所以，普罗提诺虽然把外部存在变成了内在存在，但存在的内在化并没有超出存在的“同一性”，他所说的“太一”不过是一种精神的“同一”。

“我思故我在”作为西方近代哲学的第一原理，使西方哲学由古代的本体论转变为近代的认识论。认识论标志着自我的觉醒，使自我与外部世界的关系从混沌一体到有意识地分离，确立了自我在认识世界中的地位。笛卡儿强调“我”思世界，他者作为“我思”之对象，被还原为“我”，使认识论陷入了“唯我论”之中。康德的

"人为自身立法"，否定了把自我作为一个实体，作为一种对象认识的经验倾向，使主体性完全落实到先验自我上，重新建构起先验主体的自我，实现了西方哲学的"哥白尼式革命"。但在费希特看来，康德的先验自我仅是某种空洞的形式，他的任务是将其整个哲学的基础全部安放在绝对自我之上，于是，他把康德的先验自我变成了绝对自我。绝对自我是所有自我意识中的先验要素，它是一切知识和经验实在性的根据和先验的源泉。所以，列维纳斯对西方认识论发展的总体评价是：以主体为中心的认识论整个就是一个唯我之学，即自我以外的一切都源出于自我、为了自我并为自我所决定，这种哲学在对总体性和同一性的追求中必然造成对他者的压制。[①] 在认识论中，自我把他者置于自己视野之中，占有他者，实现与他者的同一，也消除了他者的存在。

认识论哲学虽然把他者纳入自我的同一性之中，但相比本体论的浑然一体，已经孕育了他者。在西方哲学发展史上，黑格尔可以说是发现他者的一个转折点。他的《精神现象学》指出："自我意识只有在一个别的自我意识里才获得它的满足。"[②] 自我从来都不是孤立的，自我只有通过他者的承认才能认识自身。所以，意识不是纯粹的自我意识，而是"在绝对他者中的纯粹自我认识"[③]。虽然黑格尔强调自我意识的同一性，但自我意识需要有他者的"承认"，自我的"同一"只能在他者的"差异"中才能获得。因此，黑格尔哲学为他者在自我意识的同一性中留下了位置。

20世纪，黑格尔的他者意识被胡塞尔、海德格尔、哈贝马斯、

---

①李荣：《列维纳斯他者视阈中的伦理主体》，《学术研究》，2011年第8期。

②黑格尔：《精神现象学》上卷，贺麟、王玖兴译，商务印书馆，1979，第121页。

③孙向晨：《莱维纳斯的"他者"思想及其对本体论的批判》，《复旦学报（社会科学版）》2000年第5期。

马丁·布伯等哲学家所接受，他们都反对把自我看作起点，反对先验的自我主体性，主张主体间的交互平等性。胡塞尔试图摆脱笛卡儿“唯我论”的认识论困境，借助移情探讨“我思”与“他思”的同一性。“移情”意味着“他人就是自我的一个复本”①。因此，通过移情，他者成为一个可以认识的“他我”（alterego）。胡塞尔通过回到他自己而认识“他我”，最终陷入了“唯我论”之中。不同于胡塞尔的认识论从内在的意识关注他者，海德格尔是从世界的共在关注他者。他说：“在之中，就是与他人共同存在。”② 自我是此在，他者也是此在，“此在”在世与“他者”同在，他者是“共在”之中的“此在”。因此，共在不是自我与他者的关系，而是把他者还原为自我。在萨特看来，“从‘我的’存在出发而把握的我的共在，只能被认为是一种基于我的存在的纯粹要求，而且完全不构成他人存在的证明，完全不构成我和别人之间的桥梁”③。海德格尔逃脱了胡塞尔的自我意识中心，但又把他者纳入共同存在之中，消灭了他者的独特性和差异性。哈贝马斯的交往以语言或符号为媒介，试图通过对话进行知识、情感、观念、信息的交流，达成主体间精神的理解、共识与融合。哈贝马斯的交往成为主体间的精神共识，也回到了自我主体的同一性之中。马丁·布伯主张以“我—你”关系取代“我—它”关系。在“我—你”关系中，主体之间是完全对称的，这种对称关系依赖于我和你的相互回应，意味着“我怎样对待

①转引自孙向晨：《莱维纳斯的“他者”思想及其对本体论的批判》，《复旦学报（社会科学版）》2000 年第 5 期。

②海德格尔：《存在与时间》，陈嘉映、王庆节译，生活·读书·新知三联书店，2006，第 145 页。

③萨特：《存在与虚无》，陈宣良等译，生活·读书·新知三联书店，1997，第 324 页。

你，你就应该怎样对待我”，双方回应具有对称性和互惠性。这种对称和互惠关系，要求“你与我一样”，最终还是导向了自我的“同一”。“同一”意味着征服、占有，必然会将他者纳入自我之中，消融在自我之中。所以，尽管主体间性克服了主体性的霸权，但依然没有摆脱自我，只不过是以平等的姿态追求与另一个主体的“同一”。相比于本体论的强势，它是一种弱形式的霸权。

可见，对于主体性、主体间性问题的探讨不过是“同一性”哲学的接续，从“同一”到“自我”的发展依然是按照同一种逻辑的顺势展开，即主体通过将“他”转化为“我”，“他者”向“自我”还原，最终将差异转化为“同一”。反思20世纪一些重大的悲剧性事件，包括两次世界大战、文明的冲突、环境污染和生态危机等，其思想根源都是“同一性”对他者的占有，由于消解了他者的差异性而造成的。

二、他者：绝对性与差异性

同一性意味着自我的霸权。反思自我主体的霸权，需要转换一种思维方式，它不是主体从自我出发，而是从他者出发，建立一种新的主体性——他者性。列维纳斯在《总体与无限》一书的前言中指出：“本书将表现为对主体性的保卫，但它将不在其对总体的单纯自我主义的抗议的层次上来理解主体性，也不在主体性面临死亡时的焦虑中来理解主体性，而是把它理解为奠基在无限观念中的主体性。”① 列维纳斯的主体不是自我中心的主体，而是一种以他者为中心的主体，从自我到他者，从“为我”的主体性转变为“为他”的

①列维纳斯：《总体与无限：论外在性》，朱刚译，北京大学出版社，2016，《前言》第7页。

他者性。他者性“作为对他人的迎接、作为好客的主体性。无限观念即在这种好客中完成”[1]。他者性通过我与他者的关系显现出来，正如马克思所说：“人对自身的任何关系，只有通过人对他人的关系才能得到实现和表现。”[2]

从上文我们看到，自黑格尔以来，西方哲学家已经注意到了他者的问题，并试图在意识上、存在上探讨我与他者共存的问题，但最终没有逃脱主体的自我性和同一性，消解了他者的存在。在列维纳斯看来，“他者”之为他者，原因就在于他者具有独特性、差异性。列维纳斯以面容（face）说明他者的独特性和差异性。面容是他者的一种表达方式。面容呈现的不只有可见的五官，还有背后无限的意义，具有可见的和不可见的双重特征。当我们注视某个人的面容时，看到的是五官，但未必是他真正的面容。因为面容是蕴藏意义的，具有不可见的成分。面容的意义使面容逃离五官的存在，在不可见的意义上，面容是不可替代、不可同化的。“面容拒绝占有，拒绝我的权能。”[3] 面容原初的表达是“不可杀人”。杀人是以暴力强行把他者同化为“一”，“不可杀人”意味着我不能占有他者，他者不可被我同化，不可被我还原，它从根本上反对同一性和总体性。占有、同化和还原追求的是同一性，抹杀了他者的差异性。“他者的唯一内容就是其相异性。相异性是列维纳斯有关他者思想的一个基本出发点。”[4] 他者的差异性，决定了真正的他者是绝对的、

---

①列维纳斯：《总体与无限：论外在性》，朱刚译，北京大学出版社，2016，《前言》第 8 页。

②马克思、恩格斯：《马克思恩格斯文集》第 1 卷，人民出版社，2009，第 164 页。

③列维纳斯：《总体与无限：论外在性》，朱刚译，北京大学出版社，2016，第 182 页。

④杜小真：《勒维纳斯》，三联书店（香港）有限公司，1994，第 42 页。

彻底的，不能还原为自我，不能被同一或总体化。

他者异于我，也优先于我。面对他者，列维纳斯打破传统哲学的本体论（存在论）为“第一哲学”，而是把伦理学作为“第一哲学”。“我们把这种由他人的出场所造成的对我的自发性的质疑，称之为伦理。他人的陌异性——它向自我、向我的思想和我的占有的不可还原性——恰恰作为一种对我的自发性的质疑、作为伦理而实现出来。”① 我与他者面对面，不是胡塞尔的认识关系，也不是海德格尔的共在关系，而是一种“相遇”关系。“相遇”关系是我与他者的伦理关系。他者异于我的独特性，面容表达着他者的召唤，要求我对他者作出回应，“不仅仅是回应，而且是一种责任，这两个词密切相关”②。因此，他者性主体是一种伦理主体。这种伦理主体是“为他者的主体”，即为他者负责，为所有的他者负责。

不同于传统主体我对他者的主动占有，我为他者负责是被动的。列维纳斯把“他者”看作是“绑架者”，“我”被绑架，成了他者的“人质”。“从我到我自己终极的内在，在于时时刻刻都为所有的他人负责，我是所有他者的人质。”③ 我是他者的“人质”，是他者的“负债者”，因此必须对他者负责。对他者的责任，不是可以自由选择的责任，而是一种无条件的责任。“成为责任者/回应者，就是在任何决定之前成为责任者/回应者”，也就是说，“在意向性的、意愿的决定这个开端之前，我已经成为责任者/回应者。于是对他人的责

---

①列维纳斯：《总体与无限：论外在性》，朱刚译，北京大学出版社，2016，第14—15页。

②Robert Bernasconi and David Wood（eds.）, *The Provocation of Levinas*（London: Routledge, 1988）, p. 169.

③列维纳斯：《塔木德四讲》，关宝艳译，商务印书馆，2002，第121页。

任就成了一种‘无端的’责任”[①]。责任不是自由选择的结果，而是我受制于他者，“我服从于（subjection to）他者，也正是在这个意义上，我成为本质上的主体（subject）”[②]。我对他者的责任虽然是被动的，但正如爱因斯坦所说，“人是为他人而活着的”[③]。正因为我为他者而活，我对他者才是有意义的，才能彰显一个人的价值所在。这就是不同于个人主体性的一种新思路：为他人负责的他者性。

第二节　他者性教育：面对他者的回应

教育是面对人、培养人的活动。如何理解人，决定了如何理解教育。反思以往对教育的认识，以同一性消除了人的独特性和差异性。以他者的独特性、差异性看教育，教育不是主体对客体的灌输、制造，也不是主体间的交往、对话，而是主体对他者负责任的回应。

一、教育不是主体对客体的灌输

传统教育以教师为中心，教育就是按照一定的要求，由教师对学生进行灌输。灌输论中教师是主体，学生是客体，教育活动成为主客体间的一种对象化活动。教师根据自己的意志，有目的地对学生施加影响，通过主体的客体化，实现客体与主体的同一。在这个

---

①朱刚：《伦理学作为第一哲学如何可能？——试析列维纳斯的伦理思想及其对存在暴力的批判》，《南京大学学报（哲学·人文科学·社会科学）》2006年第6期。

②Emmanuel Levinas, *Ethics and Infinity: Conversations with Philippe Nemo*, trans. Richard A. Cohen (Pittsburgh: Duquesne University Press, 1985), p. 98.

③许良英、赵中立、张宜三编译《爱因斯坦文集》第3卷，商务印书馆，1979，第42页。

过程中，教师控制着“教”，学生的“学”依附于教师的“教”。现代教育反思这种教师中心论，提出儿童中心论，倡导学生主体，学习即占有，即满足学生的需要。这种观点看似学生获得了控制权，实际上，师生之间依然没有摆脱主客体关系。即便有学者提出“双主体”论，相互主体也意味着相互客体，还是没有逃离主客体的框架。

无论是教师主体、学生主体，还是双主体，都是在主体性支配下主体对客体改造的对象化活动，教育就是一方对另一方的强制、灌输，这不仅助长了以自我为中心的占有性人格，而且主体把自己的意志强加于他者，以自我为中心，他者向自我还原，从而使他者表现出与自我的同一性，成为一个“他我”，湮没了他者的独特性和差异性。

二、教育不是“输入与输出”的制造

教育是使人从未成熟走向成熟，促进人的完善，这是康德开启的现代教育启蒙之路。因此，现代教育遵循理性主义逻辑，倾向于寻找教育的确定性，探讨教育设计的程序，企图为受教育者设计周到而详细的教育步骤，把一种既定的、设计好的教育“输送”给受教育者。现代教育总是先预定一个要达到的目的，并将这一目的有意识地指向教育的对象。① 这种教育是一种“输入与输出”的人才加工过程，学校成为一个用于人才加工的“输入与输出”的“机器”。当我们把人视为一个固定的对象，把教育视为培育不变的人性时，就是以一种对待物的方法对待人，使人同一化、总体化，泯灭了每个人的独特性和差异性。格特·比斯塔批判“人本主义不能去把握每位个体的独特性，它只能把每位新来者看作已经预设好了的、

①刘要悟、柴楠：《从主体性、主体间性到他者性——教学交往的范式转型》，《教育研究》2015 年第 2 期。

事先已经知晓的人的本质的一个实例而已”，“从教育的视角来看，人本主义的问题在于其预设了人之为人的标准，忽视了在实践中实际展现的人性‘实例’”[①]。比斯塔所批判的人本主义，就是把人固定化，教育通过社会化，使人适应社会，成为既定社会秩序中的一分子，而不是他自己。因此，社会化教育是同一性的教育，它不是以具体的人为本，而是以抽象的人为本，结果消除了每个人的存在。福柯等现代思想家宣称“主体消亡”“人之死”，就是要终结这种本质主义的思维方式。存在主义主张“存在先于本质”，关注每个人的存在，就是要关注人的独特性、差异性，使每个人真正地成为他自己。因此，教育不是一种技术设计，不能按照固定的模式制造人，而是每个人按照自己的意愿成为他自己。面对每个独特的个体，以自己独特的方式进入教育，这种开放的、不确定的教育，风险不可避免，但“为了让主体性事件能发生，这个风险是必要的”[②]。

三、教育不是主体间对称的交往活动

上述无论是灌输论，还是制造论，都是一种主客关系模式，都是主体有目的地把自己的意志施加于他者，实现自我与他者的同一。从主体性到主体间性，主体不再把对方视为客体，而是与自己相同的主体。教育不是主体对客体的灌输，也不是主体对客体的“制造”，而是主体之间平等的交流、对话，实现主体间的合作、共享，从而避免由主体性所导致的主体对客体的占有和同一。主体间性改变了主客二分的对立，倡导主体间的对话、交往，这一思想在当代

---

①格特·比斯塔：《超越人本主义教育：与他者共存》，杨超、冯娜译，北京师范大学出版社，2020，第10页。

②格特·比斯塔：《教育的美丽风险》，赵康译，北京师范大学出版社，2018，第40页。

备受推崇。雅斯贝尔斯在《什么是教育》一书中区分了训练、教育与交往的不同。训练使人成为纯粹的客体，是一种心灵隔离的活动；教育则使人处在有计划的教育环境和活动中，被有目的地培养。交往是我与你的对话与敞亮，我与你处于一种身心敞放、相互完全平等的关系中。雅斯贝尔斯用交往解释教育，教育是人的主体间灵肉交流活动，是人与人精神相契合。① 杜威也非常看重沟通的作用，认为“沟通乃是他们达到占有共同东西的方法”②。所以，沟通不仅意味着主体民主的参与，更意味着要建构一个共同的东西，实现共同的目的。

主体间的教学交往克服了主体性主客二元所导致的自我中心，改变主客体之间“支配—依附”关系，走向民主平等的参与、合作，并通过主体间的交流、对话、理解，避免冲突，实现主体间的和谐，达成理性的共识。从主客体间的对立冲突到主体间的和谐共在，这是人类存在方式和社会民主的极大进步。但同样的问题是：交往是为了形成双方共同性的东西，达成双方的同一性。“同一性的教学交往使他者还原为自我，因此也就不可能真正地赋予他者的他性以任何的位置，它通过将‘他’转化为‘我’，将‘异’转化为‘同’，塑造了没有他性的他者。”③ 其实，即便通过协商、对话，所谓的“共识”也不可能是所有人的共识，只能是一部分人至多是大多数人的共识，这种代表主流意见的“共识”一旦形成，对于那些没有共识的人来说，只是被动地接受和认同，仍然逃脱不了被占有和独特性被消灭的厄运。

---

①雅斯贝尔斯：《什么是教育》，邹进译，生活·读书·新知三联书店，1991，第2—3页。

②杜威：《民主主义与教育》，王承绪译，人民教育出版社，1990，第5页。

③刘要悟、柴楠：《从主体性、主体间性到他者性——教学交往的范式转型》，《教育研究》2015年第2期。

四、教育是对他者负责任的回应

由此可见，主体性和主体间性都存在一个共同问题，即在同一性中对他者独特性的漠视、扼杀以及他者地位的缺失。他者的独特性是绝对的，这意味着我不能同化他者，必须尊重他者，聆听他者的声音，向他者开放。教育的责任就在于创设一个多元开放的空间，积极主动地迎接他者的到来，并负责任地回应他者的要求。列维纳斯认为，他者性教学不同于苏格拉底的产婆术。产婆术指向自我，是从自我中引出那个“我”，是向内的引发。他者性教学“从外面而来，并且带来的东西多于我自己所有的”①，它不是要从自我中引出一个“他我”，而是中断既有的教学，迎接一个新的他者的诞生和到来。在这个意义上，他者性教学和苏格拉底的产婆术是对立的。他者性教育意味着他者以独特的方式入场，我以好客的态度迎接他者，负责任地回应他者的要求。

第一，创设一个自由开放的空间。在主体性和主体间性视域中，他者为我所掌控，为我所同一化，没有自己的空间。他者的出现，首先要有一个存在的空间，这个空间是一个多元开放的世界，非主体控制的一元的世界。多元、差异、开放和包容，是这个空间的重要特征。多元和差异要求空间具有开放性和包容性，没有开放和包容，就不可能有他者存在，也不可能有他者的自由。阿伦特指出，复数性（多元性）是人类自由行动的条件，不仅是必要条件，而且是充分条件。② 同一性的空间，他者是无法存在的。只有一个多元、差异的空间，他者才可能入场，才可能公开发表意见和采取行动。

①格特·比斯塔：《教育的美丽风险》，赵康译，北京师范大学出版社，2018，第72页。
②汉娜·阿伦特：《人的境况》，王寅丽译，上海人民出版社，2009，第2页。

因此，教育的责任就是创造这样一个多元开放的空间，这是前提。只有这样，他者才可能作为他者进入教育世界。

第二，创造挑战他者的问题情景。在同一性思想下，知识是客观的、唯一的，教育者是知识的权威，他者是知识的同化者、接受者，他者的差异性、独特性受到规约，失去了独立思考和批判的机会，学习成为对知识的掌握、占有和内化。他者性视野下的教学，把他者看作独特的、有独立判断能力的人。因此，“我们把学习看作对何为他者与差异的回应，看作对那些挑战、激惹甚至妨碍我们的回应，而不是获取我们想拥有的”[①]。教育不是复制、重现已有的知识，而是挑战知识，创造一种未来的新知识。“在这里，学习成为一种创造或者发明，成为一种将新事物带入世界的过程，即生成了人的自己的、独特的回应。”[②] 为此，需要创设一个困难问题的情景，使他者在其中能够且被允许作出回应，回应挑战，回应冲突。回应意味着个体的诞生，蕴含着新的可能，具有创造性和开端性。比斯塔把其称为“中断教育法”（a pedagogy of interruption），即中断学生的“常规存在”，让他们面临困难的情景和问题，使他们学习如何负责任地回应他者，负责任地回应差异。[③] 这样的教学，不是获得知识、技能，不是复制一个“他我”，而是生成一种批判性思维和独立人格，创造一个独特的他者。

第三，负责任地回应他者。他者优先于我，我与他者的关系是

---

①格特·比斯塔：《超越人本主义教育：与他者共存》，杨超、冯娜译，北京师范大学出版社，2020，第 29 页。

②格特·比斯塔：《超越人本主义教育：与他者共存》，杨超、冯娜译，北京师范大学出版社，2020，第 69 页。

③格特·比斯塔：《测量时代的好教育》，张立平、韩亚菲译，北京师范大学出版社，2019，第 70—88 页。

非对称的。正是这一非对称的伦理关系，我才能回应他者的需求，对他者负责。我与他者的责任关系，超越了主体间的契约关系。契约关系是主体间的共存关系、互惠关系，责任关系是我与他者的共存关系。与他者共存，必须对他者无条件地、无限地负责。责任是单方的、非互惠的和不可反转的。对教师来说，学生不是“同质性的我”，而是“异质性的他者”。“师生关系是一种非对等的关系，教师在其中必须肩负起相较于学生更多的责任，应该倾听学生、包容学生、理解学生，帮助学生学会接受别人施与的关怀以及帮助学生学会如何关怀。”①

第三节　他者性教育：与他者共存

一、教育的理性共同体与他者的消失

教育是从人与人之间的接触开始的，人与人之间的接触构成了共同体。人与人之间的关系不同，构成共同体的性质不同。古代的教育属于特权阶级，没有普及性，只是以小规模的家庭作坊式的私塾形式进行，能够接受教育的都是家庭（家族）成员。因此，古代的教育共同体具有单一性，成员具有共同的身份特征，教育由此显示出强大的排他性。

现代教育把个体从家庭身份的继承中解放出来，赋予其平等的权利、机会，建立起公共教育体系。相对于古代排他性教育而言，

①诺丁斯：《学会关心——教育的另一种模式》，于天龙译，教育科学出版社，2003，第138—139页。

这是一种历史的进步。但现代教育的制度化和集体化，又抹杀了他者的差异性。

现代社会是理性有序的社会，理性秩序建立在制度化基础上，使现代教育成为制度化教育。同一性是制度化教育的典型特征，它强调按照同一标准入学，有着同一的教学内容、教学计划、教学进度、考核标准和选拔方法等。作为制度化教育的产物，班级授课制的集体教学，在提高教育效率、平等面向每个人的同时，失去了每个人的独特存在和“因材施教”的可能。现代教育作为一个制度化的等级体系，对进入这一体系的人，要么同化，要么排斥。同化是指每个人都接受同一标准，使差异性的个体变得相似或相同，成为教育体系中的“标准化”产品；排斥是指依照同一标准进行筛选，把不符合标准的他者排除在体系之外。总之，现代教育是一个用同一性建构的体系，它使一个个独特的、鲜活的个体纳入教育机器之中，被锻造成标准化的产品。对此，联合国教科文组织在《学会生存》中指出现代教育有两个弱点：一是它忽视了（不是单纯的否定）个人所具有的微妙而复杂的作用，忽视了个人所具有的各式各样的表达形式和手段；二是它不考虑各种不同的个性、气质、期望和才能。[①] 因此，现代教育把所有的人纳入同一教育体系之中，使所有的人类型化、模式化，从而消解了具体人的存在。

理性是现代人的本质，也是进入教育共同体的标准。理性塑造了教育的内容、教育的言语方式，使教育成为一个理性言说的共同体。在这一理性共同体中，每个人都以理性为标准，以共同体成员的身份发出同样的声音，说出同样的话语。在这里，“谁”说话已经

①联合国教科文组织国际教育发展委员会：《学会生存——教育世界的今天和明天》，教育科学出版社，1996，第105页。

不重要，“人们的见解和洞见被非个人化了，代之以共同的理性话语；我们作为一个代言人、发言人来发声，泯然于众人之中，说那些不得不说的人云亦云的内容”①。在教育共同体中，重要的是按照理性的标准说“正确”的、有逻辑的话，说代表这个共同体的话。它意味着，谁在说、怎么说不重要，重要的是谁代表共同体说话，说的是不是共同体的话，是否符合理性的逻辑。学校作为一个理性共同体，就是通过理性的话语，通过对人的资格化和社会化，培养理性共同体的代言人，由此也就抹去了个人的独特性和差异性。

二、教育的他者性共生体：与他者共存

后现代批判和解构同一性和总体性，倡导独特性和差异性。在齐格蒙特·鲍曼看来，“差异不仅是不可避免的，而且是好的、珍贵的、需要保护和培养的”②。差异意味着绝对的他者。由他者构成的共同体不是具有共同目标、共同规则和共同话语的共同体，而是一个没有共同性的共生体。理性共同体是由共同性决定的，他者共生体是由他者的差异性决定的。他者共生体不仅是我与他者的共在，更重要的是我与他者能够共生。“共在”是一个客观事实，“共生”是一种价值追求。在这个世界上，我与他者能否“共生”取决于我如何对待他者。理性共同体为共同性消灭了他者，他者共生体保护他者的独特性和差异性。福柯在《疯癫与文明》中把疯癫视为一个社会中的“异己”行为，疯子被排斥在理性共同体之外，作为异己者被送进精神病院。所以，在理性共同体中，没有他者的位置。他

①格特·比斯塔：《超越人本主义教育：与他者共存》，杨超、冯娜译，北京师范大学出版社，2020，第 57 页。

②格特·比斯塔：《超越人本主义教育：与他者共存》，杨超、冯娜译，北京师范大学出版社，2020，第 61 页。

者共生体是“以一种常态而非强制的可能性存在于理性共同体‘内部’”，“以替身或影子的方式扰乱理性共同体”①。所以，他者共生体不是否定理性共同体，而是对理性共同体的“中断”。中断不是干扰，是对他者的回应。

针对理性共同体的问题，构建教育的他者共生体，需要从以下几个方面着眼：

第一，让学生自己言说，说自己的话语。教育离不开言说。但在主体性教育中，教师作为自我主体，以知者的姿态向学生灌输“正确”的观念，学生作为客体接受这些观念，失去了言说的权利。理性共同体中，理性成为衡量言说的标准，“谁”言说不重要，重要的是言说“什么”。所表达的不是自己想要表达的，而是基于理性的“公共”表达。在理性的“公共”表达中，个人的声音是可以被替换的，因此也就失去了自己的话语。改变理性共同体中他者的失语，必须要“自己言说”。“我们说的是什么不再重要，但我们说些什么才是至关重要的，关键是要言说。这进一步说明了我们与那些和我们没有共同之处的人说话时所用的声音不是一个借来的或者代表性的声音，而必须是我们自己的声音，不是别人的声音。”② 每一个人都不是“复制品”，我说的话，没有任何人可以代替。在他者共生体中，不是要求每个人说一样的话，说正确的话，而是要求他们用自己的表达方式说自己的话，以此向他人、向世界表达自己、展示自己，回答“我是谁”而不是“我是什么”的问题。从“说什么”到“谁在说”，不只是从“复制”到“创造”教学方式的改变，更是伦

①格特·比斯塔：《测量时代的好教育》，张立平、韩亚菲译，北京师范大学出版社，2019，第 87 页。

②格特·比斯塔：《超越人本主义教育：与他者共存》，杨超、冯娜译，北京师范大学出版社，2020，第 63 页。

理上对他者的承认和尊重。只有让他者言说，才能形成一个“和而不同”的他者共生体。

第二，教师倾听并与他者进行对话。在主客体的师生关系中，教师处于强势地位，总是以自己的喜好或观点评判学生，把学生纳入自我之中，使之成为另一个“我”，失去了他者的独特性。他者性伦理主张他者先于自我，他者的言说具有优先性。为此，教师必须放弃权威姿态去倾听学生。只有倾听学生，了解学生的需求，让学生言说自己的心声，表达自己的欲求，才能从自我走向他者，与他者对话。他者性的对话与主体间的对话不同，主体间的对话主体是对称的，通过对话寻求主体间的共识和同一。在他者性对话中，我与他者不是对称的，对话的目的不是寻求共识和同一，而是为了寻求互识和差异；它不寻求“大同”，而寻求“和而不同”。在他者性对话中，师生呈现不对称的关系，学生言说在先，教师作出回应。回应是保护学生的独特性，激发学生的创造性。“回应其实是一种言说，一种为他者的作答，这种过程就是负起责任的过程。他者的命令是言说的一方，‘我’的回应是言说的另一方，那么，‘我’的负责行动就表现为一个对话结构。”①

第三，教师对自己的责任负责。在理性的共同体中，教师对学生说同样的话，这种话语亦非教师自己的话语。他者共生体中，学生作为他者具有优先的话语权，教师倾听学生，但也必须回应学生。教师对学生的回应，不是理性的同一话语，而是感性的具体话语。学生期待的是教师真诚的回应，而不是普遍的无人称的“套话”。学生的欲求具有优先性，教师必须给予回应。教师的回应不能敷衍，

①旷剑敏、袁怀宇：《自我与他者：教师的伦理责任与价值》，《道德与文明》，2009年第3期。

不能言不由衷，必须负责地言说，为所说的东西负起责任。理性共同体中，教师虽在言说，但非教师自己所言，可能导致教师对自己的言说不负责任。他者共生体中，教师对学生言自己所言，也对自己的言说负责，为自己对他者的责任负责。

三、他者性教育的限度

从同一性到他者性，颠覆了西方哲学本体论和认识论的传统，重构了以他者为核心的新的哲学理念。在教育上，他者性教育改变了主体性教育对他者的同一化，使他者真正成为一个具有差异性的独特存在。这种改变无疑具有积极的意义，尤其是对弱势群体而言，能够关注他们的存在，意义更加明显。但我们必须看到他者性教育的限度，强调超越教育的同一性，不完全否定教育的同一性，从一个极端走向另一个极端。合理的做法就是要保持教育同一性和差异性的张力，谋求二者的共在、共生。

在他者性看来，人的独特性、差异性是绝对的。但无论再独特、再具差异性的个人，根本上他们都是作为人而存在，具有人的类特性，以区别于动物的种特性。一个时代、一个社会的人，无论再独特，他都打上了这个时代、这个社会的烙印，具有时代性和社会性，反映了时代和社会共同的要求。可以说，没有人性的共同性，不能成为人；没有这个时代和社会的共同性，就不能成为这个时代、这个社会的人。类特性、社会性和时代性是人存在的共同根基。没有这个共同的根基，也就没有人的存在。

正是因为人的这些共同性，我们才可能对话、交流，才可能达成共同的一致性认识，并使共性的认识成为人类共同的文明成果并得以继承和传播。否则，认识就完全走向自由主义、相对主义，社会就缺少一个客观的标准和共识。正因为人性具有共同性，所以，我们要平等对待每个人，使每个人具有同样的权利和机会，不会完全“因人而异”，丧失了社会的基本平等、公平。正因为人的社会性，人才会需要社会化，成为社会所需要的人，使社会保持一种稳定与和谐。

因此，在社会中，人与人之间是同中有异、异中有同，是同一性与差异性的统一。正因为人与社会是同一性和差异性的统一，所以，既要考虑人的同一性，又要考虑人的差异性。同一性关注人们因某些被认可的同一而得到相同的对待；差异性关注不同的人因某些被认可的差异而得到不同的对待。① 同一性作为人性的普遍性，先于个体的差异性，差异是基于人的同一性的个性化特征。没有同一性作为基础，个体人也就失去了存在的根基。

人的同一性和差异性的统一，使教育必须谋求同一性和差异性的共存，在同一性基础上谋求人的独特性和差异性。教育首先要确保人的同一性，使每个人平等享有教育资源，达到社会要求的基本的标准，这也是社会对合格公民素质的基本要求。在此基础上，照顾个体的差异性，凸显个体的独特性。因此，他者性教育应该是基于同一性的差异性教育，而不是否定同一性的差异性教育。格特·比斯塔的他者性教育，也只把其视为教育的三个维度（资格化、社会化和主体化）之一，这三个维度是复合型的，“教学艺术恰恰是在三种维度中找到适当平衡的艺术，这是一个持续不断的任务，而不是预先设定好的或通过研究能够解决的”②。

---

①易小明：《分配正义的两个基本原则》，《中国社会科学》，2015 年第 3 期。

②格特·比斯塔：《教育的美丽风险》，赵康译，北京师范大学出版社，2018，第 208 页。

第四节 他者性：超越主体间性的师生关系

一、从主体性到外在主体间性

主体是相对于客体而存在的。主体性建立在“主体—客体”二元对立的基础上，表现为主体对客体的征服、占有和改造，并在对客体的征服、占有和改造中凸显个体的意志，张扬个体的力量。西方早有学者发出了“主体性黄昏”① 的声音，近年来我国也不断有学者反思个人主体性，提出走向主体间性②。主体间性超越了主体与客体间的对立关系，主体把对方作为与自己同样的主体交往。因此，主体间性基于每个人都是主体，作为平等的主体交往，它意味着交往双方具有平等的人格，遵循共同的规则。相对于主体性而言，主体间性在实现主体之间的平等关系上是一个根本的进步。

就教育而言，从主体性到主体间性，最大的变化是改变了师生关系。无论是传统教育的教师中心，还是现代教育的儿童中心，都是一种主客体的关系。要么是教师支配学生，要么是学生支配教师。在教师主体性的支配下，学生成为没有独立精神和自主性的人；在学生主体性中，学生则成为自我中心的占有性个体。中国传统教育中，师生之间存在着一种尊卑关系，师道尊严，教师高高在上，学

---

①弗莱德·R. 多尔迈：《主体性的黄昏》，万俊人、朱国钧、吴海针译，上海人民出版社，1992。

②尹艳秋、叶绪江：《主体间性教育对个人主体性教育的超越》，《教育研究》2003年第2期。岳伟、王坤庆：《主体间性：当代主体教育的价值追求》，《华东师范大学学报（教育科学版）》2004年第2期。冯建军：《主体教育理论：从主体性到主体间性》，《华中师范大学学报（人文社会科学版）》2006年第1期。

生处于被支配的地位，没有主体的自我。20世纪80年代之后，我国开始了教育过程中教师与学生主客体关系的讨论，出现了教师单一主体、学生单一主体、师生双主体、教师主导学生主体等多种观点，讨论的结果，是重视了学生的主体地位，但没有改变主客二元对立的思维模式。教师作为教的主体，学生是被教的客体；学生作为学的主体，教师是被学的客体。这种对象化的师生关系，孕育着占有性思维，培育了占有性人格。个体以自我为中心，将自身之外的一切都视为被占有、被控制、被利用的客体，结果造成了人与他人、人与社会、人与自然关系的对立与冲突。

20世纪90年代末，教育学引入主体间性，提出超越师生主客体的对象化关系，以主体间性重构师生交往关系。主体间的师生关系，是一种平等的关系，教师平等地面向每一个人，不因教师喜欢某个学生或某个学生成绩优秀而偏爱某个学生。教育过程中的师生关系是一种公共关系，在学校公共生活中，师生关系首先是契约关系。学生进入学校，教师就应该遵守《教师法》等有关法规，引导学生学习和生活，学生也有向教师学习的义务。这就是师生之间的契约关系。契约是权利和义务的一种对等交换。

我们对师生关系的认识从主体性到外在主体间性，赋予了主体间性以积极的意义，但没有看到外在主体间关系带来的问题。这些问题源于外在主体间性依然是单子式的主体性思维。

第一，外在主体间性的出发点是自我，主体之间是一种互惠关系。胡塞尔的主体间性超越笛卡儿孤立自我的认识论困境，尝试通过想象、类比、移情，构建主体间性，但“胡塞尔的主体间性理论是奠基于‘先验自我’的直观的自明性之上的，导致他人的自我只是从‘我’自己的主体发出的类比性投射而被推演出来的，因而他人的存在最多也只是‘我’自身的投射，而不是另一个自我”[①]。海德格尔从存在意义上建构主体间性，强调“在之中，就是与他人共同存在”[②]。但海德格尔对个体共在性的分析，依然是从个体“在”的意义出发的，是为了个体“在”的“共在”。这就是说，胡塞尔、海德格尔主体间性理论本质上没有改变个人主体性的思维方式，主体间性是立足于个人主体而建构的一种平等互惠关系，“每个人为另一个人服务，目的是为自己服务”[③]。

第二，外在主体间性以个人利益为基础。主体性是市场经济孕育的，以物的依赖性为基础。主体间性视域中的个人主体，依然以物的占有为基础。“活动和产品的普遍交换已成为每一单个人的生存条件，……在交换价值上，人的社会关系转化为物的社会关系，人的能力转化为物的能力。”[④] 个人利益是连接主体间的桥梁，一个人之所以和某人结成主体间性关系，首先是为了获取个人利益。因此，“我与你”也会因为个人的利益而博弈、竞争，甚至发生冲突。

第三，外在主体间性以公正的制度为保障。为了在主体之间合理地保护个人的利益，约束个体可能的私欲和利益冲突，就需要协商一种制度，这种制度以不偏不倚的公正为基本要求。所以，罗尔斯把正义作为社会制度的首要原则，他之所以在《正义论》中竭力论证正义的原则，就是为了用制度来合理解决不同主体间的利益分配问题。人与人之间交往的平等性以公正的制度来保障，这种交往

---

①张天宝：《走向交往实践的主体性教育》，教育科学出版社，2005，第 15 页。

②海德格尔：《存在与时间》，陈嘉映、王庆节译，生活·读书·新知三联书店，1987，第 146 页。

③马克思、恩格斯：《马克思恩格斯全集》第 46 卷上册，人民出版社，1979，第 196 页。

④马克思、恩格斯：《马克思恩格斯全集》第 46 卷上册，人民出版社，1979，第 103—104 页。

必然是外在的。

正是由于主体间性在根源上没有突破个人主体的思维，所以，在人与人主体间的交往中就会带来问题，最明显的表现就是交往中的利己化倾向，金钱至上、唯利是图，人与人之间缺少关怀、同情和责任，人际关系冷漠。人与人之间赤裸裸的利益关系导致社会情感关系的离散化、对立化，最终导致公共性的丧失。“所谓的社会将成为一个为自利目的而进行合作的外在结合体，并因此而丧失内在的统一性。”①

在教育关系中，主体间性改变了传统师尊生卑的状况，高扬学生的主体性，赋予每个学生与教师同样的主体地位。但对学生主体性的过分宣扬，导致教师不敢批评学生，甚至因为教师对学生的批评引发师生冲突，出现学生殴打教师②，甚至杀师的极端案例③。虽然这些都是个别情况，但其消极影响是巨大的，不仅使人感叹“师道尊严”的一去不返，更使教师感到心寒，教师的责任感受到打击。

吴康宁在一篇文章中谈到“为什么学校对学生不负责任”，他认为，重要的原因是利益驱动，校长和教师为了获取自身利益或者避免自身利益受损，对学生的发展不负责任。④ 这种说法似乎降低了校长和教师的道德水准。按理说，教师应该“捧着一颗心来，不带半

---

①贺来：《社会团结与社会统一性的哲学论证：对当代哲学中一个重大课题的考察》，《天津社会科学》2007 年第 5 期。

②正当写作此文时（2016 年），安徽亳州蒙城一初中，因为老师让交试卷，学生不交卷还说脏话，最后几个学生群殴老师，对老师拳脚相加，甚至举起板凳砸向老师。全班那么多同学，竟然没有一个同学站出来制止，反而是满堂的哄笑、起哄、叫好和狂欢……

③仅 2015 年，湖南省就发生多起杀师案：2015 年 10 月 18 日，湖南邵东县三名少年将一名老师杀害；10 月 22 日，长沙市某商务进修学院学生因半夜外出与老师发生口角，遂将老师捅死；12 月 4 日，湖南邵东县一高三学生杀死班主任。

④吴康宁：《为什么学校会对学生的发展不负责》，《教育研究》2007 年第 12 期。

根草去”，完全不要考虑个人利益，无私地把自己奉献给学生。这种堪称道德楷模的教师有，但难以成为对教师道德的基本要求。因为主体间性中的师生关系是一种利益关系，这种利益关系虽然谈不上是赤裸裸的金钱关系，但要教师无限地奉献自己，没有利益的回报，是不现实的，也是不公正的。教师与学生交往的时间、频次、程度等，都要与教师可能获取的利益相符。所以，教师在师生交往中会出现利益的算计：我该不该这样对待学生，这样对待学生对我有益吗？怎样的交往才能使教师获益？学生也会审视：我和什么样的教师交往，和哪位教师交往才能获益？现实中，我们看到，教师为了使学生升学（在很多地方，升学率的高低直接牵涉到教师的利益，甚至关系着自己的工作去留），置学生的身心发展于不顾；学生只与主科教师交往，与自己利益相关的班主任、辅导员交往，对于那些副科教师则缺少交往的热情。在这种交往关系中，每个人都是作为单子式的利益主体存在，因此，这种交往必然是外在的，只能靠制度的约束来维系。

二、从外在主体间性到内在主体间性

区别于胡塞尔、海德格尔基于先验自我的主体间性，伽达默尔的“视域融合”、马丁·布伯的“我—你”关系、哈贝马斯的交往行为等都使主体间性由外而内，从而建构起内在的主体间性。

视域是一个人的前判断体系，这个前判断体系指在一定的历史处境和文化传统中形成的各种观念、成见甚或偏见。伽达默尔的“视域融合”，不仅仅是把视域融合作为认识的方法论，而且是作为人类的整个世界经验。因为生活在世界中的人，无法不面对已有的历史存在，它是我们存在和理解的基本条件，关键是我们如何对待这种历史存在。传统的解释学，基于主客二分的思想，试图使人“悬置”自己的前见，回到历史本身，对历史作出“纯客观”的解释。在伽达默尔看来，这是不可能的。因为我们无法摆脱自己的前见，只能带着前见去理解历史，理解者的视域必然要进入历史的视域，同历史的视域相接触，这个过程是我们的视域与历史视域不断融合的过程，伽达默尔称之为“视域融合”。伽达默尔指出：“真正的历史对象根本不是对象，而是自己和他者的统一体，或一种关系，在这关系中同时存在着历史的实在以及历史理解的实在。”[①] 因此，在历史理解中，不是主体与客体的二元分离，而是两个主体之间的相互进入：理解的主体就在历史之中，历史的真实亦在主体的理解之中，是主体间的交融和统一。

马丁·布伯区分了人可能面对的两种关系，一种是“我—它”关系，一种是“我—你”关系。“我—它”关系是一种主客关系，是主体对客体的支配、占有和利用的关系。这是人对物的关系，不适用于人与人之间。人与人之间的关系应该是“我—你”关系。“我—你”关系是一种相遇式的关系，一种精神关系。这种关系不仅超越了“我—它”关系，而且超越了外在的主体间关系。“我与你”作为同样的主体，首先具有平等关系，我与你都是作为同样人格的人而存在，我与你同样作为目的而存在。其次，“我与你”的出发点不在“我”，也不在于“你”，而是你与我的关系。“精神不在‘我’之中，它伫立于‘我’与‘你’之间。”[②] 再次，“我”与“你”不是一种外在的利益关系，而是一种内在的精神关系，是一种精神的

---

①加达默尔：《真理与方法：哲学诠释学的基本特征》上卷，洪汉鼎译，上海译文出版社，2004，第387页。

②马丁·布伯：《我与你》，陈维纲译，生活·读书·新知三联书店，1986，第57页。

相遇。所以，马丁·布伯把“我—你”关系视为人的本源性关系，因为真实的人生皆是相遇。人与人之间的交往不是利益的分割，而是精神上的交流，精神的共享、共有、共生。因此，有学者指出，马丁·布伯的“我—你”关系理论，不再是以主客体关系来间接地构筑主体间关系模式，而是从主体间关系本身来直接地构筑主体间关系模式，从而确立了“关系”的本体地位，它标志着西方哲学从“主体性”向“主体间性”转向的基本完成。①

哈贝马斯反对工具性行为，而倡导主体间的交往行为。工具性行为是以技术理性为工具的“目的—理性行为”，体现的是主体对客体的改造。工具性行为适合于人与自然的关系，不适合于人与人之间的关系。哈贝马斯认为，人与人之间是一种交往行为。他所谓的交往是指两个或两个以上具有语言能力和行为能力的主体之间以语言或符号为媒介，以言语的有效性要求为基础，通过对话而进行的知识、情感、观念、信息的交流，以达成主体间的相互理解。哈贝马斯的交往行为是一种以理解为目的的精神交往，非物质实践交往。这种精神交往诉诸语言媒介。为了有效地交流沟通，哈贝马斯还提出了交流沟通中需要遵循的三项语言学规范：真实性、正确性和真诚性。哈贝马斯的交往行为致力于实现的相互理解，就是人与人精神的分享与共有。

虽然外在主体间性和内在主体间性在主体与主体之间平等方面是一致的，但二者在平等结合的机制上是不同的。外在主体间性是基于主体之间的利益关系而共在，每个人依然是一个封闭的单子式主体，只不过为了自己的生存，“不得不”与他人达成一种“共在”，因此，每个人都是作为利益主体、竞争主体而共在。这种共在

①张天宝：《走向交往实践的主体性教育》，教育科学出版社，2005，第21页。

需要借助于制度的保障，每个人作为一个契约主体，受契约的制约。一旦没有契约，主体可能恢复到主客对立的支配与被支配状态。在内在主体间性中，个人主体打开了自我封闭的“窗户”，充分地敞开自己的心灵世界，主体之间内心相互开放，在更深的层次上接纳对方，相互关怀、相互理解，进而形成一种心灵的共鸣与共生。

虽然外在主体间性和内在主体间性都是主体间性，但其主体之间结合的程度是不同的。外在主体间的结合是表面的，主体骨子里面具有“为我性”，主体间的结合靠的是制度。内在主体间的结合是心理上的、情感上的，主体间的结合靠的是移情、对话、理解、关怀等精神交往，它会使交往进一步深化，从而生成一种更高层次的主体间性。

虽然有学者批评伽达默尔、马丁·布伯、哈贝马斯的交往实践是一种精神交往，忽视了物质交往实践。但对于教育而言，更多的是人类精神再生产的活动，因此，主要是一种精神交往。雅斯贝尔斯说，教育是人与人的主体间灵肉交流活动，人与人的交往是双方（我与你）的对话与敞亮。[①] 尽管教育需要知识的传递，但教育绝不只是知识的传递，导向灵魂的觉醒乃教育之本源。教育不是训练，就在于训练是心灵隔离的活动，而教育是精神的相遇与契合。

教育的过程是一种精神交往过程，也是师生之间敞开心扉交流的过程。雅斯贝尔斯反对教师对学生耳提面命，因为其中充满着师生间的不平等。教育应该是师生之间平等的交往。不仅如此，作为一种精神交往，教育交往充满着爱，而不是机械的、冷冰冰的。这样的师生关系就是马丁·布伯所说的“我与你”的关系。在“我与

---

①雅斯贝尔斯：《什么是教育》，邹进译，生活·读书·新知三联书店，1991，第2—3页。

你”的关系中，教师和学生作为一个精神实体，有着自己独特的人格，师生关系是生命间的对话，是人格与人格的相遇，因此，这样的教育不是知识的给予，而是精神的分享。亦即“在分享人类文化中创生着教育的意义，提升着生命的价值，享受着诗意的学校生活，不断地提升着双方的精神境界、人生意义和生命价值”。①

三、从主体间性到他者性

从主体性到主体间性，就是要走出主体性自我中心的困境。主体间性克服了主体性的主客二元对立和个人中心主义，使不同的主体置于相同的地位，成为主体与主体间的对称性关系。但这是否意味着真正地走出了个人主体的旋涡？他者性理论的代表人物列维纳斯对主体间性提出了质疑和批判。

（一）对主体间性的质疑与批判

第一，主体间性是一种相互回应的互惠关系，根基是向我回归的“唯我论”。从主体性到主体间性，没有从本体上改变对主体的自我认识，主体是基于自我的主体。虽然主体间是一种平等关系，但这种平等蕴含的是基于自我利益的平等。主体间的平等是为了保护自我的利益，它需要外部的制度约束，而且这种制度是不偏不倚的公正制度。主体间性，尤其是外在主体间性从一开始就是一种平等与互惠的关系。内在主体间性与外在主体间性相比，从关注物的利益转向关注人的精神，精神具有了更多的开放性，但这种开放依然是基于人与人之间完全的对称关系，即我要求你与我是相同的，我与你是一种对称的平等关系。对称的关系，既要求“我”回应

①胡金木：《“我”与“你”相遇在学校——马丁·布伯视野中的师生关系》，《教育学术月刊》2010年第7期。

“你”，也要求“你”回应“我”。如果只有“我”回应了“你”，而“你”没有回应“我”，就构不成“我”与“你”的关系。所以，列维纳斯批判主体间性关系是一种向我回归的“唯我论”。①

第二，主体间性是同一性关系，它忽视了主体间的差异。主体间性把自我与他者看作同样的主体，由于主体间的向我性，我会把他者作为我的对象物，至少同一性关系会把他者置于与我同等的地位、同样的要求。在我与他者的同一性中，他者还原为我，“异”转化为“同”，消解了他者的差异性。在列维纳斯看来，他者是绝对的，不是另一个我，也非“我”的他者，他者具有绝对的优先性。因此，列维纳斯批判主体间的对称性，消灭了主体间的差异。

第三，主体间的对称性关系是一种理想的关系。在列维纳斯看来，“我”与“你”的关系依赖于“我”与“你”的相互回应。“我”关心“你”，也需要“你”关心“我”；“我”向“你”敞开心扉，也需要“你”向“我”敞开心扉。这种情况，如果不是“我”对“你”的要求，同时发生的可能性有，但并非总是如此。也就是说，“我”与“你”的关系是一个非常理想的境界。极有可能是：我关心了你，而你没有关心我；我向你敞开了心扉，而你没有向我敞开心扉。我不能要求你以同样的方式回报我。“在列维纳斯看来，非对称的伦理反而更现实，因为我不能对他人有所要求，不可能强求他人与自己发生一种相互性的关系，我只能要求自己为他人负责。”②

（二）师生关系：非对称的责任关系

主体间性打破了师生之间的二元对立，倡导一种主体间的“我

①郭菁：《列维纳斯对布伯对称的主体间性的批判》，《人文杂志》2014年第11期。
②郭菁：《列维纳斯对布伯对称的主体间性的批判》，《人文杂志》2014年第11期。

与你”的关系，但这种关系将“我”与“你”置于完全相同的境地，追求我与你的同一性，消解了“我”与“你”作为他者的独特性。在他者性中，师生之间的关系依然是主体间的关系，但由于对主体性的理解不同，使得他者性的师生关系不同于主体间同一性的师生关系，表现为我与他者之间非对称的责任关系。

1. 师生关系是“我”与“他者”的关系

在师生关系的讨论中，教师中心论、学生中心论及其变种，反映的都是“我”与“它”的关系。超越“我”与“它”的关系，师生关系进入到了“我”与“你”的关系，教师与学生是同等的主体，在平等的关系中实现精神的相遇。[①] 相比于“我”与“它”的关系，“我”与“你”的师生关系是一种极大的进步，但“我”与“你”的关系，把“我”与“你”视为具有同一性的主体，消除了“我”与“你”的独特性，不符合教师和学生各自的角色定位。教师就是教师，学生就是学生，他们的角色定位不能完全等同。即使从人格上说，教师也负有引导学生人格成长的责任。把师生关系定位为“我”与“你”完全平等的关系，不仅消解了教师与学生的差异，而且也消解了教师的责任。

要走出主体间同一性的迷雾，就必须用他者性取代同一性，在自我与他者之间建立起一种不同于同一性哲学视域下的师生关系，即“我”与“他者”的关系。[②] “他者”不同于“它”，“它”是客体，“他者”是主体，但“他者”又不是与“我”同一的主体，而是与“我”有异的主体。“他者的全部存在都是由其外在性（exteriority），

①胡金木：《“我”与“你”相遇在学校——马丁·布伯视野中的师生关系》，《教育学术月刊》2010 年第 7 期。

②刘要悟、柴楠：《从主体性、主体间性到他者性——教学交往的范式转型》，《教育研究》2015 年第 2 期。

或者不如说，由其他异性（alterity）所构成。”①

2. 师生关系是一种非对称的责任关系

主体间的关系是一种对称的关系。外在主体间性以主体各自的利益为基础，对称主体间的关系是一种利益的平等交换关系。这种关系具体到教师而言，教师只是一种职业，收入的多少是教师付出多少的依据。因此，在教师收入不高的情况下，教师对教育的热情下降，甚至出现了教师对学生发展不负责任的现象。师生除了承担起各自应该承担的义务和责任外，不再承担任何额外的负担。要调动教师的积极性，就要提高教师的待遇。内在主体间性是一种精神交往，交往依赖于主体间的相互回应、相互理解，强调主体间的视域融合、情感共鸣与精神共生。这种精神的交往必然是双向的、对等的。因为主体间性视野中的主体，是一个为我、向我的主体，因此，我要求另一个主体与我相同。而他者性视野中的主体，是向他、为他的主体。主体是为他者而存在，因此，“我”与他者的关系是一种不对称关系。他者并不是与我相同的主体，在他者与我的关系中，非对称性起着支配作用。非对称性意味着“我对他者的道义和责任，并不意味着我要‘从’他者那里期待回报”②。因此，我与他者的关系是一种非对称的伦理关系。

列维纳斯从他者出发界定主体性，把他者纳入主体性之中，为他者负责，为他者服务，这种主体性实际是一种奉献，而非占有。在奉献中，虽然“我”在付出，但证明了我的价值和存在的必要。

---

①Emmanuel Levinas, *Time and the Other* (Pittsburgh: Duquesne University Press, 1987), pp. 75-76.

②孙向晨:《面对他者——莱维纳斯哲学思想研究》，上海三联书店，2008，第154页。

因为我对他人负责，我才有自己的价值。就教师而言，教师的价值在于学生对教师的需要，教师为学生的发展负责，为学生发展服务，而不管学生是否给予回报。他者性视野下，教师的主体性将大大改变主体间性视域下教师对学生发展不负责任的状况，体现对学生的关怀与责任。

3. 面对他者：教师对学生的无限责任

列维纳斯他者性的核心思想是“面对他者”。他者是高于自我的外在存在，他者具有无限性。“面对他者”，首先是把他者作为一个不可还原为自我的主体，而且面对的不仅仅是可见的面孔，更有不可见的精神。所以，面对“他者”，不只是面对面的“看见”，更有精神上的“相遇”。

列维纳斯所讲的“面对他者”，不是认知关系中的认识、领会和掌握，也不是交往关系中的平等、对话和共生。前者是一种以我为中心的对象性关系，将他者变成另外一个我；后者是一种平等的共生关系，把他者变成同一性中的“我们”。无论是认知关系中的“我”，还是交往关系中的“我们”，都变成了“我”视野中的他者、“我们”视野中的他者，他者都是我、我们的异化，从而消解了他者的独特性。在列维纳斯这里，他者高于我，具有绝对的优先性。面对他者的呼吁、请求，我必须作出回应。列维纳斯指出，回应（response）和责任（responsibility）的词根是相同的，“责任”一词从词源上是由“回应”一词演变而来的。[①] 回应他者就是要对他者承担责任。

列维纳斯赞同马丁·布伯对“我—它”关系的批判，但并不赞

---

①罗伯特·伯纳斯科尼、戴维·伍德：《道德的悖论：与莱维纳斯的一次访谈》，孙向晨、沈奇岚译，载童庆炳主编《文化与诗学》第1辑，上海人民出版社，2004，第199页。

成马丁·布伯所建构起来的“我—你”关系。他说：“我们怎么能够维持人们之间的特别的‘我—你’关系，而不引出责任的伦理意味呢?”[①] 马丁·布伯的“我—你”关系之所以没有引起伦理责任，是因为“我—你”关系是一种对称关系、同一性关系。而且这种对称关系、同一性关系是建立在“唯我论”的基础上，他们之间的平等是以制度为基础的，他们的同一性是通过民主协商来完成的。因此，这种基于各自利益的“我—你”关系更多是以一种利益平衡的方式，旨在迫使角色的普遍交换，最后达成一定的平衡，也就是罗尔斯所说的“重叠共识”与“理性平衡”。在这种协商的过程中，也可能潜藏着为了追求权利、利益的满足而导致走向冲突的风险。因为我与你的平等、权利与义务的对称，因此，你、我作为独立的主体，个人只对自己负责，对他人没有责任。这就是“我—你”关系在师生关系中运用的问题。有学者已经注意到，师生关系不能只谈平等问题，要以“促进学生发展”的教育性作为师生交往的核心价值，强调教师在师生交往中的领导者和组织者的地位和责任。[②] 因为师生平等是师生间的一种对称关系，但师生角色、任务不同，决定了师生之间还具有不对称性，而这种不对称性，决定了教师对学生的发展具有无限的责任。

无限的责任，不是指责任的宽度，而是指责任的深度，责任的自觉性。即便在主体间性师生关系中，教师对学生也负有责任，但这种责任是与教师的权利、利益对等的责任，超出这个范围，教师就拒绝承担责任。因此，这种责任是有限的，不仅宽度有限，而且

①Emmanuel Levinas, *Proper Names* (California: Stanford University Press, 1996), p. 32.

②余清臣：《师生岂能止于平等——我国当代师生交往制度的价值分析》，《教育理论与实践》2010年第2期。

是需要法律、制度来保证的外在的责任。列维纳斯以父子关系比喻我与他者的关系，父母对子女的关系不以回报为目的，不是以某种制度保证的义务，而是心甘情愿地、义无反顾地为子女承担责任。这种责任出于作为父母的主体性，因为是父母，必须要承担责任，必须要付出。师生关系同样如此，教师对学生的责任，不是出于利益的计量、回报的考虑，也不是基于法律的约束和制度的规定，而是一种责任的担当，教师应该且必须为学生的发展负责。“这种责任是单向的，我对他人负责却不因此要求他人对我负责。”① 这种责任是一种无限的自觉责任，而不是有限的、“不得不”的责任。因此，教师心甘情愿、义无反顾地为学生承担责任，而不要求学生对自己回报。当然，学生面对教师也要承担起无限的责任，包括尊重教师、向教师学习，等等。这样的师生关系，是充满着温情的伦理关系，而不是以制度为约束的冷冰冰的主体间关系。

总之，他者性以他者界定主体，主体成为为他者负责的伦理主体。以他者性观照师生关系，教师对学生的发展负有无限的责任，它改变了主体间性视野下教师对学生发展不负责任或仅负有限责任的状况。

第五节　他者性视野中的公民品格及其培育

“在这样一个社会中，每个人都变得极其自恋，所有的人类关系

①刘要悟、柴楠：《从主体性、主体间性到他者性——教学交往的范式转型》，《教育研究》2015 年第 2 期。

中无不渗透着自恋的因素。”① 这是当代社会学家理查德·桑内特对现代社会的基本判断，他由此得出了“公共人衰落”的结论。治疗“公共人衰落”的社会病，成为当代社会必须面对的一个重大问题。列维纳斯的他者性思想为我们解决这一问题提供了一个新的视角和可能的路径。

一、“为他者”的责任主体

列维纳斯说：“正是就他者与我的关系不是互惠的而言，我服从于（subjection to）他者，也正是在这个意义上，我成为本质上的主体（subject）。”② 他者性视野中的主体性，不是把“我”置于首位，而是把他者置于首位，他者优先于我。主体成立的基点不在于我，而在于他者。他者是主体建构的前提。对自己的限制，对他者呼唤的回应，是伦理关系的本质。所以，主体不是自我的利益主体，而是为他人负责的伦理主体。我与他者的关系不是同一的、对称的关系，而是非对称关系。“真正的善是我始终把他人看得比我自己重要。”③ 现代公民是一种利益对称关系，只有与权力对称的义务，缺少爱的情感与责任奉献。他者性的伦理关系，把他者放在首位，主体性表现为对他者的责任，而且是主动的、无限的责任。“从我到我自己终极的内在，在于时时刻刻都为所有的他人负责，我是所有他

---

①理查德·桑内特：《公共人的衰落》，李继宏译，上海译文出版社，2014，第9页。

②Emmanuel Levinas, *Ethics and Infinity*: *Conversations with Philippe Nemo*, trans. Richard A. Cohen (Pittsburgh: Duquesne University Press, 1985), p. 98.

③Emmanuel Levinas, *Totality and Infinity*: *An Essay on Exteriority*, trans. Alphonso Lingis (Pittsburgh: Duquesne University Press, 1979), p. 249.

人的人质。”① 责任的无限性，指责任是终极的，不是暂时的；尽责是主动的，不是被迫的。

传统主体表现为对客体的征服、占有和同一，把他者变为我，显示我作为主体的主动性、能动性和自足性。他者的主体性放弃了主体的自我和占有，而是尊重他者，欢迎他者。他者对我提出伦理的要求，我必须回应他者。我对他者的伦理回应，不是为了换取自己的利益，也不求获得任何回馈。回应他者，为他者服务，就是我的责任。在他者先于我的非对称关系中，我被他者召唤，是被动的，但我回应召唤，承担责任，就又是主动的。列维纳斯所要重建的主体不是传统意义上的自我主体，而是他者主体。一个人的主体性不在于占有和索取，而在于责任和付出。“唯有这种自愿的单向度的付出才是真正伦理关系的体现，而且是不对称的责任关系，也即不要求他对我负责，而是我为他人负责。”② 因此，区别于以自我为中心的利益主体，列维纳斯提出了一个新的主体——“为他者”的责任主体。

二、他者性视野中的公民品格

人作为一个人，不仅为自己而活，而且为他人而活。为自己而活，遵循“利益算计”的原则，追求权利、自由和正义；为他人而活，遵守他者性伦理原则，具有关怀、责任、友爱与奉献。人的社会性本质决定了人在社会关系中仅追求自我是不够的，必须具备他者性伦理品格。

---

①勒维纳斯：《塔木德四讲》，关宝艳译，商务印书馆，2002，第 121 页。

②赵灯峰、王习胜：《他者性：思想政治教育范式的伦理转向》，《广西社会科学》2019 年第 1 期。

（一）关怀

在日常概念中，关怀，指关心、照顾、支持、帮助、爱护，多用于上级对下级、强者对弱者、组织对个人等，体现出来的是强者对弱者的怜悯、同情，因此，伴随关怀的是被关怀者的感激、感谢，关怀由此也成为关怀者的美德，备受赞扬。日常认识中的关怀以及伴随的感激，都是以自我为中心的，我关怀你，你感激我，背后的理念是"自我优先于他人"。但在他者伦理中，关怀是一种原初的伦理关系。诺丁斯也认为，"关系可视作我们本体性存在的基础"①。关怀源于我与他者的面对面的相遇，"激发我们去这样做的并不是理性，而是一种与他人共存、为他人着想的情感，这种情感在自然关怀中激励着我们"②。在这个意义上，关怀不是一个人值得称赞的高尚品格，而是每个人应有的基本伦理品格。

关怀是关怀者与被关怀者之间的一种伦理关系。一个人为什么要关怀他人，不是出于自己的目的，也不是对他者的可怜、怜悯。在列维纳斯看来，当我面对他者，与他者相遇时，他者对我发出要求，我必须回应他者的要求，这就需要关怀。所以，关怀是关怀者和被关怀者的连续性关系。关怀源于他者的需要，表现为我对他者需要的回应。有时候，我们常常出于好意关怀他人，但他人不需要这样的关怀，关怀就成了强迫。强迫式关怀没有关照他者的需要，他者也无法真正了解被关怀的意义。在诺丁斯看来，关怀是双方的，一方关怀他者，他者要感受到被关怀，被关怀者受到关怀者的关怀，

①Nel Noddings, *Caring: A Feminine Approach to Ethics and Moral Education* (Berkeley: University of California Press, 1984), p. 3.

②内尔·诺丁斯：《培育有道德的人：从品格教育到关怀伦理》，汪菊译，教育科学出版社，2017，第 15 页。

还需关怀者能感知被关怀者接受关怀，因此，要学会关怀和被关怀。①

（二）友爱

爱有个体之爱与公民之爱。个体之爱是私人生活中个体之间的情感，公民之爱是公共生活中公民之间的情感。私人之爱是基于血缘、地缘、婚姻关系的自然亲情、友情和爱情，是一种近似本能的活动。但公民之爱，超越私人亲情、友情和爱情，是对作为公共生活中的陌生人——公民的爱。亚里士多德的《尼各马可伦理学》把友爱作为公民的德性，认为友爱是生活中最必需的东西之一。因为“即使享有其他所有的善，也没有人愿意过没有朋友的生活”。对于城邦而言，“友爱还是把城邦联系起来的纽带。立法者们也重视友爱胜过公正”，“若人们都是朋友，便不会需要公正”。②

在自由主义公民观中，每个人都是作为自我的主体，主体之间是一种竞争、对立的关系，有的只是同一性下的暴力，难有爱的位置。列维纳斯试图打破同一性的暴力，将差异作为伦理的基础，突出在爱的伦理关系中他者的奠基性和优先性，认为爱欲是与他者关系的原型，昭示了一种原初的社会性关系。③“爱的关系不是基于两个对等的主体，不是基于理性和自由基础上的平等互惠，而是基于我和那个外在于我的他者的相遇以及随之而来的召唤和回应（责

---

①内尔·诺丁斯：《培育有道德的人：从品格教育到关怀伦理》，汪菊译，教育科学出版社，2017，第27—43页。

②亚里士多德：《尼各马可伦理学》，廖申白译注，商务印书馆，2003，第228—229页。

③孙向晨：《面对他者——莱维纳斯哲学思想研究》，上海三联书店，2008，第101—102页。

任）。”[①] 霍耐特也认为，爱的关系是一种本源关系。“爱代表了相互承认的第一个阶段。在彼此都感受到爱的关怀时，两个主体都认识到自己在他们的相互需要和相互依赖中相依为命。”[②] 在主体的同一性中，只有暴力，没有爱，爱存在于与他者的相异性之中。因此，爱不是我与他者的融合，也不是我对他者的同情、怜悯。因为公民之爱不是我高高在上，而是以尊重他者、尊重差异、相互承认为前提。公民之爱不是利益算计、理性判断的结果，也不是一种等价交换。爱是对他者的回应，是关怀的延伸。爱是不计利害、不计回报的。只有通过爱，才能回归“我”与“他者”的本真关系。也只有爱，才会产生康德所言的“内在责任”，即发自人内心的责任，而不是由其社会角色所赋予的“外在义务。”

（三）责任

人是一个社会的人，人在社会中，必须对他人、对社会承担责任。但责任的出发点不同，一种是为我，一种是为他。站在我的立场上，这个人与我有关系，我为他负责，或者我是社会的一员，我的利益和社会紧密相连，因此，我对社会负责。在这里，为了他人，为了社会，根本上是为了自己。自由主义公民针对权利，要求相应的义务。义务以权利优先为前提，是对权利的回报，义务是法律上的被迫规定。站在他者的立场上，我面对异于我的他者，他者优先于我，他者的需求是第一位的，回应他者的需求，需要我承担责任。责任不是因为我享受了权利，或者我需要尽职。即便是我没有享有

①林华敏：《爱、外在性与责任：列维纳斯的爱的伦理解读》，《东南大学学报（哲学社会科学版）》2013 年第 1 期。

②阿克塞尔·霍耐特：《为承认而斗争》，胡继华译，上海人民出版社，2005，第 103 页。

任何权利，也没有任何职责，面对他者的呼应，我也必须承担责任。如同儿童跌落、老人摔倒之时，我有责任实施救助，尽管不是因为我的原因而跌落、摔倒，实施救助也不是因为我有什么目的或职责、义务。责任是无条件的，只要我面对他者，就必须对他者承担伦理责任，而且对他者的责任是无限的。因为他者的需求是第一位的，我的回应是他者施加命令的结果，回应因此具有被动性，是他者命令我担负起为他者的责任。[①] 虽然我对他者的责任来自他者的命令，但对我来说，是我主动承担的责任，对他者的负责就是他者视野中的主体性。所以，主体是对他者责任的主体，而不是自我主体。

责任与权利不同，权利代表自我的利益，责任代表为他者的利益。权利是可以让渡的，我们通过协商达成协议，可以通过让渡一些权利给某人或者某个组织。但责任不能让渡，我不能把我的责任让渡给别人承担。如继承父母财产的权利，我可以让渡给兄弟姐妹，但赡养父母的责任，不可以让渡给兄弟姐妹。责任是自己的，不可推诿。责任与义务也不同。义务是与权利对等的，承担义务也是为了自己的利益，不享有权利，就不承担相应的义务。有的人即便享有权利，但不想承担义务，为此，法律要对公民的义务进行规定。责任不是一种法律规定的义务，责任是一种道德，一种担当，乃至一种奉献。总之，义务是为自己的，责任是为他人的。义务是法律的规定，责任是内心的道德。

（四）奉献

奉献是他者性伦理的最高境界。在主体性中，主体对客体的关系表现为一种占有。这种占有性的思维，导致了人与自然、人与社

①顾红亮：《责任与他者——列维纳斯的责任观》，《社会科学研究》2006 年第 1 期。

会、人与人关系的对立、分裂和冲突。主体间性思维，虽然改变了这种对立，但它是一种相互性思维，你我之间是一种相互帮助的行为。“人类社会的所有成员都处在一种需要互相帮助的状况之中……所有不同的成员通过爱和感情这种令人愉快的纽带联结在一起，好像被带到一个互相行善的公共中心。”① 互助是人类必要的行为，强调你来我往的对等交换。换言之，你不来，我也不往。但对弱势群体和个体而言，缺少交换的资本，这种互助就难以实行。所以，超越互助的局限性，就是要走向奉献。在他者性品格中，奉献居于最高层次。

奉献与索取相对，索取是基于自己、为了自己，奉献是基于他者、为了他者。奉献不是索取，但也不是让公民放弃个人的正当权益，更不是剥夺公民的正当权益。奉献是在保障公民正当权益的基础上，公民对自己权益合理、合法、主动的出让。公民的奉献可以有不同的表现，为国家、人民的利益献身是奉献，兢兢业业工作是奉献，帮助他人是奉献，在公交车上为老人让座也是奉献。奉献是一种精神，一种为他人不计个人利益得失的精神。以往我们常常倡导无私奉献，把个人与社会、共同体对立起来，马克思指出，“应当避免重新把‘社会’当作抽象的东西同个体对立起来”②，否定个体利益的共同体只能是一种“虚幻的共同体”。“在真正的共同体的条件下，各个人在自己的联合中并通过这种联合获得自己的自由。”③ 共同体是以个人利益为前提的，是对个人利益的保护，个人只有在共同体中才能得到自由的发展。

---

①亚当·斯密：《道德情操论》，余涌译，中国社会科学出版社，2003，第105页。
②马克思、恩格斯：《马克思恩格斯全集》第3卷，人民出版社，2002，第302页。
③马克思、恩格斯：《马克思恩格斯选集》第1卷，人民出版社，2012，第199页。

三、他者性视野中的公民品格培育

列维纳斯的伦理学是形而上学的，他关心形而上的伦理问题，而不提供具体的伦理规范。因此，他者性视野中的品格教育，不是将伦理规范内化，而是为品格教育确立一种新的伦理观——他者性的伦理思想，创造性地选择具体的实践方式和生活策略。

（一）转变主体观念：从为己到为他

人是一个活动的主体，关键是这样的主体是面向谁的主体？在这个问题上，有两种理解，一种是为己的主体，一种是为他的主体。

无论是儒家的“人为万物之灵”，还是康德的“人为自然立法”，都奠定了人在自然界中的位置。人是主宰者，世界以人为中心，这就是人对待自然的“人类中心论”。人在自然界中的自我中心，同样运用于人与人之间的关系，主体性表现在我对他人的关系上，我作为主体，他人作为客体，把我的意志施加于他人，使他人顺从我，与我保持同一，成为一个复制的我。我对世界的占有和掌控，使我获得了自我的主体性。主体性就表现为主体对客体的征服、支配和占有，正是这种自我主体性，导致人与自然、人与社会、人与人之间关系的恶化，出现了环境危机、生态失衡、战争爆发、文明冲突和人际冷漠。因此，矫正主体性，走向了主体间性。但主体间性依然以主体性为前提，没有在根本上改变主体性带来的问题，只不过以一种正义的制度约束了人的自我中心，实现人们之间的和谐相处。但主体间的平等性，又抹杀了我与他者的差异，使我与他者保持了同一性，把他者纳入我的意向性框架，成为一个总体（totality）。

另一种主体性是列维纳斯的为他的主体性。列维纳斯说：“主体性不是为己的，首先是为他的。”[1] 主体性的基点不在于我，而在于他。他是一个异于我的独特的存在，是外在于我的存在，我不能使他变成我。他独立于我、异于我，我无法使他与我同一，他人具有优先性。他人的需求是第一位的，我回应他的需求，是主体性的表现。

列维纳斯的主体性不同于以往的主体性。以往的主体性都是以自我构建与他者的关系，把他者纳入我之中，主体性就表现为我对他者的关系中积极占有的能动性。而列维纳斯的主体性是以他者独特性和优先性为前提，他者的独特性决定了我不能占有他者，他者的优先性决定了对他者的“命令”我必须回应，我依据此命令而担负起为他者的责任。因此，“伦理的主体性是在与他者的关系中被建构起来的，这是一种为他的而不是为己的、被动的而不是主动的主体性”[2]。为他的主体性是以他者为核心，我处于被动的地位，这与传统的主体性是相反的。传统的主体性是我占有他，我是主动的；他者的主体性是我为他负责，我是被动的，是他者命令我、要求我成为一个伦理的人。传统主体性主要是利益的占有，他者的主体性是一种伦理主体性，我为他者负责，这是我作为一个主体在伦理上的自觉，也显示出了我存在的价值。例如，我做一件事情，不是为了自己得到好处或者报酬，而是为了帮助别人，在帮助别人中，受到他人的尊重，也感受到自己的价值。“助人为乐”就是伦理意义主体性的确证。所以，列维纳斯说：“正是就他者与我的关系不是互惠

①Emmanuel Levinas, *Ethics and Infinity*: *Conversations with Philippe Nemo*, trans. Richard A. Cohen (Pittsburgh: Duquesne University Press, 1985), p. 96.

②顾红亮：《另一种主体性——列维纳斯的我他之辨与伦理学》，《天津社会科学》2005 年第 4 期。

的而言，我服从于他者；也正是在这个意义上，我成为本质上的主体。”①

两种主体性虽然立足点不同，但不是完全对立的，为他者的主体性不是完全否定个人主体性，而是否定以自我为中心的个人主体性。古典时期的共和主义公民属于城邦，公民只有对城邦的责任，而无独立性。经历了近代自由主义公民观，当代公民出现了共和主义的复兴，开始强调公民对共同体的责任，但新共和主义不同于古典共和主义，它是建立在独立个人基础上的，没有独立个人就没有他者的存在，尊重他者，就是尊重独立的个人。在他者性中，每个人既是我，也是他者，是相互的他者。我对他人负责，他人也对我负责，只不过这种双向的负责，不是互惠的关系，而是一种基于他者的伦理关系，是他者对我的呼应，是我发自内心对他者的负责。为他者承担责任，这就是他者主体性的含义。

我国的教育长期以来强调集体主义，集体主义者倾向于集体责任优先，个体作为集体的一员，个人纳入集体之中，服从集体，抹杀了个人的存在。改革开放后，市场经济活跃，社会关注个人主体性，20 世纪 90 年代教育领域提出了培养学生主体性，这种主体性是个人主体性，形成了极端的自我中心主义，容易导致公共性的失落。他者性以“他者”为主体的逻辑起点，改变了传统哲学个人主体的思维方式，也矫正了主体性中以“己”为逻辑起点的思维偏差。只有这样，才能彻底摒弃自我中心主义，突破传统个人主体思维的局限，解决当代人类社会所面临的主体性困境和公共人的失落。

①Emmanuel Levinas, *Totality and Infinity*: *An Essay on Exteriority*, trans. Alphonso Lingis (Pittsburgh: Duquesne University Press, 1979), p. 98.

（二）构建“我与他者”的伦理关系

人是一个社会性的存在。马克思指出：“人对自身的任何关系只有通过他对他人的关系，才能成为对他来说是对象性的、现实的关系。”① 人对他人的关系可以分为三类：“我与它”的关系，“我与你”的关系，“我与他者”的关系。

第一，“我与它”的关系。“它”表示的是物，而不是人。当我面对它时，无论是物，还是人，我都把它当作物来对待。我作为人，作为主体，对待物，对待客体，表现出的是占有性个人主体性，是一种以自我为中心的主体性。我与它的关系是利用、支配、占有的关系。我是中心，是目的，它是实现我的目的的手段，是满足我的需要的工具。因此，我与它的关系是支配与被支配、占有和被占有、操纵与被操纵的工具关系。在公民关系上，表现为专制的、等级的、不平等的。古代社会公民之间呈现的就是这种关系。即便是古希腊的雅典公民，也没有完全走向平等，因为它把女性、奴隶等排斥在外。现代社会，我与它的关系思维在日常生活中依然大量存在，诸如，人对自然的肆意征服，国家的霸权主义，个人自我中心，人与人之间的暴力、奴役，教育中的独白、灌输和规训，等等。但社会对民主的追求，越来越意识到“我与它”的关系所带来的严重问题，在批判人的自私性之时，向着“我与你”的平等关系发展。

第二，“我与你”的关系。“我与你”的关系，把“它”变成了“你”，“它”代表物，“你”代表人。我与你的关系，是人与人之间的关系，是人作为主体的主体间关系，这种关系是彼此平等、协商对话的关系。相比于“我与它”的对立，“我与你”正在使社会走向平等与和谐。“我与你”的关系，在政治上表现为一种权利平等关

①马克思、恩格斯：《马克思恩格斯选集》第1卷，人民出版社，2012，第59页。

系。“天赋人权”，人天生具有的自然权利，神圣不可侵犯，公民的历史发展，就是不断争取权利的斗争。因此，权利受到法律的保护。权利平等是民主社会的基本原则，我不侵犯你，你也不侵犯我，我与你和平相处，构成一个民主的、和谐的社会。但必须认识到，权利是基于个人利益的权利，因此，权利的平等，必须要求利益的平等，利益平等同样是你不能多占我的，我也不能多占你的。其实，不管是权利平等，还是利益平等，都是从人的自然权利和自我利益出发。为了防止人与人之间利益的纷争，实现人与人之间公平竞争与和平相处，就制定出对个人权利和利益加以适当约束的契约、制度和法律。因此，基于制度存在的人与人之间的平等是被迫的，是对人的自我中心的限制。这种自我中心表现在日常交往中就是一种利益交换关系，互利互惠，对自己有利的事情做，不利的事情不做；做了对别人有利的事情，也期望得到别人的对等回报。因此，在公民生活中，权利先于义务，公民承担多少义务，取决于你赋予多少权利，权利与义务是对等的。在日常生活中，表现为给多少报酬做多少事，只做分内的事，不做分外的事。

“我与你”的关系并没有摆脱个人的私利性和利己性，虽然以制度、契约、法律约束了人的利己性，降低了人与人之间的对立、冲突的风险，但它并没有从根本上消除政治、经济生活中所预设的权利和利益的对抗。① 在日常交往中，功利性的互利互惠使每个人都不会承担义务之外的任何负担，只做自己的事情，不管他人如何。如此，人与人之间就缺少应有的温情，缺少关心与爱护，从而使社会陷入制度化的冷漠无情之中。这在当代社会发生的“彭宇案”“小

①吴先伍：《反思与重构——他者伦理视野中的师生关系》，《江苏高教》2014 年第 4 期。

悦悦事件”中突出地表现出来。在他人遇到困难时，决定帮与不帮的是基于利益算计的结果。这种基于个人利益的理性考量代替了人与人之间的同情和关爱。因此，“我与你”的关系，必须转向“我与他者”的伦理关系。

第三，“我与他者”的关系。“我与他者”的关系不同于“我与你”，因为他者是一个异于我的独特存在，我无法占有他者，也无法同一化他者。他者是唯一的，先于我的存在。我服从于他者，依赖于他者，必须对他者负责。因此，我与他者的关系不是政治的平等关系，不是利益的互惠关系，而是伦理的责任关系。

“我与他者”的关系是一种非对称的伦理关系。“我与你”的关系是对称的，权利与义务、付出与回报是对等的。我与他者的非对称关系，不是从我自身考虑的，而是从他者考虑的，我对他者的付出，不能以对我的回报来衡量；我对他者承担责任，但不能以我享有的权利来衡量。我对他者的伦理关系，是无条件的。列维纳斯经常用父子关系作为人与人之间伦理关系的原型，以一种父母般的态度对待他人。父母有养育子女的责任，而不是期待子女感恩与回报。我与他者的伦理关系，是一种情感关系，是一种爱的关系。列维纳斯的伦理不是建立在道德规范以及对道德规范遵从的基础上，因为这种类似契约的伦理关系，追求的是人人平等对待。伦理关系超越了理性，超越了规范，是基于情感的爱的关系。爱欲是原初的伦理范型，爱超越了利益较量，超越了理性判断，超越了公平与正义。因为爱，利益变得不重要，付出成为爱的体现。伦理的关系是对他者的责任关系，且责任是无限的。“无限的责任心，它不像是一种债务，因为人们总是可以清偿债务的；而跟他人，人们永远也两清不了。”①

自由主义公民观赋予公民权利和对等的义务，强调以民主和法治建设公民社会，但忽视了道德教育和人文关怀。所谓的关怀，只是指向弱者，是制度对他们利益的补偿，而不是公民的责任，致使公民社会法治越健全，道德越缺少。一个只以法治来维系的社会，缺少内在的凝聚力，公民感受到的不是温暖和幸福，而是防范与惩罚。公民及其公民教育要改变这种情况，就必须把利益关系转变为伦理关系，提倡公民之间爱的关怀、无限的责任和奉献，使情感成为社会的黏合剂，建设一个有情有爱的和谐社会。

现代公民教育建立在公民权利与义务平等的基础上，尤其强调公民的权利，以及基于权利的义务。义务是不得不尽的、最低限度的分内之事。公民完成了最低限度的义务，即为合格公民。如此，公民教育会导致公民只顾自己的利益，不关心他人，不关心公共利益。加之，公民生活是公共生活，即陌生人间的生活，陌生人间的生活以遵守契约、制度和法律为原则，一方面维系了公民的平等、社会的和谐，但它以牺牲个体间的情感为代价。面对公民主体间关系所带来的困境，必须使“我与你”的利益互惠关系发展为“我与他者”的伦理关系。

（三）促使“我与他者”的面对面“相遇”

我与他者的伦理关系是面对面的“相遇”关系。面对面，即脸对脸。列维纳斯认为，每个人的脸上都写着“你不可杀人”。“不可杀人”，不是一个具体的道德规范，而是一个形而上学的隐喻。它预

①勒维纳斯：《上帝·死亡和时间》，余中先译，生活·读书·新知三联书店，1997，第159页。

示了脸的独特性，他者是唯一的，我不可占有、同化他者。如果我占有和同化他者，就抹杀了他者的独特性，就等于“杀人”。“不可杀人”，就是要以伦理的方式善待他者的独特性。

第一，要尊重他者、敬畏他者。传统的主体性思想把他者当客体，以主体性思想占有他者，使他者保持与主体的同一，消除了他者的存在。在面对面的相遇中，首先需要的是面向他人，尊重和敬畏他者的特殊性。他者作为独特的人，与我有着差异，我不可能占有他者，也不可能使他者与我保持同一。只有对他者独特性的尊重，才能使我与他者相遇。相遇以他者的存在为前提，相遇不是时空上的相见，而是精神上、意义上的沟通、交流。正是出于对他者的尊重、敬畏，才使我对他者保持一种谦卑，自觉回应他者的诉求。

第二，言说与倾听。列维纳斯区分了“言说”与“所说”。“所说”只是传递关于对象的信息，是一种认识论意义上的说。“言说”不仅仅是传递信息，更是对他者的一种姿态。“言说是一种交流，确切说，作为‘袒露’（exposure），是所有交流的条件。”① 所以，言说不同于认识中将对象主题化，言说把自己袒露于他者面前，其目的不是指向自己，而是为了接纳他者。所以，言说作为一种伦理姿态，是敞开心扉、亲近他者。言说的关键不在于说什么，而在于怎么说。言说不同于辩论、协商，甚至也不同于对话，因为它们都是从自我出发，站在我的角度，最后达成共识。在自我的主体性理念中，强势灌输、独白多；在主体间性中，协商、对话多，其目的都是要同一化他者，只不过手段不同。而言说是以谦卑之心、开放之心，接纳他者。因此，伴随言说的，不是强势的自我表达，而是倾

---

①转引自孙向晨：《面对他者——莱维纳斯哲学思想研究》，上海三联书店，2008，第205页。

听。言说的能动性，通过倾听的被动性才能被确定下来。作为对言说的回应，倾听是一种对他者的欢迎。倾听不仅仅是要用耳朵来听说话者的言语，更需要一个人全身心地去感受对方谈话过程中表达的非言语信息。在倾听中以一种接纳的方式感受他者，而不是以盛气凌人的姿态去排斥他者。因此，要走向他者，必须学会倾听，倾听他者言语中所流露出来的心声，让他者表达出自己的心声与愿望。在倾听他者的过程中，我不是高于他者，而是他者高于我，我倾听他者的要求，回应他者，才能为他者承担责任。

第三，回应与责任。我与他者面对面相遇，他者是一个伦理发出者，他者站在我面前，“无论是开口说话还是沉默不语——在那里每一位参与者都真正心怀对方或他人的当下和特殊的存在，并带着在他自己与他们之间建立一种活生生的相互关系的动机而转向他们”①。在言语的交流中，我必须回应他者，对他者的需求作出应答。“回应就是责任。”这意味着，回应本身就是责任，意味着我必须回应他人。“不管说什么，这种言说就是一种回应，一种为他者所做的应答，就是在为他者负责。”② 对于他者的诉求，我必须回应，这是我的责任。不仅是负责任地言说，而且对所说的东西负责。③ 总之，公民之间的交流，不是个人的独白，也不是一方对一方的灌输，甚至也不是双方平等的对话，而是对他者的回应。回应不只是一种问答，而是满足他者的需要，对他者负责。

---

①马丁·布伯：《人与人》，张健、韦海英译，作家出版社，1992，第30页。

②Emmanuel Levinas, *Ethics and Infinity*: *Conversations with Philippe Nemo*, trans. Richard A. Cohen (Pittsburgh: Duquesne University Press, 1985), p. 88.

③顾红亮：《责任与他者——列维纳斯的责任观》，《社会科学研究》，2006年第1期。

（四）唤醒爱与责任的良知

由公民组成的现代社会，是自由的法治社会，它以制度、契约和法律维持着社会的稳定与和谐。但现代社会的根基是自我主体性，因此是一个为个人而生活的社会，“人们在生活中所践行的每一件事情都充满个体化色彩，不管在什么样的文化、语言和城市中都是如此，这是一种自我中心主义的流行病，极度的自我狂热”①。在这样一个以自我为中心的社会，虽然我的生活离不开他人，但我与他人的关系是隔离的，他是他，我是我，他的事情与我无关。理查德·桑内特在《公共人的衰落》一书的扉页援引托克维尔的一段话：“每个人都只顾自己的事情，其他所有人的命运都和他无关……他和其他公民的交往，他可能混在这些人之间，但对他们视若无睹；他触碰这些人，但对他们毫无感觉；他的世界只有他自己，他只为自己而存在。”② 人与人之间充满着冷漠，甚至是冲突、暴力。鲍曼这样描述现代社会：“我们生活在残酷无情的时代里，而这是一个竞争的、胜人一筹（one-upmanship）的时代。在这个时代，我们周围的人看来都守口如瓶，很少有人会急着要帮助我们；人们在回应我们求援的呼声时，我们听到的却是让我们自力更生的劝告；只有迫不及待地要抵押我们财产的银行，在向我们献媚并想要说‘同意’，而且即使它们，也仅仅是在商业宣传中而不是在它们的办事处才是如此。”③

现代社会是一个理性的、法治的社会，也是一个道德冷漠、人

---

①乌尔里希·贝克、伊丽莎白·贝克-格恩斯海姆：《个体化》，李荣山、范譞、张惠强译，北京大学出版社，2011，第 26 页。

②理查德·桑内特：《公共人的衰落》，李继宏译，上海译文出版社，2014，扉页。

③齐格蒙特·鲍曼：《共同体：在一个不确定的世界中寻找安全》，欧阳景根译，江苏人民出版社，2003，第 4 页。

际淡漠和充满不信任感的陌生人社会。在这里，公民道德行动不是取决于他者，而是取决于自己；不是取决于良知和关怀，而是取决于理性和算计。当他人遇到困难时，是否帮助他，要经过利益的算计和理性的判断。在这样的道德判断中，理性大于良知，公民成为有理性而无情感的单面人，社会成为一个无道德的风险社会。治理社会风险，不只是靠制度和法治的完善，减少机会主义行为的发生，更要强化爱和责任的教育，改变社会冷漠与不信任的病态。

根据列维纳斯的观点，伦理关系是人与人之间的本原关系。在伦理关系中，爱是伦理关系的原型，是人的行为的原动力。爱具有优先性、本体性。舍勒也指出："在人是思之在者或意愿之在者之前，他就已是爱之在者。"① 人不是因为理性算计而爱，作为一种良知，爱先于理性。"恻隐之心，人皆有之。"当然，爱不是因为怜悯、同情，而是对他者的尊重。爱始于差异，而非同一。不适当的爱，把自己的意志、想法强加于他人，这种基于同一性的占有式的爱、剥夺式的爱，不是真正的爱，而是情感的暴力。爱并不是双方的融合，爱使我努力靠近他者，却又始终保持着一段距离。爱是尊重，不是占有。爱不是互惠，不是理性的算计，爱是对他人的责任，是一种付出和奉献。

爱是他者伦理关系的起点，正因为有爱，才会对他者实施关怀、帮助，才会有责任，对社会有奉献精神。没有爱的社会，仅靠契约、制度和法律来维系，是松散的、冷漠的社会。爱是公民之间情感的黏合剂，因为爱，社会变得温暖，使之从机械的联合成为有机的共同体。对此，鲍曼这样描述："当我们陷入困境而且确实需要帮助的时候，人们在决定帮助我们摆脱困境之前，并不会要求我们用东西

---

①舍勒：《爱的秩序》，林克等译，生活·读书·新知三联书店，1995，第48页。

来做抵押；除了问我们有什么需要，他们并不会问我们何时、如何报答他们。他们几乎从来不会说，帮助我们并不是他们的义务，并且不会因为在我们之间没有迫使他们帮助我们的契约，或者因为我们没有能够恰当地解释这个小小的契约书而拒绝帮助我们。我们的责任，只不过是互相帮助，而且，我们的权利，也只不过是希望我们需要的帮助即将到来。”①

我对他者的帮助，不是因为契约，而是因为他者的需求，我必须回应，这是我的责任。列维纳斯的责任，不是履行某个岗位的职责，也不是基于法律的约束和制度的规定，而是任何时候面对他者的需求，都有回应的责任。正如福克斯所说：“我们可以把法律强加给我们的任务看作是义务，这种义务如果没有得到有效执行，将会受到法律制裁。与法律义务相反，我们可以把责任看成是自愿的，是团结他人或者同情他人的表现。在维持共同体存在的条件方面，健康社会所依赖的是责任，而不是法律强加的义务。”②

关怀、友爱、责任与奉献都是基于他者性的公民品格，他们都是密切相连的。没有关怀与爱，就不会有责任；缺少责任，也就不会有奉献。公民教育要以这些品格的培育矫正公民的利己性，使他们学会关爱，学会负责，成为社会的志愿者和奉献者，真正成为公共生活中具有公共性的责任公民。

---

①齐格蒙特·鲍曼：《共同体：在一个不确定的世界中寻找安全》，欧阳景根译，江苏人民出版社，2003，第3—4页。

②基思·福克斯：《公民身份》，郭忠华译，吉林出版集团有限责任公司，2009，第68页。

第五章

公共性教育

当代中国教育，不断地张扬个人主体性，强调个人权利和自由，相对于传统社会对个人主体性的压制而言，这是历史的巨大进步。但我们也要认识到，过分张扬个人主体性，却忽视了公共性。就现实而言，我们关注自我的权利、自我的利益，追求以自我为中心的公平，而不顾他者（尤其是作为弱势的他者）的利益，缺少人与人之间的关爱、同情和责任感。这样的教育，使每个人都成为“精致的利己主义者”，而没有了共同体的意识和公共精神，可能导致社会成为一盘散沙。因此，当代中国教育，需要重建共同体的意识，通过他者化的承认，培养人的同情心、爱心和责任感，真正地使“自我”成为一个对“他者”负责任的“我”，通过人与人之间的相互负责，最终成为共生体中的“我们”。

第一节　共生主体的公共性教育

从主体间性到他者性，由自我走向他者，使具有唯我性的个人主体转向具有他者性的责任主体，这为共同体的形成迈出了实质性的一步。

一、公共性：共生体的主体间性

从主体间性到他者性，根本的变化是对主体性的认识。只有基于他者的主体性，才能对他者彰显伦理关怀和责任，才能超越个人利益，超越局部的群体利益，实现共主体的公共性。这种公共性不是协商的结果，因为协商是基于个人利益的“讨价还价”，通过利益主体的相互妥协，最终还是为了自己利益的实现。依靠协商组建起来的共同体，不具有牢固的根基，只是迪尔凯姆所描述的“机械团结”，非“有机团结”。个人主体只有走出自我，对他人负责，才能超越主体间的利益联合，建立具有内在联结性的伦理共主体。

对于什么是共主体，有两种理解：一种是共同主体，一种是共生主体。虽然二者都有“共”，但侧重点有所不同，共同主体的侧重点在于“同”，在主体与主体之间寻求“最大的公约数”，通向伽达默尔“视界交融”的相通性，海德格尔“共在”的世界。共生主体的侧重点则在于“生”，在于主体间的共在、共生。虽然二者都是一种主体间关系，但共同主体把主体间性定位于寻求主体之间的共同性，主体间具有同一性；共生主体是寻求主体间的共在、共生，主体间具有差异性。

公共性是指共生主体的主体间性。这种主体间性不是外在的基于利益博弈与平衡的主体间性，而是内在的主体间性。但它不同于马丁·布伯的“我与你”的主体间性。在“我与你”的主体间性中，“我与你”是平等的、对称的，且具有同一性；共生主体的公共性是“我与他者”的主体间性，“我与他者”具有绝对的差异性，我对他者负责，我与他者之间是一种非对称的伦理关怀关系。具有差异性的主体之间通过对他人的关怀和负责形成共生主体。共生主体间的有机融合，构成了公共性。因此，公共性中既有共生主体整体性的一面，也有个人主体差异的一面。正如萨特所指出的，“在主体‘我们’中，个人不是对象。我们包含互相承认为主体性的众多主体性。”① 每个个体都是共生主体的一个成员，每个成员都为他者负责，成员之间形成无条件的爱的关系，促使共生主体公共性的形成。

二、他者性承认：走向共生主体的公共性

相对于主体性中主客二元对立的关系，主体间性的“我—你”的平等对话关系，是迈向公共性的一种进步，但这种进步是有限的。因为建立在主体性基础上的主体间性，没有改变主体“唯我论”的本质。主体间各自的唯我性，把对方作为“我”的影子，或者另一个“我”，使“我与你”保持了同一性，主体对他者的同化和压制，抹去了他者的独特性、我与他者的差异性。“‘他者’被漠视，湮没在所谓‘主体性’价值的暴力之中。”“‘他者’无处寻觅，无处安顿。”而他者之所以能够成为一个主体，就在于他者的绝对性。“他者不是一‘他我’，不是总体一部分，而是我所不是。”② 他者具有绝对性，“我”与“他者”之间是一种不对称的关系。因此，“我”与“他者”的关系，不是在对话中寻求同一性、总体性，而是要尊重差异，相互承认，相互包容，在与“他者”的关系中，接受“他者”，包容“他者”，感受“他者”与“我”的不同。这就是“我”对“他者”的承认。承认诉诸对话，但对话不是为了形成同一性，而是包容差异，相互分享，形成互识。

公共性不是原初社会共同体的整体性。原初的整体性把个人完全纳入整体之中，没有了个体的存在。马克思指出：“我们越往前追

①萨特：《存在与虚无》，陈宣良等译，生活·读书·新知三联书店，1987，第531—532页。

②陈永章：《差异·他者·宽容：当代公共行政的伦理沉思》，《华中科技大学学报（社会科学版）》2014年第1期。

溯历史，个人，也就是进行生产的个人，就显得越不独立，越从属于一个更大的整体。”① 经历了个人主体性和主体间性阶段的公共性，既是整体“一”，又是个体的“多”，是“多”中的“一”和“一”中的“多”。它既保持了个人主体的独立性，又保持了人与人之间的关系性、统一性，使个体成为有机共生体中的成员。公共性以承认他者的存在为前提，不断地向他者开放，设身处地去理解他者的立场和观点。因此，要实现公共性必须容忍差异，尊重差异，不允许羞辱、蔑视、排斥其中任何一个人。每个人都作为独特的他者，不断加强对话和交往，参与共同体的生活，增进人们的“团结”，创造更具包容性的共生体。

包容强调对他者差异性的尊重，但他者性的主体性，还表现出对他人的伦理责任。他者性的关系，是差异性主体的相互关怀，相互负责。哈贝马斯指出：“每一个人都应怀着普遍的、团结互助的责任心……团结他人，即把他人视作我们中的一分子，是我们共同体中每个人的责任。”② 正是我与他者之间的相互负责，就形成了一个相互包容、相互关爱的伦理共生体。这种基于伦理的共生体，不同于主体间的利益共同体，它是内在的，更加深刻，更加具有稳定性，更加具有凝聚力。

三、公共性中的主体间关系：共在、共生、共育

共同主体与共生主体，都强调共性，区别于单子式的个人主体性；都强调内在的主体间性，以区别于没有个人的整体性。但共同

①马克思、恩格斯：《马克思恩格斯选集》第2卷，人民出版社，1972，第87页。

②转引自贺来：《社会团结与社会统一性的哲学论证：对当代哲学中一个重大课题的考察》，《天津社会科学》2007年第5期。

主体在于寻求主体间的共同性，忽视主体间的差异。因此，共同主体中的主体间是双边的交互关系，具有双边性、对等性、求同性、封闭性。共生主体中的公共性，是差异性主体之间的交互共生，“差异”与“共生”并在。正因为差异性的主体存在，所以，主体间才需要共生，才可能共生。共生的理念在于差异主体间的“一起”，即共在、共生、共享、共育，具有多边的共生关系。

在公共性看来，教育是师生生命共同经历的过程，师生与教育内容构成了生命的共生体，它以师生的生命共在为前提。教师是一个独特的生命体，学生也是一个独特的生命体，师生只有把他们的生命投入到教育教学过程中，确立生命的共在，才能实现生命体的共生。“共在”就是“一起”在、在“一起”。师生之间任何一方的“生命不在场”，就不可能达成生命的共在。生命共生体需要师生生命共同在场，但更需要师生生命的积极投入，把自己的情感和价值追求融入教育教学过程，这才是真正的生命“共在”。

“共在”是公共性的前提，而“共生”是关键。“共生”强调在教育教学过程中教师与学生之间通过平等的对话交流达到相互理解、共同创造、共同成长。共同体中的师生因具有同一性，在教育教学过程中强调协同，这种协同常常因为教师权威的身份，会导致学生顺从教师。共生体中的师生关系是相互规定、交互生成的，师生没有固定的身份。师生角色与身份的定位，取决于各自对知识创生和人格实践的动态贡献，因此是动态的、可变的。师生的界限是模糊性的，不再有明确的角色分工。“亦师亦生”“非师非生”“互以为师”“互以为生”“动态更换”成为师生关系的新内容。① 这种动态

①龙宝新：《论教学共生体中的师生关系内涵与重建》，《河南师范大学学报（哲学社会科学版）》2016 年第 5 期。

生成的师生关系，要求作为学生的教师必须“死去”，以便作为学生的学生重新“诞生”；作为教师的学生也必须“死去”，以便作为教师的教师得以“重生”。[①]

共生是过程，分享是结果。教育的过程是师生生命共生的过程，在这个过程中，师生生命都得以成长、发展和完善。传统的教育中，教师教，学生学，学生成长了，教师却“牺牲”自我了，这一结果是单向的师生关系导致的。共生体中，教师和学生都作为学习互生的主体，实现着生命的共同成长。这种成长是一种分享，而不是一致。共同体是通过师生对话、理解等达成共识；而共生体，通过对话、交流，相互分享，相互理解，尊重差异，形成互识。共同体追求主体间的同一，它使公共性成为主体间的划一性；共生体追求主体间的分享、互识，使公共性达到“和而不同”。

总之，实现公共性，是人类发展的最高目标。从主体间性、他者性到公共性，后者不是要否定前者，相反，它们都是实现公共性中不可缺少的环节，没有前者，就没有后者。所以，发展和培育人的公共性，不仅要弘扬人的主体性，而且要倡导主体间性；不仅要倡导主体间性，而且要培育他者性，使人与人之间在平等的交流和关爱中，走向他者，进而形成内在的伦理共生体，最终实现公共性。

第二节　公共人及其培育：公共领域的视角

“一个人过一种纯粹的私人生活，像奴隶一样不被允许进入公共

①联合国教科文组织国际教育发展委员会：《学会生存——教育世界的今天和明天》，教育科学出版社，1996，第238页。

领域，或者像野蛮人一样自愿选择不建立这样一个领域，就不是完整意义上的人。”① 人群居的生物本性和社会性本质，决定了人必须过一种公共生活，成为公共生活中的公共人。然而，近代以来，作为现代性重要特征的个人主体性日益增强，很大程度上削弱了个体与他者、个体与共同体之间的紧密联结，导致了人与人之间的对立和脱离于共同体的孤独的“个体人”的出现，“在这样一个社会中，每个人都变得极其自恋，所有的人类关系中无不渗透着自恋的因素”②。当代社会正面临着“个体人”所带来的种种社会风险，因此，培育当代社会的公共人，既是对“个体人”的反思与矫治、对人性的回归，也是时代对教育提出的目标。

一、公共人：公共领域的行动主体

国内关于公共人的研究，主要集中在行政管理学中。不少学者探讨行政人是“经济人”还是“公共人”时意见基本一致，即“行政人”作为公共人，应该表达公共意志，维护公共利益，实施公共行为，担当公共责任，建设服务型政府。③ 其中，有学者从宏观角度，以公共人的基本理论为依据，对中国公共人的历史进程进行了分析，指出中国公共人大致经历了传统社会的家族公共人、改革开放前的国家公共人和改革开放以后公共人的衰落，正在走向并必将

---

①汉娜·阿伦特：《人的境况》，王寅丽译，上海人民出版社，2009，第24页。

②理查德·桑内特：《公共人的衰落》，李继宏译，上海译文出版社，2014，第9页。

③刘瑞、吴振兴：《政府人是公共人而非经济人》，《中国人民大学学报》2001年第2期。王新华：《论政府的“公共人”角色定位》，《求索》2008年第1期。张震、邓朴：《“行政人”人性设定：“经济人”还是“公共人”》，《四川大学学报（哲学社会科学版）》2008年第4期。

走向社会公共人。[①] 也有学者从具体问题出发，立足于“人是个体性与公共性的张力性存在”，提出“公共人是基于个体性与公共性张力的自我实现”[②]。还有更多学者虽然没有使用“公共人”一词，但他们提出的“世界公民”“全球公民”“世界历史性的人”“类主体”[③] 等反映了人的世界性和类特性。尽管“世界”“全球”“人类”也彰显一种公共性存在，在宽泛意义上，我们可以把具有公共性（包括世界性和类特性）的人都称为公共人，但公共领域的公共性、公共人，则有其特定的所指和内涵。公共人是公共领域的行动主体，是基于公共立场、参与公共生活、展开公共交往、谋求公共福祉、具有公共品格的行动者。

（一）公共人理论的形成与发展

公共人伴随着公共领域而出现，公共领域是公共人的生活场域。古希腊时期，城邦就是公共领域，公民在城邦参与公共事务，是公共领域的行动主体。随着国家成为公共领域的主角，公民的公共生活面临着处理个人与国家、社会之间的关系，使现代公共领域比古代城邦更为复杂，出现了不同的公共领域和公共人。

阿伦特把人类活动分为“劳动（labor）”“工作（work）”和“行动（action）”，分别对应于“私人领域”“社会领域”和“公共领域”。

①刘爱国：《中国公共人的成长逻辑》，博士学位论文，武汉大学，2014 年。

②李宏亮：《论“公共人”的培育——学校教育的视角》，教育科学出版社，2016，第 55 页。

③鲁洁：《走向世界历史的人——论人的转型与教育》，《教育研究》1999 年第 11 期。冯建军、尚志远：《走向类主体——当代社会人的转型与教育变革》，《教育研究》2005 年第 1 期。袁祖社：《“全球公民社会”的生成及文化意义——兼论“世界公民人格”与全球“公共价值”意识的内蕴》，《北京大学学报（哲学社会科学版）》2004 年第 4 期。贺来、徐国政：《从“我思主体”到“类主体”——马克思对主体性观念的变革》，《学术研究》2020 年第 1 期。

阿伦特认为，劳动与人的生物性生命相关联，是满足人类生物性需要的生存本能。劳动维持人的生物性生存需要，不关心任何其他事物，“无论他做了什么，都不会对他人产生任何意义或结果”[①]，因而劳动是纯粹的私人领域。工作所构成的社会领域，既非私人的，也非公共的，它介于私人领域与公共领域之间。社会领域主要是由生产和交换构成的经济领域，任何超出经济范畴的都被视为无意义的。在阿伦特看来，劳动受制于生物性生命，人是不自由的。工作受制于功利因素，陷入“手段—目的”无意义的纠缠。行动是指免除了生存需要，并可以完全自由地支配自己的活动。行动具有以下属性：第一，自由性。行动彻底摆脱劳动的自然性束缚和工作的“手段—目的”工具性，是唯一不以物为中介的自由活动。第二，创新性。“去行动，在最一般的意义上，意味着去创新、去开始”[②]，行动意味着新的诞生。第三，卓越性。行动追求一种人生的卓越，表达人的真正意义，从而过一种得体的有意义的生活。第四，复数性。行动是“直接在人们之间进行的活动，相应于复数性的人之状况”[③]，是人与人之间最直接的交往活动。在行动中，每个人充分地表现自我，接受他人，展现着人与人之间的平等和独特的个性，体现着人的多样性和差异性。阿伦特承继古典共和主义思想，把行动指向公民的政治活动，公共领域是公民的政治生活领域，行动是公共人最重要的特质。因此，阿伦特的公共人是政治生活领域自由的行动者。

哈贝马斯把公共领域当作一个历史范畴，分析了公共领域从古

---

①汉娜·阿伦特：《公共领域和私人领域》，刘锋译，载汪晖、陈燕谷主编《文化与公共性》，生活·读书·新知三联书店，2005，第90页。

②汉娜·阿伦特：《人的境况》，王寅丽译，上海人民出版社，2009，第139页。

③汉娜·阿伦特：《人的境况》，王寅丽译，上海人民出版社，2009，第1页。

希腊城邦到中世纪封建社会，再到现代资产阶级公共领域的演变。哈贝马斯指出："所谓'公共领域'，我们首先意指我们的社会生活的一个领域，在这个领域中，像公共意见这样的事物能够形成。公共领域原则上向所有公民开放。公共领域的一部分由各种对话构成，在这些对话中，作为私人的人们来到一起，形成了公众。那时，他们既不是作为商业或专业人士来处理私人行为，也不是作为合法团体接受国家官僚机构的法律规章的规约。当他们在非强制的情况下处理普遍利益问题时，公民们作为一个群体来行动；因此，这种行动具有这样的保障，即他们可以自由地集合和组合，可以自由地表达和公开他们的意见。"① 哈贝马斯的公共领域是一个介于私人领域与公共权力领域之间的中间地带，是一个向所有公民开放，由对话组成的，旨在形成公共舆论，体现公共理性精神，以大众传媒为主要运作工具的批判空间。② 哈贝马斯的公共领域最初是在文学领域，公共人是以文学、文艺为主要活动的群体，后来发展为关注政治问题，成为政治公共领域。不管是文学的还是政治的，公共人都是面向所有人的公众，他们关注社会问题，商谈公共事务，在公共领域开展平等的交往，是平等交往的行动主体。

桑内特考察了大都会空间的变化以及人的行为相应的变化。18世纪之前，生活在大都会的人自由地出入各种场合，是完美的公共人。随着城市的发展，可供城市陌生人经常聚会活动的场所越来越多，城市中兴建了许多大型公园、咖啡屋与休闲广场等公共空间，人们不再局限于私人活动空间，而进入一个陌生人的公共活动空间。

---

①尤根·哈贝马斯：《公共领域》，汪晖译，载汪晖、陈燕谷主编《文化与公共性》，生活·读书·新知三联书店，2005，第125页。

②袁祖社：《"公共性"的价值信念及其文化理想》，《中国人民大学学报》2007年第1期。

公共领域是一个公开的社会生活空间和交往场域，具有公开性、透明性与可进入性。区别于家庭中满足人的天性的行为，陌生人空间的行为是非人格化的交往。桑内特将公共领域看作一种具有实在性的日常生活场域。作为公共领域，社会日常生活不同于亲密性、情感性的私人生活，它是陌生人之间的公共性的交往生活，是非情感的、非人格的制度化生活，也是文明的生活。桑内特指出，“文明是以对待陌生人的方式对待他人”，“佩戴面具是文明的本质。面具隔绝了那些佩戴面具者的个人情感，遮盖了交往双方的能力和心情，从而使得纯粹的社交成为可能”。① 现代人在公共领域中的交往行为，是尽量避免私人之间的亲密性、情感性的公共交往行为，它遵循陌生人之间的公共伦理，回归于交往行为更加纯粹的公共性。因此，桑内特的公共领域，是陌生人之间在公共场合的一种交往行为和生活样态，公共人是在公共场合、公共交往中“佩戴面具”的文明人。

现代社会的公共领域不限于阿伦特、哈贝马斯和桑内特所说的单一领域，而是多维的复合领域，包括政治的、社会的以及日常生活等领域。公共人也不局限于某个领域，是政治的公共人、社会公共人和日常生活文明的公共人的统一体。

政治生活是典型的公共生活，参与政治生活的有两类人：一类是具有公权力的行政人，另一类是普通公民。对于社会主义国家来说，行政人作为公权力的执行者，不是代表个人或群体利益，而是代表国家和公民公共利益，表达公共意志，担当公共责任。因此，行政人在本质上是公共人。就公民而言，他们可以通过人民代表大

---

①理查德·桑内特：《公共人的衰落》，李继宏译，上海译文出版社，2014，第365—366页。

会制度和各种类型的社会治理机制，参与国家政治生活。

在社会公共领域，社会公共人就某一社会问题，通过各种组织、论坛、平台等进行交流、研讨、对话、商谈，旨在形成公共舆论，促进公共社会的发展和完善。公共舆论作为政治参与的一种形式，将国家公权力的运行置于社会的直接监督之下，形成对国家公权力的压力，从而起到有效的监督制约作用，推进社会治理的民主化。此外，公共舆论还有助于引导社会风尚，塑造公序良俗，促进社会健康发展。

日常生活公共领域是公共人的日常交往和日常生活场域。不同于私人间的亲密关系，公共领域的日常生活是陌生人间的关系，遵循的是公共规则、公共伦理，是一种戴着面具的制度化的文明生活。个人只有超越私人的亲密情感，遵循公共交往规则和公共伦理，启迪公共生活的理性，才能成为日常生活的文明的公共人。

（二）公共人生成的行动逻辑

公共人的不同类型，只是因其所在的公共领域不同。无论是哪种公共人、哪种公共领域，本质都是公共性。公共性是公共领域中不同个体之间通过自由平等的交往、协商而形成的一种价值共识，其功能在于巩固一种维系人们之间的共生共在关系，过一种公共生活，建构人人共在的公共领域。作为出发点，公共性“意味着任何在公共场合出现的东西能被所有人看到和听到，有最大程度的公开性”①。对于每个人来说，公共领域都可以平等地自由出入，每个人都站在不同的位置上来看和听，具有最广泛的公共性。作为目的，公共性指共同和共识。“‘公共’一词表示世界本身，就世界对我们所有人来说是共同的”，“在世界上一起生活，根本上意味着一个事

①汉娜·阿伦特：《人的境况》，王寅丽译，上海人民出版社，2009，第32页。

物世界（a word of things）存在于共同拥有它们的人们中间，仿佛一张桌子置于围桌而坐的人们之间”①。公共领域为人们所共同拥有，是人们在一起生活的根基。公共性如同围桌而坐，桌子既使人们相互联系又彼此分开。公共性因“异”而聚。要在差异主体间实现公共性的目的，必须在相互尊重、相互理解的基础上，通过平等合作、理性商谈、对话沟通，形成价值共识。因此，公共领域是面向所有具有独立人格的差异性个体，基于公共利益和公共生活的需要，积极参与公共事务，过一种文明公共生活的社会交往和行动场域。

公共性为公共人提供了人性依据，但不是因为公共性，人自然就成了公共人。成为公共人，取决于人的行动。人只有在行动中，才能成为公共人。行动是公共人生成的逻辑。在行动中成为公共人，是一步一步深入的结果。

第一，进入公共领域。公共领域如同公共人的大门，入门才有可能成为公共人。哈贝马斯提出的公共领域的三个阶段，古希腊城邦公共领域只有少数的自由民才能进入，外邦人、妇女和儿童都被排除在外。中世纪代表型公共领域也只有王公贵族能够进入，农奴扮演的是“观众”角色。资产阶级公共领域之所以被视为现代公共领域，因为它打开了公共领域的大门，对所有人开放，每个人都能够进入公共领域。现代社会，公共人最普遍的身份就是公民。公民作为公共人的身份，获得了公共领域的入场券。但有了入场券，有的人并不一定愿意进入。公共人的衰落，就是一部分人囿于私人领域，满足于私人生活，不愿进入公共领域导致的。这也就意味着，只有进入公共领域，才有可能成为公共人。

第二，参与公共生活。跨入公共领域这一大门，是否成为公共

①汉娜·阿伦特：《人的境况》，王寅丽译，上海人民出版社，2009，第34页。

人，则取决于人的生活，有什么样的生活决定了成为什么样的人。公共生活是公共人的温床。人只有在公共领域中，过公共生活，才能成为公共人。公共生活是为了公共利益，参与公共事务，承担公共责任，谋求公共福祉的生活。古希腊的城邦公民，参与城邦的司法、议政及祭神仪式，就是一种公共生活。现代社会因为个人对公共生活没有兴趣，导致了公共人的衰落，“公共生活也变成了形式的义务”①，出现了犬儒式的冷漠。因此，培育公共人，必须重构他们的公共生活。

第三，进行公共交往。人的社会性本质，决定了人的生活是一种交往生活，即便是私人生活，也是与家人、朋友的交往生活。公共生活与私人生活的差异，就在于交往方式不同。私人生活是基于血缘和情感关系的亲密性交往，排斥了外来者、陌生人。“公共生活的典型形式就是个人同陌生人之间的交往关系。在与陌生人的交往中，对方是一个无差别的、可普遍化的公民他者，交往双方的身份具有普遍性和无差别性的对象特征。”② 陌生人交往遵循自由、平等、无差别原则，是一种非人格意义的交往。“共同体的成员之间越是亲密，他们的社会交往就越少”③，对公共生活的破坏就越大。

第四，展开行动与言说。公共领域建立在人的多样性——平等和差异性的基础上，公共领域中的公共人不是同质性的抽象人，而是异质的自由人。行动是行动者的“自我之展现”。行动者借助其言行自我展现，无言之行动不是行动。所以，公共人必须是一个积极的“言说”者，“在行动和言说中，人们表明了他们是谁，积极地

①理查德·桑内特：《公共人的衰落》，李继宏译，上海译文出版社，2014，第 3 页。

②崔丽娜：《良序的公共生活何以可能：基于唯物史观视域的考察》，中国社会科学出版社，2019，第 51 页。

③理查德·桑内特：《公共人的衰落》，李继宏译，上海译文出版社，2014，第 367 页。

揭示出他们独特的个人身份，从而让自己显现在人类世界中”[①]。

走进公共领域，参与公共生活，进行公共交往，展开行动与言说，这些是成为公共人的实践条件，公共人是否是自由的行动者，还在于公共人的公共品格。公共人是公共生活中具有公共品格的行动主体。

二、公共人：时代发展和当前中国社会的迫切需要

公共人不是先验的人性，是伴随着人类社会公共领域的不断发育而产生和发展的，是历史发展到一定时代的产物。这里的时代，既有人类发展历史的“大”时代，也有中国社会发展的“小”时代。

（一）当今人类社会发展的“大”时代：从个人主体性走向主体间性

依据马克思关于人类社会发展阶段的划分，“人的依赖关系”阶段已经完全成为历史。近代以来，人类进入了“以物的依赖性为基础的个人独立性”阶段。这一阶段，个人主体性萌发，人从群体中解放出来，获得了自我的规定，成为他自己；另一方面，个人主体在处理人与自然、人与人、人与自我关系时，坚持主客二分，主体的“为我关系”演变成了“唯我论”和自我中心。这种单子式的个人主体性，把个人利益放在第一位，以自我为中心，无视他人和社会利益的存在。托克维尔指出：“每个人都只顾自己的事情，其他所有人的命运都和他无关……他的世界只有他自己，他只为自己而存在。”[②] 20世纪60年代，美国学者米尔斯指出，现代美国社会已经

①汉娜·阿伦特：《人的境况》，王寅丽译，上海人民出版社，2009，第141页。

②理查德·桑内特：《公共人的衰落》，李继宏译，上海译文出版社，2014，扉页。

出现了从“公众”到“大众”的转变，公众是指那些积极投入公共生活，为争取自己和他人的利益而行动的公民，如今已成为生活在私人领域，只关心自身狭隘利益的大众。① 20世纪70年代，桑内特的《公共人的衰落》，详细论述了西方社会公共人由兴到衰的历史，指出19世纪城市人口、建筑交通、户外空间等方面的变化促使公共空间“死亡”，人的交往日益封闭，公共生活逐渐消失，导致公共人衰落。

当代人类社会的发展，正在从个人主体性走向主体间性，朝着马克思所说的人类发展的第三个阶段——类主体阶段迈进。主体间性是个人主体到类主体的一个过渡阶段。相对于个人主体性，主体间性反映的是人与人之间的相关性与一致性，是主体在公共交往中所体现出来的品格特征。在主体间性中，个人依然作为主体而存在，但他不是单子式的，而是作为“一个由私人集合而成的公众”②，与其他人组成交往主体，展开平等的交往，构建公共生活。因此，主体间性也称为交往主体性、交互主体性，表现为以下几种特征。一是交往的平等性。主体间性是主体与主体间的交往关系，这种交往不仅具有人格上的平等性，而且遵循平等、无差别原则，是一种非人格意义上的理性交往。二是利益的互惠性。利益是个人存在的根本。但主体间性中的个人利益，既不是自私自利，也不是无限利他，而是互利互惠的平等交换。三是生活的共在性。人与人之间平等的交往、互利互惠，决定了人们生活的共在性。这种共在不同于前现代群体的共同性，它是建立在个人主体基础上的共在，是差异主体

①查尔斯·赖特·米尔斯：《权力精英》，王崑、许荣译，南京大学出版社，2004，第402—403页。

②哈贝马斯：《公共领域的结构转型》，曹卫东、王晓珏、刘北城、宋伟杰译，学林出版社，1999，第32页。

的共在与统一。四是价值共识性。共识是“两个或多个主体之间交往，在相互尊重的前提下形成不同主体对同一事物所达成的相互理解，形成主体间的共同认识、价值、理想”①。正因为从个人主体性走向主体间性，个体走出了自我孤立的生活，走向人与人之间交往和共在的公共生活，从孤立的“个体人”走向拥有公共生活的公共人。

（二）中国社会：公共人的先天不足与当前的衰落之势

与人类社会发展阶段相一致，中国传统社会是“人的依赖性”社会。虽然这一社会在时间上早已成为历史，但传统社会人与人之间的关系，对现代社会产生着深远的影响。基于自然经济的传统社会是农业社会、熟人社会，只有私人领域和私人生活，所有的交往都属于私人交往，遵循的是等差原则，这就是费孝通先生所说的“差序格局”。家庭、家族关系作为基于生命自然性的伦理关系，内外有别。家庭、家族内部是基于亲情的交往，显示出伦理关怀，但对家庭、家族之外的他人，漠不关心，充满着排斥，甚至危害他人的利益。家庭、家族的伦理关系放大到社会生活中，“人对人的情理是谓伦理，即彼此互相照顾而已”②，使传统的中国社会成为一个充满“人情味”的伦理社会。如若现代社会，运用熟人之间等差交往原则对待陌生人，要么会寻求共同的“熟人关系”，把陌生人变成熟人；要么会按照身份、地位的等级，确定自己的交往方式，不能按照平等、公正的原则行事，导致“人情味”有余，理性不足。公共生活私人化，使之沦为私人生活的附属物。正是因为传统社会公共

---

①蒙冰峰、廉永杰：《主体性到主体间性：道德人格教育的应然转向》，《北京交通大学学报（社会科学版）》2010年第3期。

②梁漱溟：《人心与人生》，上海人民出版社，2005，第192页。

生活的缺失，使得私德盛行，公德阙如，难以适应现代社会公共生活的需要。

中华人民共和国成立后，计划经济的集体所有制使个人成为“单位人”“公家人”，“单位似乎是一个不可分离的整体，个人只是它的一个元件……单位是最重要的、有意义的，个人则是微不足道的”①。人作为单位的“公家人”，只有单位的共同生活，没有个人的生活。尤其是在高度的计划经济体制下，“单位人”只能有单位的集体利益，不能有个人的利益，只有单位的“公共性”，不能有个人的私己性，造成了单位的公共生活对个人生活的侵蚀，使个人成为“虚假集体”的公共人。

改革开放之后，计划经济逐步转向社会主义市场经济。与计划经济压制个人相比，市场经济解除了人们对集体、对单位的过度依附，使人第一次成为独立自主的个体。但市场经济具有两面性，它在解放个体的同时，也导致了过度的“个体化”，使得每个人在追求自我利益之时，越来越沉溺于私人利益和私人生活，越来越不愿意关心公共利益，不愿意过公共生活，“公共生活的生态在相当程度上已由全民式的转变为群体式的和个体式的”②。对他们来说，家庭和朋友构成了他们生活的全部。在他们的脑海里，只有家庭和朋友的观念，不再有社会的观念，其交往也只局限在亲戚朋友圈里。加之现代都市的居住结构，使邻里之间的交往基本趋于消失。即便在农村，集体活动减少，邻居之间的互助也越来越少。社会交往中，他人不再是熟人，而是陌生人，甚至是不可信任的“骗子”。人们虽然

---

①廖申白、孙春晨：《伦理新视点：转型时期的社会伦理与道德》，中国社会科学出版社，1997，第5页。

②刘小枫：《现代性社会理论绪论》，上海三联书店，1998，第517页。

居住在一起，借助于网络，有着更广阔的交往空间，但人与人的心灵却越来越封闭，他人越来越成为不可相信的陌生人，“不和陌生人说话”，成为现代公共生活的潜规则，它增加了人与人之间对立的风险，形成了道德冷漠和人际淡漠，使得现代生活中只有“我”，没有“你”和“他”，没有“我们”。

种种现象表明，在公共人的传统先天不足的情况下，市场经济的当下，“个体人”的加速膨胀，正在呈现公共人的衰落之势，这必然影响人们参与公共生活和公共事务的热情，降低社会凝聚力与和谐度，与当前我国推进社会治理现代化的需要不相适应。

（三）公共人：当前我国治理现代化的迫切需要

党的十八大以来，我们推进社会治理体制创新，提出了“打造共建共治共享的社会治理格局”的新目标。党的十九届四中全会提出要推进国家治理体系和治理能力现代化，“建设人人有责、人人尽责、人人享有的社会治理共同体”。治理不同于统治和管理，统治和管理是主体与客体的关系模式，是控制与被控制、统治与被统治的上下垂直关系。“治理是一项展开协商，达成共识，协同合作，追求公共性的公共人的集体行动。治理需要由公共人的交往行动建构的公共领域，需要由公共人的理性商讨生产的公共性价值，更需要构建公共领域与培养公共性的公共人。”① 现代国家治理并不是国家单一主体的行为，而是“国家—社会”共同在场，体现为政府与多元主体合作共治。行政人是国家治理的主体之一，公共人是社会治理的多元主体。由单一的国家管理到社会治理中多元主体的参与，更能体现社会主义国家人民当家做主，提升社会主义民主化程度，构建人人参与、共治共享的国家治理体系。

---

①李山、吴理财：《公共人：现代国家治理的社会基础》，《兰州学刊》2014 年第 10 期。

国家治理不只是体制机制的改革，它更需要唤醒公民的公共意识，提升公民的公共性，使公民从“个体人”转变为公共人。如果没有公共人的积极行动，国家治理也就无从谈起。国家治理的良好体制机制的实施，最终依靠的是公共人。公共人是国家治理现代化的基础，它决定着治理的成败。对于我们这样一个公共人先天缺失、后天又不足的国家而言，培育公共人就成为推进国家治理体系和治理能力现代化的当务之急。

三、开启公共人的培育

在推进国家治理体系和治理能力的现代化过程中，应着重培育公民的公共人身份，使之真正成为国家治理的主体。公共人的培育不是在学校就可以完成的，而是终身学习、终身教育和终身发展的结果。公共人培育的对象也不只限于青少年学生，而是所有的公民。公共人更不是仅靠知识学习的，而是在公共生活中通过公共行动成长起来的。在公共人的培育上，国家、社会、社区等都赋有重要的责任。

学校是学生生活最主要的公共领域，在培育他们成为公共人方面，具有基础性作用。近年来，面对“个体人”的膨胀，有学者开始关注公共人的培育，开出了治疗“个体人”问题的各种教育疗方。有学者认为，现代教育的“解放”造就了“个体人”，导致公共的维度快速萎缩，因此要给加速的“解放”以适当的拉力。① 有学者反思学生个体存在的紧张，以学校教育为中心，从学校、课程和共

---

①高德胜：《“解放”的剥夺——论教育如何面对个体人的膨胀与公共人的衰落》，《教育研究与实验》2011 年第 1 期。

同体以及社会等方面，全面提出了消解个体存在紧张的教育措施。[①] 有学者从道德教育的角度，提出应通过公共价值和公共伦理的教育，培养具有公共德性的公共人。[②] 还有学者从学校公共生活的开启，引导学生尽可能充分进入学校公共生活，培育公民品格。[③] 这些研究对公共人的培育都提出了富有针对性的措施，也为本文提供了诸多启示。但公共人的培育不是“打补丁”，它需要遵照公共人成长的行动逻辑，坚持教育引导和实践养成相结合，开启公共人培育的思路。

（一）确立公共生活的理念：公共人培育的前提

作为一个群居性和社会性的存在，人与人“如何在一起”，始终是伴随人类发展的一个问题。与马克思关于人类社会发展的三个阶段相对应，人类生活也可以分为三个阶段，分别是共同生活、个体生活和公共生活。从前现代的共同生活到现代的个体生活，再到当代的公共生活，人类的发展也从“无我”走向“有我”，从“自我”走向“我与你”，走向“我们”。《教育——财富蕴藏其中》报告明确提出21世纪教育的四大支柱，其中之一就是“学会共同生活，学会与他人一起生活”[④]，这也是最重要、最难实现的目标。

针对我国公共人传统的先天不足和当下“个体人”的膨胀，培育公共人，在理念上，需要确立多元主体共生的公共生活理念，同时警惕虚假的共同体和单子式个人主体两个极端。

---

①李宏亮：《论“公共人”的培育——学校教育的视角》，教育科学出版社，2016。

②叶飞：《道德教育如何引导公共品格建构》，《中国教育学刊》2013年第3期。叶飞：《从“个体人”到“公共人”——论道德教育如何培育人的公共品格》，《教育科学》2019年第1期。

③刘铁芳：《公共生活与公民教育——学校公民教育的哲学探究》，教育科学出版社，2013。

④联合国教科文组织：《教育——财富蕴藏其中》，联合国教科文组织总部中文科译，教育科学出版社，1996，第82页。

培育公共人首先要坚持多元主体共生的理念。“共生”是个生物学概念，它是指几种生物在有机联系的共生条件下互相得益的关系，有的共生达到了彼此不能分离的程度。共生关系虽然是不同生物体之间的关系，但因为共生，它们成为一个整体。这个整体不是同质的，而是异质的。以共生关系理解公共生活，公共生活是一种囊括多元主体的相关性和联系性的生活方式，是多元主体共在、共生的生活。费孝通先生描述的“各美其美，美人之美，美美与共，天下大同”是多元主体共生的境界，也是公共生活的理想状态。培育公共人，必须按照多元共生的理念，建构真正的共同体。真正的共同体是异质性的多元共生体，个体需要摆脱自我，开放自我，如果“没有向公共生活及其价值空间保持开放性，那么个体将会始终活在私已性个人之中”①，难以成为具有公共性的价值主体。所以，在价值上，公共生活将个人融入共同体，既保持个体性，又具有公共性，实现个体性与公共性的有机统一。

在确立多元共生理念过程中，警惕两种极端现象。一是虚假的共同体。在人类社会发展的第一个阶段，人依附于群体而存在，每个人都是群体的附属物，群体的共同性代替了个体性，使个体失去了独立的人格。同质性的共同体是历史的产物，虽然这段历史早已过去，但同质性共同体的理念，还出现在现代社会，表现为以共同体（集体）的名义反对个人，强调个人无条件地服从共同体（集体），把个人与共同体（集体）对立起来，把个人视为个人主义，加以压制和打击，在共同体中消解个体的存在。二是单子式个人主体的膨胀。个人主体性的出现，曾具有积极的意义。但随着个人主

①刘铁芳：《学生何以进入公共生活之中——基于学生视角的学校公共生活建构》，《山西大学学报（哲学社会科学版）》2013年第5期。

体性膨胀，最终出现了以自我为中心的占有性个人主体性。占有性个人主体性的无限膨胀，最终使其走向黄昏。主体性的黄昏，不是要在一般意义上否定主体性，而是要改变其单子式的观念，使单子式个人主体性转变为多元主体的主体间性、交互主体性，主客体间的占有关系转变为主体间的交互关系。

（二）建构公共生活：公共人培育的关键

公共人是公共生活中成长出来的。公共生活不是外在于人的客观存在，是人通过公共活动建构出来的。如阿伦特指出的那样，“存在于人类共同体中并为人类共同体所必需的活动中，只有两种被看作是政治的并构成了亚里士多德所谓的‘政治生活’，即行动（praxis）和言说（lexis）”[①]。行动和言说本身就是公共生活的建构过程，在这里，“每个人的言行能被他人看到、听到”。公共活动意味着“活在与他人的生动交往之中，活在公共生活共同体之中”[②]，个体由此可以影响他人，并且接受他人的影响，改变自己的个体化生存，提升公共境界。

第一，开展协商民主的教育行动。阿伦特行动的原意是公民的政治实践，这种政治实践是借助于言语的交往而开展的协商民主活动。协商民主是公共人政治生活的方式，也是培育政治公共人的重要途径。尽管学校不完全是政治场域，但学校具有政治属性，担负着培育社会主义建设者和接班人的重任。学校生活是公共生活，公共生活是师生共同参与的生活，师生是学校生活共同的主人，因此，学校必须改变校长和教师垂直式“管理”和“一言堂”，变垂直式

①汉娜·阿伦特：《人的境况》，王寅丽译，上海人民出版社，2009，第16页。

②刘铁芳：《学校公共生活的开启与公民教育的拓展：基于活动的视角》《华东师范大学学报（教育科学版）》，2013年第2期。

“管理”为扁平式的多元“治理”，建立协商民主的管理制度，把协商民主的精神运用在学校管理、班级建设、课程建设和教学活动之中，建设以协商为核心的学校和班级治理组织，构建协商课程，开展协商对话教学。[①] 在协商民主的教育实践中，培育学生的公共理性、合作能力和爱的能力。

第二，引导学生进行理性言说和表达。亚里士多德说过“人是政治的动物”，也说过“人是能说会道的动物（zoon logon ekhon）”，这两个定义是统一的，因为城邦公民的政治生活取决于话语和说服，而不是取决于暴力和强迫。“真正的政治行动（就其处于暴力领域之外而言），要以言说来进行，而且更为根本的是，除了言说传达或交流的信息外，在恰当的时刻找到恰当的言辞本身就是行动。”[②] 公共人通过言说达成共识，形成公共性。公共领域是“具有语言和行为能力的主体，用共同的生活世界作背景，就世界中的事物达成共识”[③] 的过程。教育本身是一种语言交流活动，是师生之间的对话与论辩。对话不是争吵，争吵是一方压倒另一方，对话要静下心来倾听对方，了解对方想法，开展理性的协商，在协商中宽容差异，达成共识。论辩也不是争吵，争吵是不理性的，论辩是理性的辩论。“哲学家所做的事情就是论辩。他们与任何准备与他们论辩的人展开论辩。”[④] 理性言说不仅有流畅的口头和书面表达、严密的逻辑，还要有批判思维、审辩式思维。缺少这些思维品质，就易于失去道德

---

①冯建军、刘霞：《协商民主视域下的公民素养与民主教育》，《高等教育研究》2014 年第 6 期。

②汉娜·阿伦特：《人的境况》，王寅丽译，上海人民出版社，2009，第 16 页。

③哈贝马斯：《后形而上学思想》，曹卫东、付德根译，译林出版社，2001，第 41 页。

④石中英：《作为一种教育哲学研究方法的“论辩”》，《清华大学教育研究》2017 年第 5 期。

判断与选择能力，屈从于权威或盲目从众，丧失人的公共性坚守。

（三）提升公共品格：公共人培育的目的

公共品格是公共人的人格特征。培育公共人，必须培育公共品格。公共品格是公共人在公共生活中展现出来的理性、道德与精神意识的总体性状态。具体说来，公共品格包括下面几个内容：

第一，公共理性。公共理性是公共人在公共生活中所运用的公共推理、公共辩谈的能力。公共理性是对个体欲望的约束，缺少公共理性，公民之间就不可能形成一种公平正义的制度。只有具备了公共理性，个体才能合理表达诉求，通过正确的途径解决矛盾，整个社会才能建立良好的公共秩序，保持和谐状态。

第二，公共道德。公共道德以个体的独立性和道德的自由为前提，以个体之间的平等、尊重、承认为基础，构建开放、融通、团结、合作的关系，确立一种小我与大我、个体与共同体、个人与社会一体的道德共识。“有了共识后，还需要进一步确立共识的权威性。要树立共识的权威性，就需要把共识变成人们的一种公意、公义和公理”①，表现为公共伦理与法治。

第三，公共关怀的精神与意识。公共关怀超越了熟人之间的关怀，是以利他的方式主动关心陌生人和社会，超越个人狭隘视野和私己性功利目标，具有担当的大爱情怀和社会责任，能够促进社会公共利益的实现。

公共品格的塑造大致可以从提高认识—习得技能—培育品格等环节展开。具体来说，一是认识公共生活和公共品格的价值，增强价值认同。我们不仅要认识到公共生活的内涵与特征，更要认识到公共生活对个体发展和中国社会发展的价值与意义，从思想上认同

---

①郭湛、王维国：《公共性的样态与内涵》，《哲学研究》2009年第8期。

公共生活和公共人，这是培育公共品格的内在要求和前提条件。二是掌握公共生活的规律和法则，习得公共生活的行动技能，包括公共交往技能、公共合作技能、公共参与的技能。公共生活是平等的互动和关怀，要引导学生在公共生活中，学会换位思考、平等待人、协商对话、理性表达、相互关心，学会协调冲突、解决矛盾，积极接纳他人、宽容异己，在行动中塑造一种尊重不屈从、对话不依附、和谐不从众的公共行动能力。① 三是开展公共品格的道德教育。公共品格的道德教育，就是以道德教育为主要内容，开展公共理性教育，培育他们独立思考、理性协商、理性批判和审辨思维的品质，以及坚持真理，说真话、讲实话，热爱真理、捍卫真理的道德勇气；开展公共道德教育，培育他们平等对待、互相尊重、宽容理解、诚实守信等道德品质和规则意识，维护社会公平正义和公序良俗；开展公共关怀精神和社会责任感教育，培育他们具有关爱他人、关心集体、家国担当、胸怀世界的大情怀，“成为有大爱大德大情怀的人”②。

（四）注重实践养成：公共人培育的根本

公共人的培育，教育是基础，但仅靠教育是不够的，必须坚持教育引导、实践养成和制度保障相结合。即便教育引导，也是公共人的行动和言说实践。因为归根结底，公共人是在实践中生成的。全面的公共人体现在政治、社会和日常生活等领域，因此，需要国家、社会、社区为公共人的成长提供实践路径和制度保障。

第一，建立和完善国家治理的渠道，积极参与政治领域的公共

①陈付龙：《当代中国社会公共生活建设研究》，人民出版社，2017，第405页。

②习近平：《坚持中国特色社会主义教育发展道路 培养德智体美劳全面发展的社会主义建设者和接班人》，《人民日报》2018年9月11日第1版。

生活。我国是人民民主专政的社会主义国家，国家的一切权力属于人民，人民当家做主。党的十九届四中全会明确提出“坚持和完善中国特色社会主义制度，推进国家治理体系和治理能力现代化”，并就政治、法治、社会治理等方面提出了公民参与政治生活的具体路径。在政治上，坚持和完善社会主义民主政治建设，依法实行民主选举、民主协商、民主决策、民主管理、民主监督，使各方面制度和国家治理更好地体现人民意志、保障人民权益、激发人民创造，确保人民依法通过各种途径和形式管理国家事务，管理经济文化事业，管理社会事务。在法治上，坚持法治建设为了人民、依靠人民，加强人权法治保障，保证人民依法享有广泛的权利和自由、承担应尽的义务。在社会治理上，坚持和完善共建共治共享的社会治理制度，建设人人有责、人人尽责、人人享有的社会治理共同体，激发公众参与的热情，完善群众参与基层社会治理的制度化渠道。① 推进国家治理体系和治理能力的现代化，就是要扩大公民参与公共政治生活的范围，增加参与的方式、途径，推进公民有序政治参与的制度化、常规化，最大限度地发挥社会主义民主制度的优越性。

第二，重视公共传媒的建设，积极参与社会和文化领域的公共生活。哈贝马斯把公共媒介作为公共领域的要素，“公共领域说到底就是公共舆论领域，其基本特征就是不受限制的、理性的、批判性的公众讨论”②。传统的公共传媒有报纸、杂志、广播、电视等，新的公共传媒借助于信息技术出现了网络、微博、微信等新媒体。新闻与传播学的研究表明，从传播的实践来看，传统媒介以传播者为

---

①《中共中央关于坚持和完善中国特色社会主义制度 推进国家治理体系和治理能力现代化若干重大问题的决定》，《人民日报》2019 年 11 月 6 日第 1 版。

②杨仁忠：《公共领域论》，人民出版社，2009，第 258 页。

中心，新闻生产主要是专业生产者的活动，公众的参与度较小。新型媒介以用户为生产、发布主体，媒体与公众之间充分互动，微博、微信甚至实现了全民参与和共享，充分体现了社会交往的公共性。①新型传媒为社会交往和文化交流提供了便利条件，但这并不等于说新型传媒就是公共传媒。公共媒介的核心不在于传播载体，而在于其公共性。公共媒介就是为公共人发声，为公共人服务，谨防公共媒介被商业化或成为个人发泄私愤的“自留地”。公共媒介是公共人发表见解的平台，因此，每个人都应该秉持公共之心，从公共利益出发，就公共问题开展互动交流、协商研讨，从而达成具有建设性的政治、文化、道德等方面的共识，形成公共舆论，引导健康社会风尚。

第三，搭建社区公共人成长的机制，积极参与日常公共生活。日常生活是公共人最经常的生活，是社会和谐的“黏合剂”，也是良好国家政治秩序的根基。因此，我们必须重视日常生活公共人的培育。当前我国社会转型，正在从“熟人社会”向“陌生人社会”转变，加之人们居住空间的改变，村庄和大杂院式的居住被现代化小区所替代，也阻隔了人与人之间的密切交往，甚至他人已经成为不能够完全信任的陌生人。桑内特对公共人衰落的原因分析，其中一个重要原因就是公共空间的死亡。公共空间是公共人聚会的场所和机构，缺少公共空间，失去了公共交往的场域，日常公共生活自然无从谈起。所以，建设日常公共生活，社区需要提供公共空间，提供公共交往的场所。社区公共空间以及公共生活的建构，还应当创新社区管理的方式，健全社区管理和服务机制，引导社区居民积极

①常媛媛、曾庆香：《新型主流媒体新闻身份建构：主体间性与道德共识》，《西南民族大学学报（人文社会科学版）》2020年第3期。

参与社区治理，加强自治性的公共事务讨论平台建设，积极组织开展社区各种公益活动、志愿服务，组织开展丰富的文化活动，搭建社区交往的平台，增加社区人际交往频率，提升人际的互信和对社区的认同感、归属感，真正成为社区的公共人，进而走向社会，成为社会的公共人。

第三节　道德教育如何引导公共品格建构①

现代生活和现代教育愈来愈倾向于塑造自由、个性和独立的个体意识，它在增强个人的主体存在感和价值感的同时，也在一定程度上导致了人与人之间的隔离乃至分裂。正如鲍曼所指出的，“当今社会有一种强大的个体分化力量，它分割而不联合”②。这种个体化的生存状态使人成为某种意义上的“孤立人”。在现代学校生活中，由于缺乏以公民协作和团体精神为基础的公共生活，学生的道德人格逐渐走向自我封闭和自我中心，最终导致公共品格和公民精神的衰落。显然，面对“孤立人”的勃兴以及公共品格的衰落，道德教育需要承担更多的责任与使命。通过公共价值的道德教育，引导公民精神和公共品格的建构，促进个体道德品质的发展，同时也促进公共品格和公民德性的完善，最终完成学校公民教育的使命。

一、“孤立人”与公共冷漠

“孤立人”的产生与传统生活的现代转型有着紧密的联系。在传

①本节作者为南京师范大学道德教育研究所叶飞教授。
②齐格蒙特·鲍曼：《个体化社会》，范祥涛译，上海三联书店，2002，第13页。

统生活中，人们极其重视血缘关系和亲缘关系，形成了“人与人之间的亲密关系”[①]。但是，在现代性的生活方式中，血缘关系、亲缘关系逐渐解体，个体分化不断得到强化，它在增强人的主体性和独立性的同时，也使人变得越来越孤独、封闭。这种孤独、封闭的心理状态已经影响到了现代生活和现代学校。在现代学校教育中，青少年学生的个体生存也愈来愈脱离他者的生存，深陷于“孤独的生活”“孤立的存在”之中，逐渐形成对公共生活和公民社会的冷漠，表现出一系列的“公共冷漠症”。

第一，“孤立人”以竞争性个人主义的思维逻辑看待公民共同体中的他人，对他人持不信任的态度。正如罗洛·梅所指出的，在现代性社会中“个人主义与竞争性汇整在一起了”，整个文化系统都在倡导“比他人优越或胜过他人”[②]。于是，现代人普遍产生心理焦虑，个体总是试图通过击败对手来获得占有式的个人成功，并以此作为实现自我价值的标志。竞争性个人主义使得个人孤立于他人，只关心自我利益和竞争优势，把他人和共同体看作实现个人成功的工具和手段。在学校教育中，这种竞争性个人主义也正损害着儿童的心灵和道德感，它鼓励儿童不断地去占有和竞争，而不是合作和分享。事实上，“以占有式的个人成功为基础的教育竞争结构”，正在培养“竞争获胜的佼佼者”。[③] 学校在某种意义上已经成为青少年学生展开激烈的个人竞争和个人奋斗的场所，而不是共同学习和团结合作的场所。竞争性个人主义严重阻碍了青少年学生积极道德心态的发展，它使得个体的内心走向封闭和冷漠，个人与他人总是处

---

①曾盛聪：《伦理变迁与道德教育：市场化、全球化、网络化际遇中的现代性追寻》，广东人民出版社，2006，第 37 页。

②罗洛·梅：《焦虑的意义》，朱侃如译，广西师范大学出版社，2010，第 153 页。

③金生鈜：《保卫教育的公共性》，《教育研究与实验》2007 年第 3 期。

于隔离的状态之中，人与人身体、物理的距离虽然近在咫尺，但是精神、心灵的距离却非常遥远。

第二，“孤立人”对公民社会保持疏离和冷漠的心理状态，社会学家乌尔里希·贝克称之为个体与社会的“脱离”。这种脱离体现为“个体从历史规定的、在统治和支持的传统语境意义上的社会形式与义务中脱离”，同时也是“个体与实践知识、信仰和指导规则相关传统安全感的脱离”①。在传统生活及其道德信仰走向衰落的过程中，个体逐渐从传统道德信仰和责任伦理的束缚中获得了自由和解放，成为“独立的人”。这一方面提升了个体独立自主的意识和能力，但同时也导致个体与公民社会的疏离和分裂，使得个体走向道德、精神的自我封闭。对青少年群体而言，孤立的生活、与社会责任的疏离，同样会导致他们对群体利益和公共福利的冷漠态度，使他们难以体会自我与公民社会之间的联系，甚至可能促使一些青少年学生不惜为了个人利益而损害公民社会或公民团体的利益。这将在很大程度上阻碍他们公共品德和公共精神的发展，导致他们难以体验到团结感和凝聚感，更多的是压力过重、归属感缺乏、安全感丧失的消极体验，以及个体与他人、个体与社会之间信任感的消弭，从而以一种更加疏离的、冷漠的心态来看待公民社会和公共生活。

第三，“孤立人”坚持“原子式”的个体生活方式，避免参与社会的公共生活。“孤立人”往往把自我的关注点置于个人的私己生活，缺乏对公共生活的关注。这是一种现代性的“原子式”生活，它集中体现为把个人当作完全自足的、完全独立的个体存在，不受任何社群规则和群体利益的约束。在孤立的、个体化的社会生活中，人们只愿意相信自我，只愿意承认自我的权利、自由和价值，从而

---

①乌尔里希·贝克：《风险社会》，何博闻译，译林出版社，2004，第156页。

促使自我走向孤独和封闭，最终失去公共生活的目标导向。当代人（不论是成年人还是青少年学生），对于公共生活的参与热情也正在消失。青少年参与公共政治生活的热情也在减退，这与政治生活本身的弊端有关，同时也与现代性的“原子式”生活、个体化力量有关。尤其是在当代中国的教育体系中，学校缺乏对学生公民权利与公民责任的认可和支持，孤立的知识学习和考试竞争构成了青少年学生的基本生活状态。这最终只能使青少年学生日益患上严重的孤独症和公共冷漠症，日益退出公共生活，成为一群冷漠的“孤立人”。

第四，在冷漠、疏离、不信任的心理状态下，“孤立人”从公民共同体中“解放”出来，个体与公民社会的天然纽带被击碎了。“孤立人”把公共责任视为“不可承受之重”，他们把自我封闭于内心的孤独中，不愿意履行自身公共责任，也失去了捍卫自身公民权利的勇气。这种状况正在整个社会生活中蔓延，当然也包括学校生活。不少青少年学生只关心个人在学业、考试竞争中的成败，而漠视公共生活中的公益事业、慈善活动、志愿者活动等。他们不愿意参与公共生活，不愿意承担公民责任，这表明青少年群体在公共性和私己性、公共利益与私人利益、公共价值感与私人价值感之间失去了内在的平衡。这种孤立的、逃避公共责任的自我中心的生活方式被查尔斯·泰勒视为现代性的“三大隐忧”之一。[1] 孤立的生活使青少年学生只关注自我，忽视公共社会，但事实上，个体的生存永远无法离开公共社会，只有公共福利的增长才可能促进个体利益的增加。“孤立人”从公民共同体中的隐退，不仅损害了公民共同体的发展，最终也将损害公民自身的利益。

---

①查尔斯·泰勒：《现代性之隐忧》，程炼译，中央编译出版社，2001，第5页。

二、培育“公共人”：道德教育的应有之义

如前所述，孤立的人格和心理状态是现代生活方式的特殊产物，它与现代性的疏离、分裂和碎片化趋向紧密相连。“孤立人”对道德共同体中的他人持冷漠的心态，缺乏参与公民社会的热情，与他人、社会形成疏离、冷漠的关系。在个体与公民社会的疏离日益加剧、公共品德和公共精神日益沦落的当代背景下，学校道德教育有必要寻求应对的教育策略，担负起矫正青少年学生人格及心态、重塑公共品格的教育使命。基于此，道德教育不仅要培养具有善良品质的“个体人”，同时更要培养具有公共品格的“公共人”。笔者认为，培育“公共人”应成为道德教育的应有之义，这主要是基于以下两点思考。

第一，道德教育应体现对人性完善的追求，而公共关怀与公共精神是完整人性的重要组成部分。正如亚里士多德在两千多年前指出的，每个人几乎都处于两种非常不同的生活形态中，即公共生活和私人生活。这两种生活形态造就了人性品质公共维度和私人维度的差异，同时也形成了公共伦理和私人伦理的差异，因为公共生活的正义区别于私人生活的正义，公民的友爱区别于家庭成员和伙伴的友爱。[1] 作为“公共人”，个体首先需要遵守公共伦理和公共法律制度，成为公民社会中的合格成员；而作为“个体人”，则需要遵循私人生活中的伦理原则和情感关系，扮演好私人生活中的道德角色。显然，当代社会公共领域和私人领域的分离要求我们关注人性品质

①亚里士多德：《尼各马科伦理学》，苗力田译，中国人民大学出版社，2003，第106页，第176页。

公共维度和私人维度的差异。“个体性”和“公共性”构成了人性品质的两个不可或缺的维度，人不仅是作为“个体人”存在，更是作为公民共同体中的“公共人”而存在。作为共同体中的成员，公共人的高贵品质体现在他们能够站在“公共的”视角来看待共同体中的他人，并勇于承担公共责任。道德教育致力于追求人性的完善，显然不能只关注人性的“个体性”维度，还必须重视人性的“公共性”维度，从而更好地培育青少年学生更为健全的人性品质。

第二，道德教育不仅具有培育私我道德修养的责任，同时也应具有培育公共道德品格的责任。如前所述，公民品质具有个体性和公共性这两个重要维度，道德教育不能偏于一面从而破坏公民品质的完整性。与此相同，从道德修养和道德品格的角度来看，道德教育肩负了培育这两种道德品格的重任。我国传统伦理和道德教育把伦理秩序视为“以己为中心”的差序格局①，因此极其重视个体的、私人性的道德内省和道德自修，却忽略了公共性伦理规范以及人格品质的培育。② 这种伦理状况也引发了梁任公的感慨：“我国民所最缺者，公德其一端也”“吾中国道德之发达，不可谓不早。虽然，偏于私德，而公德殆阙如。”③ 诚如其言，传统伦理和道德教育所培育的是道德高尚的“私人”或“私民”，而很难成为具有公共品格和公共精神的“公民”。公共性和私人性的失衡导致我国的道德教育一直忽视公共伦理和公共品格的教育，对青少年公民品德和公共精神的发展产生了非常消极的影响。显然，道德教育作为一种完善青少

①费孝通：《费孝通选集》，天津人民出版社，1988，第97页。
②叶飞：《现代性视域下的儒家德育》，北京师范大学出版社，2011，第106页。
③梁启超：《新民说》，黄珅评注，中州古籍出版社，1998，第62页。

年道德品质的教育，有必要承担起培育公共品德的使命，以此促进当代公民社会的发展和公民品质的提升。

总之，学校道德教育应当在私人生活和公共生活的基础上，全面地培育受教育者的个体德性和公共德性，使受教育者的人性品质和道德人格得到整体提升。在越来越碎片化、孤立化、个体化的现代性社会中，公共生活的建构和公共品质的培育已经显得愈来愈重要。尤其是对年轻一代人来说，学校道德教育有责任推动他们去理解公共生活与私人生活、个体道德修养与公共道德品格的差异，在建构更为整全的道德生活（私人的道德生活与公共的道德生活）的基础上，培育出兼具个体性与公共性的道德人格，从而实现学校道德教育在当代社会中的责任与使命。

三、道德教育：引导公共品格的建构

如上所述，不论是从人性品质的完善还是从道德品格的健全发展来看，道德教育均需要兼顾“个体性”与“公共性”这两个维度，也就是说道德教育不仅要培养个体的道德善性，同时也要培养个体的公共德性。基于此，道德教育有必要引导学生建构公共品格，发展公共理性能力，增强公民权利与责任意识，推动公民的公共参与和公共行动，最终培育出更为健全的公民品德。

首先，道德教育要促进学生公共理性的发展。简要而言，公共理性是指理性的公共运用能力，即通过普遍的伦理理性原则对公共问题和公共事务进行反思与审视的能力。道德教育要促进学生公共理性的发展，需要做好以下几个基本工作。第一，道德教育要引导学生基于公共理性思考公共问题。在学校生活或社会生活中，学生

都将遇到很多公共问题，如社会公共卫生、公共交通、公共环境等方面所存在的问题，道德教育要教会学生运用公共理性去分析这些问题，思考如何才能解决这些问题。第二，道德教育要培养学生的理性选择能力。为了更好地培养学生的主体选择能力，道德教育必须对学生的道德选择持一种更为开放的态度，鼓励学生去分析、思考和选择价值观，成为一个有选择能力的道德人。第三，道德教育还应促进学生理性批判能力的形成。学校生活应该为学生的批判、反思活动提供空间和平台，鼓励学生对违背公共伦理的社会问题或个体行为进行反思和批判，以此发展他们的批判意识，培养他们的道德批判能力。

其次，道德教育要培育学生的公共德性。道德教育不仅要引导学生在私人生活中践履伦理美德，成为一个有道德的人，同时也要引导学生遵守公共道德，成为一个合格的社会公民。为使学生更好地形成公共德性品质，学校教育应该有意识地为学生建构一个公共生活和公共伦理的空间，让学生在公共空间中充分发展公共品德。为了建构主体性、公正性、民主性、平等性的学校公共空间，学校的纪律、校规、校园伦理准则等应当由教师和学生共同思考和制订，它们作为公共伦理规范，不是要求学生被动地接受，而是要引导学生主动地去认识、理解、体悟和建构。在公共生活空间中，学生可以真正发自内心地去学习公正、仁慈、民主、平等、诚信、勇敢等公民美德，同时不断吸收和内化这些公共伦理美德，最终促进自身的公共德性和公共精神的发展。

再次，道德教育要提升学生的公民权利与责任意识。正如福克斯所指出的，“公民身份是一种成员地位，它包含了一系列的权利、义务和责任"[1]。学生不仅是学习者，同时也是公民共同体中的成员，他们有权利了解自身的公民权利和公民责任，同时也有权利享有这些公民权利，并履行相应的公民义务。学校教育不应成为与公共权利、公共责任完全无关的场所，使学生在"课堂生活中孤立地学习，只关注自身的学业成就而拒绝为彼此提供帮助"[2]。这将阻碍学生对个体公民身份的认识，也将阻碍学生对公民权利与公民责任的理解和体验。学校道德教育必须要努力改变这种状况，在课堂教学和日常生活中引导学生主动认识公民权利（如宪法、儿童权利公约、教育法律法规中所规定的公民或儿童的基本权利），同时也要让学生了解更多的与自身有关的公民责任与义务。当然，道德教育还应当引导学生在日常生活中努力践履这些权利和义务，使他们更深刻地体验到个人与社会之间的紧密联系，最终真正认识和理解公民身份的内涵与意义。

最后，道德教育还应培育学生的公共参与精神和公民行动能力。道德教育如果仅仅停留于道德知识或者公民知识的讲授，显然是远远不够的，反而可能导致公民知识与公民实践的分裂。为把学生培育成完整的、健全的公民，道德教育必须改变这种知识与行动相分裂的状态，引导学生参与学校公共生活、社会公共生活，开展积极的公民行动，最终促使学生成为真正的"公共人"。学校道德教育可以为学生提供各种各样的公共生活形式，如班级民主选举、校园纪律的公共讨论等。通过这些活动，学生不仅可以在认知层面上理解

---

①Keith Faulks, *Citizenship* (London: Routledge, 2000), p. 13.

②David C. Bricker, *Classroom Life As Civic Education: Individual Achievement and Student Cooperation in Schools* (New York: Columbia University Teachers College Press, 1989), pp. 2-3.

自身的公民身份，同时也能在实践和行动层面上践行公民身份，从而增强自身的公民行动能力。如此，学生可以真正地“做成”一个公民，而不是“被教成”一个公民。学生的公民品质和公共精神将在实践性的公民行动中得到健全的发展，并且，这种公民品质的发展将具有更为稳固的生活、实践的根基。

第六章

类主体教育

第一节　类主体的凸现

一、群体主体—个人主体—类主体：人类社会发展的历史逻辑

马克思说过：“任何人类历史的第一个前提无疑是有生命的个人的存在”①，人以个体的生命形式存在于历史之中。但马克思又讲道，人是一个类存在物。人的本性的生成过程，就是个体和类的特性在人身上从对抗到统一的过程。这个过程反映了类本质的生成和发展，也反映了人的本质的类特性的展开。马克思下面一段精辟论述，清晰地展现了这一过程。

“人的依赖关系（起初完全是自然发生的），是最初的社会形态，在这种社会形态下，人的生产能力只是在狭窄的范围内和孤立的地点上发生着。以物的依赖性为基础的人的独立性，是第二大形态，在这种形态下，才形成普遍的社会物质交换，全面的关系、多方面的需求以及全面的能力体系。建立在‘个人全面发展和他们共同的社会生产能力成为他们的社会财富’这一基础上的自由个性，是第三个阶段。第二个阶段为第三个阶段创造条件。”②

①马克思、恩格斯：《马克思恩格斯全集》第3卷，人民出版社，1960，第23页。
②马克思、恩格斯：《马克思恩格斯全集》第46卷上册，人民出版社，1979，第104页。

正确地理解、把握这段论述，有助于我们明了人类或人性的发展方向。这一段话揭示人类的发展要经过三种基本形态：第一是以人的依赖关系为基础的群体本位形态；第二是以物的依赖性为基础的人的独立性的个人本位形态；第三是建立在自由个性基础上的类本位形态。这三种形态展示了个体和类之间从原始的依赖到分裂、对立，最终达到和谐统一的过程。

“群体本位—个体本位—类本位”，这一发展过程恰似黑格尔的一个圆圈运动。它以群体本位为初始，以类本位为圆满；类本位成为马克思所言的“可以预见的最高形态”。

原初的人类社会包括从原始社会到资本主义以前的各个阶段，属于自然经济的社会。由于生产力不发达，人对自然征服的能力有限，个人为谋求生存不得不依赖集体的力量以面对自然。生产力的贫乏使人不能脱离群体而生存，造成交往的不发达，个人的交往只能局限于狭隘的血缘或地域关系之中。所以在前资本主义社会中，人类只能以群体的形态存在，通过血缘或地域的自然纽带结合成一个群体，在这个群体中，个人不具有独立性，完全依附于群体。在群体本位阶段，个人不是真正的主体，只不过是群体的附属物而已。

生产力的发展必然突破人与人之间的依附状态，进入“个体本位”的状态。这一阶段是与资本主义相对应的市场经济阶段。生产力的发达，使人改造自然的能力增强，社会产品出现了剩余，使人能够脱离由自然纽带联结的群体而存在，这就打破了自然经济条件下人对狭隘群体的完全依附关系，使个人建立全面交往关系成为可能。市场经济、商品交换、自由贸易等，为个人的全面交往提供了条件。这种环境下孕育出来的人，只能是“以物的依赖性为基础的个人主体”，这种个人主体具有双重性质，摧毁了原来的自然共同体和人身依附的等级从属关系，获得了独立性，但是另一方面这种独立性又建立在“以物的依赖性为基础”之上，实际上使人的独立性转化为物的独立性。所以马克思才说，在资本主义社会中，“资本具有独立性和个性，而活动着的个人却没有独立性和个性”[1]。马克思的这段话，是从理想的类本位立场来评述资本主义商品社会里的“个体本位”的人。

如果我们把人类发展的初始形态——“群体本位”作为“正题”，“个体本位”就是“反题”，那么，类本位就是“合题”。在群体本位中没有独立个体的位置，但经过第二个发展阶段——个体本位之后的“类本位”，就把类的本质积淀在个体身上，所以，在这个阶段个体与类之间的对抗消失，走向了完全的和谐统一。这就是人的最高发展形态，是人克服自身异化变成了真正的“人”。这种类本位阶段的人，既具有全人类的视野，具有类的意识和本质，又不失个人的主体性，是个人主体和类本质的完美结合，这就是我们所言的“类主体”。

从当今时代的本质特征看，群体本位阶段早已成为历史，个体本位的发展也已暴露出大量矛盾。反省过分张扬的个人主体性，不应是消解人的主体性，而应是把个人主体性提高到类主体的阶段。

二、类主体：时代的呼唤

当今世界，经济贸易、文化交流和互联网信息技术，已经把全球紧密联系在一起，人与人、国家与国家、民族与民族之间不再是封闭的存在和割裂的结构，而是“你中有我，我中有你”的整体性结构，这种世界多主体间彼此涵摄，表明人类社会正在走向类主体。

---

①马克思、恩格斯：《马克思恩格斯选集》第1卷，人民出版社，1995，第287页。

（一）人类发展的危机需要世界各国共同应对

人类发展中存在危机，但危机也孕育着希望，没有危机，没有对先前的否定和超越，就不会有发展。正如埃德加·莫兰所说，危机瓦解了原先的系统，也创造了一种新的力量，生发新的方法，带来新的特质。因此，危机或许为人类的再生作出特殊的贡献。① 人类所面临的危机，无论是生态破坏、气候变化，还是不同国家、民族之间的战争和文明冲突，以及全球性公共卫生事件，已成为整个时代的全球性问题。然而，正如习近平总书记指出的："没有哪个国家能够独自应对人类面临的各种挑战，没有哪个国家能够退回到自我封闭的孤岛。"② 新型冠状病毒感染疫情在全世界肆虐流行，来自世界不同国家和地区的人都经历着病毒的威胁，这不是对某个国家的威胁，是对整个人类的威胁。面对人类共同的敌人，只有摒弃各国的立场，以人类共同的立场面对，才能真正解决问题。对抗新型冠状病毒对人类生命的威胁，需要全球不同国家互相努力与配合，因此，这场人与自然的危机，要求世界各国必须进行合作与对话。不管这些合作与对话是不是自愿的，但却是必需的。没有合作，没有对话，就不可能有人类问题的解决。我们面对的危机，不只是一个新型冠状病毒的全球流行，还有气候变化、生物多样性丧失等很多问题。全球的危机是人类共同的危机，必须增加人与人之间、国家与国家之间的团结。唯有团结，人类才能共同生活，一起走向未来。

（二）在人与自然的关系中，构建人与自然生命共同体

道家有言："天地者，万物之父母也""自然是生命之母""人

---

①埃德加·莫兰：《教育为人生：变革教育宣言》，刘敏译，北京师范大学出版社，2022，第42页。

②习近平：《决胜全面建成小康社会 夺取新时代中国特色社会主义伟大胜利——在中国共产党第十九次全国代表大会上的报告》，人民出版社，2017，第58页。

因自然而生”（《庄子·达生》）。人是自然之子，自然孕育了人类，是人类赖以生存发展的基础。在自然的类存在阶段，人类缺少改造自然的能力，无法从自然中分离出来。即便是发生自然灾害，也属于自然规律，在自然可以自动修复的限度之内。但近代以来，人的主体意识的觉醒，天人开始分离，而且随着生产力的发展，科学技术的进步，人改造自然的能力日益增强，人与自然从分离发展到对立。人类物质文明的发展彰显了人类对大自然征服的胜利。这种胜利，如果超越了自然界的承受能力，必然带来生态的危机。恩格斯警告说：“我们不要过分陶醉于人类对自然界的胜利。对于每一次这样的胜利，自然界都报复了我们。”① 恩格斯预言式的警告已经变成了现实。气候变暖、环境污染、自然灾害、生物多样性丧失等，今天的人类正在吞噬着自己对自然不负责任的行为恶果，承受着大自然的报复。自然的类阶段，也有自然灾难发生，但大自然具有自动修复能力。今天的自然灾难，超出了大自然的修复能力，人类应该为这样的自然灾难埋单。人类应对自然灾难，开展救灾行动，使自然在一定程度上得以修复，但不是解决问题的根本。根本在于人类需要反思自己对待大自然的态度，“自然并非外于人的异类存在，人也并非高于自然的宇宙主宰，人与自然本属宇宙大生命的一体存在。”② 人虽然从自然中分离出来，但人与自然不应该是对立的，而应该是生命共同体。2017 年，党的十九大明确提出“人与自然是生命共同体”，“我们要建设的现代化是人与自然和谐共生的现代化”。党的二十大把“人与自然和谐共生”作为建设中国式现代化的重要内容。

①马克思、恩格斯：《马克思恩格斯选集》第 2 卷，人民出版社，1995，第 519 页。
②高清海：《高清海类哲学文选》，人民出版社，2019，第 335 页。

（三）在国与国的关系中，构建人类命运共同体

人类命运共同体固然是基于人类只有一个地球、各国共处一个世界的事实，固然是基于全球化时代各国联系日益紧密的现实，但根本上还取决于人的类思想、类观念的形成和确立。人不再是单子式的人，国家不再是孤立的国家。人与人之间、国与国之间命运与共，休戚相关。这就必须改变个人主体时代孤立和对立思维、竞争观念，摒弃零和博弈，建立一荣俱荣、一损俱损的整体性思维和合作观念。正如2021年习近平总书记在中国共产党与世界政党领导人峰会上的讲话所指出的："大时代需要大格局，大格局呼唤大胸怀。从'本国优先'的角度看，世界是狭小拥挤的，时时都是'激烈竞争'。从命运与共的角度看，世界是宽广博大的，处处都有合作机遇。"① 自党的十八大明确提出构建人类命运共同体的思想以来，人类命运共同体意识已经深入人心，受到了世界各国的普遍认同，为解决世界的对立、冲突提供了中国方案，贡献了中国智慧。党的十九大报告提出，各国"要相互尊重、平等协商，坚决摒弃冷战思维和强权政治，走对话而不对抗、结伴而不结盟的国与国交往新路。要坚持以对话解决争端、以协商化解分歧，统筹应对传统和非传统安全威胁，反对一切形式的恐怖主义……要尊重世界文明多样性，以文明交流超越文明隔阂，文明互鉴超越文明冲突、文明共存超越文明优越"②。党的十九大提出的不同国家和不同文明之间的相处之道是相互尊重、合作共存，为解决世界冲突找到了可行的方法。党的二十大进一步呼吁"世界各国弘扬和平、发展、公平、正义、民

①习近平：《加强政党合作 共谋人民幸福——在中国共产党与世界政党领导人峰会上的主旨讲话》，《人民日报》2021年7月7日第2版。

②习近平：《决胜全面建成小康社会 夺取新时代中国特色社会主义伟大胜利——在中国共产党第十九次全国代表大会上的报告》，人民出版社，2017，第59页。

主、自由的全人类共同价值”①。以共同的价值观，打造世界的价值共同体，真正地把人类凝聚为一个有机的整体。

总之，无论是为了拯救人类发展危机的合作与团结，还是为了人类共同利益而结成的“人与自然生命共同体”“人类命运共同体”，表明人类一定程度上都在朝着类存在的方向发展，“人们对‘类存在’‘类生命’‘类意识’‘类价值’‘类特性’‘类伦理’的认知与追求正渐渐成为新时代的突出性标志”②。教育和道德教育不只是复制现实，还要引领发展，创造一个新的未来。因此，教育不能只停留在应急措施的“补救”阶段，正如哲学家维特根斯坦所说，“时代的病要用改变人类的思维方式和生存方式来治愈”③。因此，治病要立足于根本，谋求人的改变。这种改变就是朝着类主体的方向发展，就是谋求人与自然、人与人、人与社会的统一。

第二节　类主体及其特征

一、何谓类主体

马克思把人类的发展分为三个阶段：第一是以人的依赖关系为基础的群体本位形态；第二是以物的依赖性为基础的个体本位形态；

①习近平：《高举中国特色社会主义伟大旗帜 为全面建设社会主义现代化国家而团结奋斗——在中国共产党第二十次全国代表大会上的报告》，人民出版社，2022，第63页。

②余潇枫、张彦：《21世纪伦理学新走向——类伦理学》，《社会科学战线》2005年第5期。

③王艺璇：《别样天才哲学家维特根斯坦及其语言哲学》，《世界文化》2021年第5期。

第三是建立在全面发展基础上自由个性之类本位形态。这三种形态，展示了个体和类之间从原始的依赖到分裂、对立，最终到和谐统一的过程。

前工业社会，由于生产力不发达，人对自然征服的能力有限，个人为谋求生存不得不依赖于集体的力量对付自然，人结合成以血缘、地缘关系为纽带的群体。个人只能依赖群体而生存，这又造成交往的不发达，个人的交往只能局限于狭隘的血缘或地域关系之中。所以，前工业社会中，个体不具有独立性，而是完全依附于群体的，他们的生命活动不是由个人主宰的，而是接受集群主体的支配。在群体本位阶段，个人作为一种范畴不存在，他只不过是群体的附属物而已。

工业革命和市场经济的出现，使人改造自然的能力增强，社会产品出现了剩余，使人能够脱离由自然纽带联结的群体而存在，打破了自然经济条件下人对狭隘群体的完全依附关系，为个人建立了全面的交往关系。市场经济、商品交换、自由贸易，为个人的全面交往提供了条件。在这种环境下孕育出来的人，只能是“以物的依赖性为基础的个人主体”。这种个人主体具有双重性质，一方面它摧毁了工业革命前的群体依附关系，使人获得了独立性；另一方面，这种独立性又建立在“以物的依赖性为基础”之上，实际上，使人的独立性转化为物的独立性，就使个人对独立人格的追求转换为对物的占有，对金钱和利益的追逐。个人只具有私利的本性而无共同的利益，每个人都是作为一个孤立的单子式个人而存在。

从群体本位到个体本位，虽然把人从依附关系中解脱出来，但又把人置于物的奴役之下，从而使人成为物的奴隶。人的主体性表现为以物的占有为目的，为了占有物，满足自己的私利而排斥其他人的利益，把他人也作为满足自己私利的手段占有的客体。这种单子式的个人主体性的极度膨胀，必然呼唤着一个类主体的到来。从群体主体到个人主体再到类主体，作为一个否定之否定的“圆圈”运动，“一切作为前提和条件的东西，在过程结束时则必然会出现”①。类主体作为“过程结束”时的产物，它似乎又回到了群体本位，但此时“类主体”所表现出的“类特性”已与群体的“群体性”有着本质的不同，因为它是经过了个体本位之后的回归，它蕴含着丰富的个体独立性。如果把群体性看作“一”，把个体性看作“多”，那么这种类特性就是“多中的一”，它表现在个体身上，一方面是不同个体的统一性、聚合性、凝聚性；另一方面又是个体充分发展了的独立个性。所以，对类主体来说，它既生存于统一的类活动、类生活之中，又有着丰富的个体活动和个性生活。

类主体，作为群体本位和个体本位两个极端的中介，它扬弃了两者的极端性，同时又吸收了它们的合理内核。它具有主体间的聚合性、整体性，但又不压抑个体；它具有个体的独立性，但又不追求“占有”，而以个体间的和谐共存为目的，因此，它体现了群体与个体的和谐统一。

类主体不是在个人之上存在着的超我主体或实体，类主体是人，是个体。成为类主体，首先要成为一个个人主体，这是类本位中的人与群体本位中的人的根本差别；但类主体作为个人主体，又与个体本位中的个人主体不同，它是对个人主体性的积极扬弃。所以，类主体也是人，但这种人已不是群体本位中超越个体之上、存在于个人之外的那种实体“大我”，同样也不是个体本位中那种彼此孤立、相互分裂的单子式存在的“小我”，是“大我”的整体性与小

①马克思、恩格斯：《马克思恩格斯全集》第46卷上册，人民出版社，1979，第262页。

我的“个体性”的统一。对类主体来说，个人存在已纳入他人本质，他人的存在也纳入了自己的本质，这时的一切个体都统一为整体的“类”存在。

在阐述过类主体的内涵后，似乎还有必要提及几个与类主体容易混淆的概念。

类主体与类。类主体和类不是实体意义上的包含关系。类主体是类本位状态下的个人主体，但类不是类主体的机械相加所构成的共同性，也没有自身的实体存在。作为个体与个体的本质统一性，类以个体（类主体）为存在的基础，也以个体的发展为自身发展的前提。所以，类只具有社会性质的意义，不具有自然的实体性质。

类主体与群体。这两个概念并不是一组对应的概念：与类主体对应的是群体中的个体，与群体对应的是类意义上的集体。群体本位中的个体，是群体的“附属物”，没有独立的个体性；类主体是具有独立个性的主体。这就决定了群体是一个超个体性的存在，而类意义上的集体，是多元复合的统一体。这种“集体”的典型形态，就是自由人的联合体。

类主体与集体。类主体的表现形式仍然是个人主体，但是必须要具有类本质。它并不与集体相对应，更不能与集体相混淆。在马克思的概念中，集体有两类，一是真实的集体，一是虚幻的集体。“真实的集体”等同于类意义上的集体，“虚幻的集体”等同于群体意义上的集体。“真实集体”中的人是“有个性的个人”，是类主体；“虚幻集体”中的人是“偶然的个人”，是附属于群体的无独立性的人。①

①黄克剑：《人韵：一种对马克思的读解》，东方出版社，1996，第281—310页。

二、主体间性是类主体的基本特征

主体性是人作为主体在与客体相互作用的关系中所表现出来的特性，是单子式个人主体的基本特征。进入20世纪后，由于建立在单子式个人主体性基础上的自我中心主义和利己主义越来越暴露出它消极的一面，由此引发了人与自然、人与人关系的冲突和恶化，这一切都说明，单子式个人的生存方式及其理念正在逐步丧失其存在的历史根据。人的生存方式和人学理念的转换已经迫在眉睫。所以，20世纪的西方哲学提出了主体间性的范畴，多迈尔在《主体性的黄昏》一书中，把主体间性作为西方试图走出个人主体性黄昏的尝试。

胡塞尔对主体间性的解释和发展作出了决定性贡献。胡塞尔试图解决笛卡儿确立的原子性“自我”无法实现“此—自我”与“彼—自我”沟通而陷入的理论困境，他所做的第一个尝试就是向我们表明，先验“自我”如何将“他我”构造为主体间共同体中的同等成员，实现“自我”和“他我”的沟通，从单数的“我”走向复数的“我们”，从“主体性”走向“主体间性”。胡塞尔的主体间性是一种认识上的“共同性”或“共通性”，它是通过主体的“类比统觉”“同感”“移情”而达成的一种“视域融合”。海德格尔从个体间生存的联系上认识主体间性，他把个体当作“此在”。他认为，“此在”中渗透了世界和他人，“此在的世界是共同世界。‘在之中’就是与他人共同存在。他人的在世界之内的自在存在就是共同此在”，“此在自己本来就是共同存在。此在本质上是共在”，所以，“此在”不可能单独、孤立地存在，“共在在生存论上规定着此在。

此在之独在也是在世界中共在”。[1] 哈贝马斯也认为，一个具有主体意识的自我，并不是纯粹个人的事情，因为“这种存在的主体性从一产生就已经是一个主体际性”[2]。从胡塞尔到海德格尔、哈贝马斯，对主体间性的理解从认识论进入到了本体论。从本体论的角度看，人与人之间因“共在”而结成“主体间性”，但这一主体间性在工业革命以后却被单子式个人主体性所替代，原本生命的共在性演变成一部分人对另一部分人的控制，随之出现了人的异化。我们今天之所以提出“主体间性”，是在实践论的意义上对个人主体性的批判，批判个人主体性对孤立、封闭自我的独尊，失去了人与人之间的共同性、平等性，从而歪曲了人与人之间的关系，异化了个体的人格。在这个意义上，从主体性到主体间性是对个体人格、人与人之间关系的复归。哈贝马斯提出变革的途径是用“交往行为”替代“工具性行为”。

我们在实践论的意义上使用“主体间性”（或称交互主体性），它是指主体与主体之间以交往和对话为手段，以理解为目的所达成的一致性和共识。主体之间的世界，是复数主体的“互为”（for each other）领域。行动的主体是“我们”，是共同体，行动的对象是我们共同的世界，这个世界是作为普遍的形式而与主体间性相关的。主体间性，在这里乃是一种公共的东西，它存在于主体之间的关系中，即存在于由“你”和“我”组成的共同体中。作为对单子式个人主体的扬弃，它“弃”掉了个人主体的自我中心化倾向，而倡导一种主体间的共同性，但还保留了个人主体本身的根本特征。假若把从

---

①海德格尔：《存在与时间》，陈嘉映、王庆节译，生活·读书·新知三联书店，1999，第136、140页。

②大卫·M. 列文：《倾听着的自我——个人成长、社会变迁与形而上学的终结》，程志民、金令、孙晶、郭建平译，陕西人民教育出版社，1997，第134页。

混沌的共同体到个人主体最后到主体间性作为主体性发展的轨迹的话，那么，作为超越之超越，否定之否定，主体间性是内含个人主体性的对共同体的回归，所以，它以个人主体性的存在为前提，但又内在地统整了自我与他我的共在，强调整体地、共同地存在。

主体性是在“主体—客体”关系中的主体属性，它适合于处理人与自然、人与物的关系，但它不适合于处理人与人之间的关系，因为“主体—客体”框架的根本缺陷就在于它是单主体，忽视、忘却了多极主体的共在以及他们之间的交往关系。这种主体被“永远监禁在他的自我之中”，被判定像“城堡中的骑士”那样看世界，它生成的是单子式的主体性。在这种主体性中，个人无法突破自我的框架而走向共通，“公众”只不过“是一个抽象的名词而已”（克尔凯郭尔语）。由此可见，主体性异化了共在性的个体生命。直截了当地说，主体论的逻辑就是自我论的逻辑。

个体生命的共在性，要求生命个体之间必须具有“主体间”的关系。主体间关系超出了主体与客体关系的模式，进入了主体与主体关系的模式。马克思对“人是社会关系产物”的认识，正是要从主体间的关系来认识人。因为社会关系是人的一种相互关系，哈贝马斯认为，“只有主体之间的关系才算得上是相互关系，因为主体和客体的关系是分主动和被动的，是单向的，因此不能成为相互关系”①。主体间的相互关系规定着人的本质。

因此，主体间性成为社会生命个体的本质属性。主体间性不是主体和主体之间的在人之外的某种性质，它实际上是主体性在人与人之间关系中的一种表现，在本质上仍然是一种主体性。在人与人之间的“主—客”关系中表现出来的主体性是单子式的，不符合生

①余灵灵：《哈贝马斯传》，河北人民出版社，1998，第180页。

命的要求，是异化的主体性。“真正的主体只有在主体间的交往关系中，即在主体与主体相互承认和尊重对方的主体身份时才可能存在。”① 只有在主体间的关系中，每个主体既是目的，又在一定程度上作为手段而起作用。只有确立生命个体的主体间性，才能消解主体在客体面前的霸权，消除主体对客体的支配和统治，才能既使每个人成为平等的自由人，又使人与人之间结成一个“自由联合体”。

从主体性到主体间性，是人的生存方式的根本变革。这种变革是时代的要求。本来，随着市场经济的进一步发展、“世界市场”的形成，“过去那种地方的和民族的自给自足和闭关自守状态，被各民族的各方面的相互往来和各方面的相互依赖所代替了”②。但世界市场的资本主义运用，最终没有达到本应该出现的“各民族融合”的理想境界。现代人类的发展仍然处于分裂甚至对立的状态，频繁的战争就是明证。但到了当代，特别是 20 世纪 80 年代后期，逐渐兴起的全球化是世界历史的典型特征。表现为：第一，和平与发展是全球主题和指导思想，在这一主题下，世界局势呈现多极化趋势；第二，网络和信息高速公路的广泛使用，使人们成为信息“地球村”的村民；第三，全球危机，尤其是环境污染的生态危机和恐怖主义行动，使全球的利益联系越来越密切；第四，各国在经济贸易、政治领域的合作日益加强，世界性的政治、经济已经初步形成；第五，不同文化之间的对话意识增强；等等。正是这些社会变化，要求人的生存状态必须超越单子式的个人主体走向类主体；必须摆脱狭隘的国家主义观念，而走向着眼于人类社会共同利益的世界历史性。

①郭湛：《主体性哲学——人的存在及其意义》，云南人民出版社，2002，第 253 页。

②马克思、恩格斯：《马克思恩格斯选集》第 1 卷，人民出版社，1972，第 255 页。

第三节 个人主体教育的反思与类主体教育的建构

个人主体教育的出现和存在，是资本主义产生之后的必然产物，是培养“以物的依赖性为基础的人的独立性”的应然选择。只要有以物的依赖性为一般本质的市场经济存在，个人主体教育就有其存在的土壤。这就决定了它在资本主义发展初期的整体合理性和它在一般市场经济条件下的部分合理性。换言之，个人主体教育必将在一定范围和一定程度上继续存在。所以，我们在反思个人主体教育之时，首先要看到其存在的历史合理性和长期性，并不是作全盘的否定。

但随着西方社会个人主体性的空前高涨，个人的发展已经进入“物的依赖性”的极端形式之中，出现了人的异化和物化。这从另一个角度也说明了个人主体教育已经完成了近代以来的“启蒙”使命，正在失去其历史正当性或存在的合理性，它本身也从一个具有积极意义的肯定性存在而走向否定性存在。人的发展由个人主体向类主体的转变，也必然要求教育在反思个人主体教育的基础上建构类主体教育。

一、从个人主义到共同体主义：教育目的观的转变

西方个人主体教育的出现，其哲学基础是个人主义。从历史的角度来考察，个人主义的出现是一种进步，它把人从人身依附中解放出来。资本主义社会以前，“人的一生从生到死都是纤悉无遗规定好的，人几乎从不离开自己的出生地。当时大部分人的生命世界都

被局限于公社和阶层身份的范围以内”①。资本主义社会的出现，使人从对人的依附转为以物的依赖为基础的人的独立性，这是一个历史的进步。个人主义的出现，就是对这一历史性事变的集中反映。但是，在这种背景下出现的个人主义，又具有其双面的本质：一方面，它是以物的依赖性为基础的人的独立性的反映，另一方面，它又把物的依赖性作为人的独立性本身。从前一方面讲，个人主义战胜了人的依赖性，而成为进步的力量；从后一方面讲，个人主义重新降服于对物的绝对依赖，而最终会使个人成为物的奴隶。这后一方面为个人主义的发展埋下了祸根。如今，这种祸根导致的灾难已经显现，使个人主义的发展走向了极限。第一，个人主义作为对个人独立意识的启蒙，是对中世纪封建主义人的依附性的否定。现在，封建主义早已成为遥远的过去，个人主义也失去了其消极的对立面。第二，个人主义剥离了个人与社会的关系，在维护个人自由的同时，亦削弱了由个人组成的社会（或共同体）的合理性。正如法国自由主义者本杰明·康斯坦特（Benjamin Constant）所感叹的，“当所有的人都被自我主义孤立起来的时候，那么什么也不存在了，而仅仅是一团尘埃。而当暴风雨到来的时候，就成为一堆烂泥了”②。第三，在高度组织化生活的背景下，个人主义在物对人的统治之基础上生长起来，被张扬的个人主义，其实传达了人为物役的精神意蕴，不是个性的自由，而是存在主义和西方马克思主义所揭示的个性的丧失、人格的分裂和主体性的失落等。

马克思早在《关于费尔巴哈的提纲》中区分了两种人，即单个

①伊·谢·科恩：《自我论》，佟景韩、范国恩、许宏治译，生活·读书·新知三联书店，1986，第127页。

②史蒂文·卢克斯：《个人主义：分析与批判》，朱红文、孔德龙译，中国广播电视出版社，1993，第10页。

的人和社会化的人类。他指出："直观的唯物主义，即不是把感性理解为实践活动的唯物主义，至多也只能做到对'市民社会'单个人的直观。""旧唯物主义的立脚点是'市民'社会；新唯物主义的立脚点则是人类社会或社会化了的人类。"① 这说明，立足于旧唯物主义的个人主义所理解的"个人"只能是孤立的、原子式的、直观的个人。新唯物主义并不是取消"个人"，而是用普遍的、世界历史的"人类主体"取代孤立的个人，这就从根本上动摇了资产阶级"个人主义"时代的精神哲学基础，而奠定了共产主义的人类理想。共产主义社会，并不是把单个的人与抽象的社会对立起来，把社会仅仅看作个人的累加和集合，共产主义是一种自由人的联合体，这种联合体，把具有个性的人联合起来，使之不仅具有独特的个性，而且还有共同的利益和目标，个人与社会在一个新的意义和水平上统一融合起来。

促成"人类主体"出现的共产主义还不可能马上到来，但西方社会的共同体主义（communitarianism）已经不自觉地在客观上遵循了社会发展的这一趋势。20 世纪后期流行于北美社会的共同体主义是对西方社会的个人主义传统的否定。共同体主义源于对自由主义的批判，自由主义的前提是对个人主义的怂恿。自由主义的个人主义视社会为满足个人私欲的工具，社会沦为无方向人群之集合，而不成为有共同利益的个人之联合。共同体主义反对空洞自我而强调社会情景，以此为人格统一性的现实基础，从而把个人与社会有机联系起来；自由主义把个人置于社会历史的中心，把这种个人主义概念视作理解人们自己及其在社会中地位的理想方式。共同体主义

①马克思、恩格斯：《马克思恩格斯全集》第 3 卷，人民出版社，1960，第 5—6 页。

实现了从自主个人向共同体的“主体重心”之转移，试图以某种新的特殊类型的共同体主义取代个人主义；在道德上，自由主义强调个人权利的优先，其实是以牺牲共同的利益与价值为代价的。共同体主义注重共同体内的联系与结合，以共同的善之价值伦理取代个人利己主义伦理。①

共同体虽然还不能等同于马克思作为自由联合体的“类社会”，但在某种程度上已经体现了类的准则，因为它们都是对单纯个人主义观点的反对以及对作为诸个人间结合之集体的强调。但必须看到的是，虽然资本主义的发展在面对个人主义的重重困境之时，试图用共同体主义取代个人主义，整合传统的价值观，这是一大进步，但又要看到这一努力在客观上并未根本超出资本主义价值观的范围，它还局限于有限的民族、国家、阶级之集团利益，而没有达到马克思主义全人类的视野。“类社会”要求把狭隘的国家本位和抽象的世界本位转变为民族国家世界性融合的人类共同体。

作为对以个人主义为基础的个人主体教育的反对，历史上不乏有社会本位的思潮泛起。19 世纪 70 年代以后，社会本位的教育在德国、法国以及美国大致同时应运而生。康德早在 18、19 世纪之交提出的“人类个体本位”思想，被冷落了半个世纪之后，在 19 世纪 60 年代才有影响，70 年代又产生了新康德主义，80—90 年代形成了以纳托尔普为代表的新康德主义的“社会本位”教育观。19 世纪与 20 世纪之交，法国出现了迪尔凯姆的“社会本位”说，美国出现了杜威试图超越“个人本位”与“社会本位”界限而最终又倾向于“社会本位”的思想。

同个人主义的绝对个人观所犯的错误一样，社会本位也走向了

①康健：《论个人主义的逻辑及其限度》，《中共中央党校学报》1997 年第 4 期。

绝对的社会观。例如，纳托尔普说："在事实上个人是不存在的，因为人之所以为人，只因为他生活于人群之中，并且参加社会生活。""在教育目的的决定方面，个人不具有任何的价值，个人不过是教育的原料，个人不可能成为教育的目的。"① 马克思关于人的本质的思想指明了人在实践中成为社会人和"人类主体"的正确途径。

类主体教育反对绝对的"个人本位"和"社会本位"的教育观，认为个人与社会在实践过程中统一起来，人是社会的人，社会是人的社会，人的本质是在社会关系中得以扩展和丰富。这种人不是旧唯物主义的"市民社会"中的单个人，而是新唯物主义的人类社会中的具有人类共同利益的人。笔者认为类主体有两种发展水平：具有世界历史性的个人和具有类本质的自由主体，前者适应于现阶段，后者适应于真正的人类社会。总之，类主体教育在教育目的上，是对孤立个人的反叛，而强调社会整体的利益，但又没有陷入抽象的绝对的社会本位，而是建立在真正的人类社会或"世界历史"中的具有整体观念的个人。

二、从对象化活动到交往活动：教育实践观的转变

笛卡儿作为近代西方哲学的创始人，他的"我思故我在"的第一原理，对近代西方的思维模式影响极为深刻。笛卡儿从普遍怀疑论出发，认为只有"我思的"，才是唯一不可怀疑的；只有"我思到的"，才是存在的。这样就奠定了西方主客分离的思维方式。可以说，笛卡儿的单子式的、理性的"我"与周围世界的"思之所在"的这种关系，是西方个人主义现代精神的深层基础。"在西方社会，

①南京师范大学教育系编《教育学》，人民教育出版社，1984，第160—161页。

个人主义是一种真正的哲学。”[①] 难怪多迈尔在《主体性的黄昏》中，首先把个人主体性追溯到笛卡儿，认为笛卡儿的这种观念作为现代根基的主体性观念要是被取代的话，“那么这将意味着一种新的气候，一个新的时代的开始”。这个时代就是他所谓的“后个体主义”时代。

由笛卡儿的“我思”主体观所导致的文化深层的个体主义，是西方个人主体教育的哲学基础之一。在上文，我们已对个体主义本身作了反思，在这里我们拟对产生个体主义的原因再从另一个侧面作分析。尽管个人主体教育中的个人主体含义不同，尤其是存在主义的个人主体强调无限发展和超越的个人，强调个人的非理性方面，与自然主体、理性主体把个人当作实体化的原子式个人不同，前者从个人的内在精神自由来弘扬个人主体性，后者从个人的外部属性或先天的自然生长来规定人的主体性，但二者在“个人主义”这一点上是相同的，即它们都把人的发展和人格理想的实现完全建立在个人自身的固有本质属性上，而不是建立在个人与他人的相互交往中，忽略或贬低了个人与他人相互交往对于发展自己的积极作用，因而人就成了孤立的个人、占有性的个人，而与他人对立分裂，使个人与他人之间缺少统一的整体性。因此，从这一角度反思，可以把个人主义的根源之一归结为“交往的丧失”。[②]

正因为“交往的丧失”，所以传统的教育理论都没有从交往的角度来理解教育，而把教育活动定义为主客对立的对象化活动。如果

①弗莱德·R. 多迈尔：《主体性的黄昏》，万俊人译，广西师范大学出版社，2013，第2页。

②方朝晖：《重建价值主体——卡尔·雅斯贝斯对近现代西方自由观的扬弃》，中央广播电视大学出版社，1993，第119—121页。

从生成占有性个人主体性而言，教育就应该定义为一种主客分离的对象化活动。但类主体教育强调的是具有类意识、类观念的个人主体，这些主体之间不是孤立的、对立的，而是具有主体间性的，从这个角度来考虑，教育就应该用“交往”来定义。教育是在人与人之间的交往中展开的，教育是主体与主体之间以共同的客体为中介所构成的交往活动。

马克思说：“人们在生产中不仅仅影响自然界，而且也互相影响。他们只有以一定的方式共同活动和互相交换其活动，才能进行生产。为了进行生产，人们相互之间便发生一定的联系和关系；只有在这些社会联系和社会关系的范围内，才会有他们对自然界的影响，才会有生产。”[①] 这说明实践活动既是一种主客体之间的对象化活动，又是主体与主体之间的交往活动。活动和交往是紧密联系的，它们是同一实践过程中不可分割的两个方面。实践是以主体间的交往为中介的，而交往也以主体的活动为中介。换言之，活动是一种关系中的活动，而交往是一种活动中的关系。实践是对象化活动和交往活动的统一。所以，实践的结构是一个包含“主体—客体”和“主体—主体”双重关系的结构。

但是，传统意义上的实践观，只把实践看作人们对客观世界的改造，是一种单向的主客作用过程，它撇开了实践主体与主体之间的物质交往关系或社会关系，使实践中的主体、结构和关系单一化，将实践活动自觉不自觉地视为没有“主体—主体”关系介入的片面的“主体—客体”相互作用过程。

传统的教育理论也是这种传统意义上实践观的反映，它以一种主客二元对立的模式来解释师生关系。工具性教育，把教师作为主

①马克思、恩格斯：《马克思恩格斯选集》第1卷，人民出版社，2012，第340页。

体，把学生当作“锻压”“塑造”的客体，教师主宰教育过程中的一切，学生完全成为被控制的对象，这样教育必定是强制性的、灌输性的；个人主体教育，把学生作为自我发展的主体，尤其是存在主义强调“个人的选择是最高的价值”，教师只能作为知识的提供者，而不是“传道、授业”者。个人主体教育的这种对象性的教学关系，也只能使学生形成对象性的思维方式和世界观，即努力成为一个单数的主体，从而把自身之外的一切都看作是对象性存在，进而进行控制、占有、盘剥、利用，不论对人、对事、对自然都是如此。这种教育培养的只能是占有性的个人主体性。

作为对个人的占有性主体性的扬弃，类主体把主体与主体之间的主体间性作为其基本的规定，交往中的人与人之间的关系就是互为主体关系，由此而生成的人的主体性就是主体间性。可以说，交往是主体间性生成的基本机制。

但教育并不能完全用交往来规定。教育首先是教育者有目的地培养人的活动，它要以完成受教育者身心的变化为任务。所以，在总体上，教育者是教育活动的主体，受教育者作为教育活动所指向的对象，是客体。教育活动这种总体上的“主—客”结构，包含着两层意思：第一，受教育者是教育者的认识对象，教育者要根据受教育者的身心发展状况指导自己的教育活动；第二，受教育者是教育者有目的的作用对象、意欲改变的对象。教育者在教育过程中的活动都是为了改变受教育者而发起的有目的的活动。但教育过程中的受教育者不只是客体，他还是教育活动中的主体。教育者不可能通过线性的关系来直接“塑造”学生。教育过程中的具体行为是一个交往的过程。

这里把教育过程分为两个环节，即认识环节和实践环节。认识环节的关系是双向的互为主客体的关系，教师在塑造他和学生的共同文本时，为使学生能理解他的文本，就要了解学生的特点，教师作为主体就要认识作为客体的学生；学生对文本的自主选择和接受，也要依据教师的教学风格，所以学生作为主体也要认识教师这一客体。认识环节是为实践环节作准备的。

从本质上讲，教育是一种实践活动，其目的就是要引发受教育者身心的发展变化。但教育者如何导致受教育者的身心变化，这中间就要通过交往关系。教师作为一个主体，他不能能动地改造学生，他实际上只能借助语言、文字等教育资料和教学设备手段等客体的中介作用，来塑造一个自己的文本。塑造这个文本的目的旨在让学生接受，但学生是否认可、接受这个文本，则取决于学生这个主体，教师是无能为力的。学生也只有作为主体来参与这个文本的塑造，使这个文本成为师生的共识，那么，这个文本才能内化为学生自身的力量，引起学生身心发展的变化。这个内化的过程，就反映了“主我”与“客我”的矛盾对立统一。按照米德的说法，“主我”是有机体我对他人的态度的反映，“客我”是有机体采取的有组织的一组他人态度。他人的态度构成了有组织的“客我”，然后，有机体作为一个“主我”对之作出反映。①

“客我”作为教师在文本中提出的要求，只有完成了与“主我”的对立统一，才能引发“我”的变化。所以，教育过程中师生之间是通过教育资料和师生共同塑造的文本而结成主体与主体之间的交往关系。通过交往，师生之间形成共识，这个共识性的文本内化（主我与客我的矛盾统一）为学生的需要，从而引起学生的身心变

①乔治·H. 米德：《心灵、自我与社会》，赵月瑟译，上海译文出版社，1992，第155页。

化，达到教育活动的目的。教育过程中形成的主体际关系有三种：

第一种是不同的教育者在面对共同的教育对象时所结成的主体际关系。由于对受教育者的培养不是单个教育者的活动，而是复数教育者的活动，在教育活动中，为保证教育影响的协调一致，共同促进受教育者的身心变化，教育者必然要结成一致的主体际关系。第二种是不同的受教育者在同一时空中面对共同的学习内容所结成的主体际关系。古人云“独学而无友，则孤陋而寡闻”，旨在强调学习中受教育者之间交往的重要性。其实，在日常交往中，重视受教育者之间的交往格外重要，尤其是对于中学生来讲，同辈群体或者说非正式群体是他们真正的“群体”。第三种是教育者和受教育者通过教育客体而结成的主体际关系。这里的“教育者”和“受教育者”在班级授课制的制度化教育时代，都不是单数，而是复数。因此，教育者和受教育者之间的主体际关系就把前两种主体际关系作为环节而涵盖在“主—客—主”的交往模式之中，从而达到了三者之间的统一。

如此的交往模式，形成的诸种主体际关系，使教育过程中的人已不是孤单的人，而是具有主体间性的人。这样，教育的哲学基础也从个人主义的樊篱走向共同体主义或作为整个人类的教育主体形态。

三、从片面到完整：教育内容和课程观的转换

在个人主体教育的不同范式中，实际上发展了个人的两种不同主体性，一是理性的主体性，二是非理性的主体性。无论是理性主体性，还是非理性主体性，就一个人的发展而言，都是片面的、分裂的。类主体教育强调培养个人全面发展基础上的自由个性，因此，

它必然要求完整的教育。

西方社会自柏拉图以来，一直是理性主义传统占上风。“中世纪以后那个时期的高级精神生活的特征是，坚定地相信人类理性的能力，对事物有浓厚的兴趣，强烈地渴求文明和进步，但是，要注意的是，重视和渴求知识不是为其自身，而是为实用，为其实际价值；知识就是力量。”① 理性主义的传统与实用主义的价值观相结合而构成的工具理性成为西方人深层的文化理念。这种理念自启蒙运动以来，尤其是近代实证科学产生之后，一直是高歌猛进，人们把这种工具理性奉为上苍。反映在教育上，教育就成了唯理性教育。唯理性教育把向学生灌输科学尤其是自然科学的知识，使他们掌握改造世界的本领作为主要任务。它发展人的外在占有性主体性，追求对周围世界的“拷问”和“劫取”，把人作为征服世界的工具，而不问人自身的价值以及人生的价值和目的。如此这般，随着唯理性教育对人的科学知识的灌输，人就成了丧失终极关怀的“单向度的人”。

20 世纪兴起的存在主义，是对西方理性主义传统的反叛。在教育上，存在主义反对传统教育专注于理性的发展和科学的客观性所造成的教育的“非人性化”和“非个人化”，把“真正的自由和个人的独特性”作为教育的动人使命。为此，它反对唯理性教育中的“知识中心主义”倾向，认为学校必须完全修改它对知识的看法，不再以掌握知识为固有的目的，而把知识看作培养自我的手段。教育追求的目标主要是人生意义和价值的实现，学生个性发展的需要和兴趣的满足、感情的宣泄等，而不是掌握了多少知识和技能。“课程的全部重心必须从事物世界转移到人格世界”，重要的不是“教什

①梯利：《西方哲学史》，葛力译，商务印书馆，1995，第 281—282 页。

么”“学什么”，而是“怎样学”“怎样教”的问题。存在主义教育虽然反对有一套完整固定的课程，强调个人的主观性在课程选择中的作用，但它仍然把人文科学作为主要课程。至于自然科学，由于它的非人格性和理性化，与人的主观存在没有直接联系，所以，它不应该成为课程的重点。存在主义作为对理性主义的纠偏，其积极意义是显而易见的。但它同样又滑入了非理性主义，而走向另一个极端，它同唯理性教育一样犯了同样片面的错误。

类主体教育不同于个人主体教育，在最根本上的一点是，它把类主体作为教育的出发点和归宿。类主体是具有类本质的个人主体，“类本质”反映了“人所为人”的特有理念。这表现在：第一，类所体现的是对物种规定的超越本性，因此，人是超越生命的生命存在。第二，与种的自在本性不同，类属于存在的自为本性，因此，人就是一个自为的生命体。这意味着人是自我创造、自我规定的生命存在。第三，与物种规定不同，类的统一体是以个体的独立性为前提的，是内含个性差异的多样性的统一。第四，“类”存在状态，是人的发展的最高形态，它扬弃了一切分裂和异化，而走向统一。它是人与人完成了的本质的统一，人与外部世界完成了的本质的统一，人与自身完成了的本质的统一。人的类本性体现的就是人与人、人与自然、人与自身的内在的否定性统一。①

我们要培养类主体，必然要求教育是全人教育、主体性教育和个性教育的统一，其统一的模式是以全人教育为面，以主体性教育为线，以个性教育为点，构成一个立体化的教育模式。所谓全人教育，就是要紧紧抓住人的双重生命的本质，即自然生命和超自然的

---

①高清海、胡海波、贺来：《人的“类生命”与“类哲学”：走向未来的当代哲学精神》，吉林人民出版社，1998，第245—246页。

价值生命、自在与自为、现实与超越的统一，致力于使人的双重生命、双重本性得到完善和全面的发展。所谓主体性教育，就是要紧紧抓住人的“自由自觉活动”的类本质，致力于使人得到自由的发展。人的主体性就是表现在自由自觉活动中的主体性，人的自由自觉活动是活动和交往的统一，所以，人的发展就是通过交往而实现的主体的自我建构。个性教育是全人教育和主体性教育统一的表现和结果。以人的全面发展为面，以自由活动为线，以现实的人为存在体，必然使人的潜能得以充分、自由地发展，使每个人都成为有个性的、有创造性的人。

课程是教育目的的基本体现，它作为教育的实施手段，就是为了实现教育目的。类主体教育持一种“成人”的课程观，即把成为类主体作为课程设计的基点。类主体人格发展的全面性、整合性、主体性和个性化，要求类主体教育必须确立完整的整合的课程观和主体性的课程观。为此，必须在课程范式上进行根本性变革，包括知识观由符合性知识转变为解释性知识，课程编制由关注目标转向关注过程，使课程摆脱接受认同的规范，真正成为学生参与并创造性地解释现实的动态的发展的过程。

总之，当代中国的教育改革必须置于现代化的历史长河中，吸收西方发达国家个人主体性过分膨胀的教训，把类主体的教育作为时代教育发展的路标。只有这样，作为后发国家，才能实现对发达国家的超越。笔者想反复强调的是，类主体教育已经不是 18 世纪的“乌托邦”，而是今天人类走出个人主义的困境，迎接全球化、信息化社会来临的必然要求。

第四节 构建人类命运共同体：道德教育何为？

由中国领导人提出的人类命运共同体理念，已经写入了联合国社会发展委员会和人权理事会的决议，得到了越来越多国家的认同。人类命运共同体既反映了全球化社会的客观要求，又需要世界各国共同努力建构。人类命运共同体能否实现，关键在于共同体中的人。正如罗马俱乐部报告指出的，“一个新型社会只有在其形成过程中有新人产生时，或更确切地说，只有当今占优势的人类各结构彻底变革时，才能出现”[①]。所以，构建人类命运共同体，需要教育培养人类命运共同体中的人，使之具有人类命运共同体所需要的意识、价值观和行为方式。

一、人类命运共同体的时代内涵

人类命运共同体虽是一个新的理念，但不是横空出世的，它有着历史发展的必然性，是人类社会发展到现阶段的产物。因此，我们需要在人类历史发展进程中，把握人类命运共同体的内涵与特征。

马克思指出：“整个历史也无非是人类本性的不断改变而已”[②]，社会的发展塑造了人的本质。马克思依据人的发展状态，把人类社会分为三个阶段或三种状态：人的依赖关系，以物的依赖性为基础

①鲁洁：《走向世界历史的人——论人的转型与教育》，《教育研究》1999 年第 11 期。

②马克思、恩格斯：《马克思恩格斯文集》第 1 卷，人民出版社，2009，第 632 页。

的人的独立性，建立在个人全面发展和他们共同的、社会的生产能力成为从属于他们的社会财富这一基础上的自由个性。[1] 在三个历史阶段中，不同发展状态的人结成了“天然的共同体”“虚假的共同体”和“自由人的联合体”三种不同的社会关系。

“天然共同体”出现在前现代社会。前现代的原始社会，生产力不发达，人类改造自然的能力薄弱，单个的人无法生存。对此，马克思说道：“我们越往前追溯历史，个人，从而也是进行生产的个人，就越表现为不独立，从属于一个较大的整体。”[2] 最初是局限于血缘关系的家庭，然后逐渐发展为地缘关系的部落、氏族、城邦。自然发生的人与人的联系使人成为“一定的狭隘人群的附属物”。前现代社会，共同体作为实足的存在，具有绝对统治地位，个人通过共同体获得自己的身份。所以，我不属于我自己，我属于大自然，我属于部落，属于城邦。奴隶社会和封建社会的出现，改变了人的依赖关系的自然性，从自然发生的依赖到强制性的权力依赖，但没有改变人的依赖关系。因此，依然属于天然共同体。

“虚假共同体”出现在现代社会。不同于前现代社会，个人成为现代社会的主体，社会为个人而存在。诞生于以追逐金钱及物质私利为本性的资本主义社会的人，形成的是“以物的依赖性为基础的个人独立性”。这种独立性打破了天然共同体中的自然依附，也打破了等级制社会中的权力依附，使个人通过占有物获得了独立和自由，但也形成了人与人之间的资本逻辑关系和物的交换关系。在这种关系中，每个人是作为一个自足的实体，成为封闭的单子式存在。人与人之间彼此孤立，相互之间不可理喻、不可沟通，甚至为了个人

①马克思、恩格斯：《马克思恩格斯文集》第8卷，人民出版社，2009，第52页。
②马克思、恩格斯：《马克思恩格斯文集》第8卷，人民出版社，2009，第6页。

私利，人与人之间如同“豺狼”一般（霍布斯语）。马克思指出：“在‘市民社会’中，社会联系的各种形式，对个人说来，才表现为只是达到他私人目的的手段，才表现为外在的必然性。”① 人与人之间靠外在的制度约束联系在一起，缺少内在的聚合力。所谓“公众”，只是一个抽象的名词而已，其含义即是虚假的（克尔凯郭尔语）。因此，以占有物为基础的个人主体所引发的主客体关系，不仅造成了人与人之间的孤立与封闭，也造成了国家之间的分离与对立。人的这种生存状态和方式，即便出现了“历史向世界历史的转变”，也不会改变共同体的虚假性。

马克思指出的“建立在个人全面发展和他们共同的、社会的生产能力成为从属于他们的社会财富这一基础上的自由个性”，克服了“人的依赖关系”和“以物的依赖性为基础的人的独立性”的局限，代表着人类可以预见的最高发展阶段。它扬弃了一切分裂和异化，是人与人、人与世界、人与自身完成了的本质的统一。这就是马克思所说的“自由人的联合体”。在“自由人的联合体”中，每个人不仅是一个自主的我，不受他人的支配，而且人与人之间是充分普遍的交往、自由的联合。各个人在自由的联合中，并通过充分普遍的交往获得自我。此时的个人，不是孤立的我，而是关系中的我，是作为群体成员的我。人在自由人的联合体中丰富了社会关系，实现了全面发展。马克思指出：“从前各个人联合而成的虚假的共同体，总是相对于各个人而独立的；由于这种共同体是一个阶级反对另一个阶级的联合，因此对于被统治的阶级来说，它不仅是完全虚幻的共同体，而且是新的桎梏。”② 只有共产主义，克服了“一个阶

①马克思、恩格斯：《马克思恩格斯文集》第8卷，人民出版社，2009，第6页。
②马克思、恩格斯：《马克思恩格斯文集》第1卷，人民出版社，2009，第570页。

级反对另一个阶级的联合”，超越了狭隘的民族主义和国家主义，才是人类“真正的共同体”。

共产主义作为人类的联合体，是人类发展的最高理想，但不是现实的状态。现代以国家为主导，每个国家对于别的国家都是独立自主的，这是人类社会发展的主导形态。但现实中出现了超越国家局限、迈向人类共同体的条件，这些条件客观上为人类共同体的出现，提供了可能和要求。首先，全球一体化的格局已经形成。世界是个大市场，全球都在进行贸易。我们确实感受到世界经济的一体化和世界经济的相互影响。伴随经济的全球化，还出现了文化、生活方式、价值观念、意识形态等精神力量的跨国交流、碰撞、冲突与融合。国与国之间已经完全打破了孤立的、封闭状态，各国之间相互联系、相互依存的程度空前加深，越来越成为“你中有我、我中有你”的命运共同体。这种状态，借助于互联网变得更加便捷、更加迅速、更加紧密。以前受时空制约而限制了全球的交往，在当今互联网时代，时空已不再是障碍，人与人之间实现了零距离交往。在这种存在和发展方式中，人与人之间达臻相互理解、视界融合的可能性越来越大。全球化的局势促进了人类交往的一体化，加速了世界一体化进程。其次，人类面临的问题，需要世界各国共同应对。包括气候变化、环境危机、疾病流行、恐怖主义、跨国犯罪、金融危机、网络安全等一系列威胁人类生存的问题，“可持续发展已经成为发展方面的核心关切问题”①。人类的可持续发展问题不是单凭一国之力能解决的，而是需要人类实现更大的联合，共同应对，协同解决。

①联合国教科文组织：《反思教育：向“全球共同利益”的理念转变?》，联合国教科文组织总部中文科译，教育科学出版社，2017，第 13 页。

当然，应该看到，世界正在走向一体化，但国家依然是主导。各国之间正在形成一种既保持各自的独立和主权，又相互合作与交往的国际关系，它超越了国家主义的“虚假共同体”。不可否认，资本主义私有制所具有的人对物的占有本质，人为物所异化的状况在消费社会也在不断地扩大，个人中心的取向也在某种程度上继续强化与恶化，甚至发展为少数国家控制的世界霸权。因此，真正的人类主体是不现实的，还需要相当长的过程。但人类发展的全球化格局和可持续发展问题的解决，已经使人们行走在“人类共同体”的道路上。这就是现阶段人类社会发展的现实，也是人类命运共同体提出的历史必然和现实依据。

中国领导人洞悉人类社会发展的趋势，审时度势提出了人类命运共同体的新理念，作为处理合作共赢新型大国关系的策略，写入了党的十八大报告。党的十八大报告指出，人类命运共同体是“在追求本国利益时兼顾他国合理关切，在谋求本国发展中促进各国共同发展，建立更加平等均衡的新型全球发展伙伴关系，同舟共济，权责共担，增进人类共同利益”。国际社会联盟呼应这一定义，强调指出，“人类在追求自身利益时兼顾他方合理关切，在谋求自身发展中促进人类共同发展”。① 人类命运共同体，一方面强调国家的独立和国家自身的利益；另一方面强调“人类只有一个地球，共处一个世界”。因此，人类命运相连，荣损与共，“应以人类命运共同体意识促进国家间、民族间、地区间、企业间、家庭间、个人间的和谐互助、共生共利共荣，以人类文明幸福发展的可持续为使命，建立

①转引自史宏波：《人类命运共同体的理论意蕴与历史意义》，《当代世界与社会主义》2018 年第 6 期。

起社会利益互惠机制”①，构建人类命运共同体。

人类命运共同体不同于马克思主义理想的人类主体。人类主体作为自由人的联合体，实现了人与自我、人与社会、人与自然的完美的统一。人类命运共同体是人类主体在当代的形态，一方面人类蕴含着内在的联系，要求国家、民族间必须合作；另一方面又面临着冲突与对抗。这正如康德所描述的，“他们相互强制着，结成一个经常面临分裂危险、但却向一个世界公民社会（世界主义）共同前进的联合体”②。人类命运共同体为“自由人的联合体”创造了契机。

二、人类命运共同体对人的发展的新要求

自党的十八大提出人类命运共同体的理念后，中国政府不断探索和完善这一理念。2015 年 9 月 28 日，国家主席习近平在出席第 70 届联合国大会一般性辩论时的讲话中，系统提出了人类命运共同体“五位一体”的总布局和总路径：一要建立平等相待、互商互谅的伙伴关系；二要营造公道正义、共建共享的安全格局；三要谋求开放创新、包容互惠的发展前景；四要促进和而不同、兼收并蓄的文明交流；五要构筑尊崇自然、绿色发展的生态体系。③ 这些主张虽然是就国家而言的，但国家是以组成它的公民为基础的。国与国之间的关系通过各自的公民来实现。因此，人类命运共同体为人的存在和发展方式提出了要求。把人类命运共同体建设成为全球的利益

①转引自史宏波：《人类命运共同体的理论意蕴与历史意义》，《当代世界与社会主义》2018 年第 6 期。

②康德：《实用人类学》，邓晓芒译，重庆出版社，1987，第 244 页。

③习近平：《携手构建合作共赢新伙伴 同心打造人类命运共同体》，《人民日报》2015 年 9 月 29 日第 2 版。

共同体、政治共同体、文明共同体、生态共同体和责任共同体，需要确立人的发展的新观念。

（一）树立互利互惠的利益观，打造全球利益共同体

人类命运因为全球化经济而结成一体。因此，它首先是全球利益共同体。全球共同利益是它的诉求，正确理解人类命运共同体中的全球利益，它是各个国家利益的最大公约数，不是人类公共利益。真正的人类主体尚未成为现实，人类公共利益也不现实。各个国家在国际交往中维护自己的利益，以国家的利益为主。但是，人类命运共同体需要超越国家主义，以国际合作的视野来寻求各国利益合作的契合点和最大公约数。在这个过程中，我们需要坚持国家的合理利益，但需要放弃狭隘的国家主义，也不能无原则地牺牲国家的利益。全球共同体的利益是各国互利互惠的利益，在合理利己的同时，也有利于他国的利益。正如法国哲学家霍尔巴赫所言："为了使自己幸福，就必须为自己幸福所需要的别人的幸福而工作。"① 人类命运共同体实际要打造的是"利本国"和"利他国"相统一的"利益共同体"。在国际交往中以互利为原则，在互利中实现共赢，不仅赢得了一个国家的好，也赢得了世界共同的好。

（二）树立国际权力观，打造全球政治共同体

人类命运共同体中，要变革国家与国家对立的状态，改变以国家为基础的"排外主义"和"霸权主义"，国际社会需要重建一种新的权力观，使各个国家能够紧密联系起来，构成"对话不对抗、结伴不结盟"的伙伴关系。这就需要一种国际权力观。"国际权力观的价值基点是全球主义和多边主义……，主张国家权力的适当让渡，

---

①北京大学哲学系外国哲学史教研室编译《十八世纪法国哲学》，商务印书馆，1963，第649页。

汇聚成解决全球性事务的力量，在互商互谅的基础上实现全球政治觉醒。”① 每个国家作为独立主体，都有权利选择自己的制度、发展道路和发展模式，其他国家无权干涉别国的内政，因此，国际权力观，首先要放弃政治上的偏见，所有的国家，无论大小、贫富、强弱，都是国际社会的一员，都享有平等的国际地位并平等地参与全球治理。另一方面，充分尊重他国的社会制度、意识形态，在共同的国际政治事务中，平等互商，主动承担责任，共同享受发展的成果。

（三）树立开放包容的价值观，打造全球文明共同体

美国政治学家塞缪尔·亨廷顿针对冷战后国际格局，提出了“文明冲突论”的观点，他预言，冷战后世界冲突的基本根源不再是意识形态，而是文化方面的差异，主宰全球的将是“文明的冲突”。亨廷顿的“文明冲突论”就是一种单子式的文明观，每一个国家只推崇自己的文明，有的国家把自己的文明打扮成“世界文明”，向发展中国家强行推送，甚至取代发展中国家的文明，那样的结果将导致文明的冲突。文明作为文化的积淀、历史和传统的呈现，具有本土性。每个国家和民族都有自己的文明，文明没有优劣之分，只有特色之别。人类命运共同体需要的文明不是人类的同质性文明，更不是某个国家强加给别人的“普世文明”，而是多样化的文明。文明之间需要的是相互对话而不是排斥、相互交流而不是取代。文明的特殊性和共同体的统一，塑造了“和而不同”的文明共同体。在这样的共同体中，每种文明“都应该彼此和谐相处、平等相待，都应该互尊互鉴、相互学习，摒弃一切傲慢和偏见。唯有如此，各国才

①徐艳玲、陈明琨：《人类命运共同体的多重建构》，《毛泽东邓小平理论研究》2016年第7期。

能共同发展、共享繁荣”①。

（四）确立天人合一的自然观，打造全球生态共同体

人是大自然的一部分，大自然是人类的母亲。在“天然共同体”阶段，人类改造自然的能力有限，人匍匐于自然之上，敬畏自然，天人原始地融合在一起。但近代以来，随着生产力的发展、科学技术的进步，人改造自然的能力越来越强。以占有为目的的单子式个人对自然的改造以及肆意的掠夺式开发，以破坏大自然为代价，导致了自然对人类的报复，气候变化、环境污染、生态危机直接威胁到人类的生存。在“虚假的共同体”中，无法破解人与自然之间的这一灾难性难题。然而，“人类只有一个地球”，解决人类共同面对的自然灾难，需要树立天人合一、道法自然的观念，增强尊重自然、顺应自然、保护自然的意识，打造人与自然和谐的生态共同体。

（五）树立责任担当意识，打造全球责任共同体

人类命运共同体强调合作，在合作中共赢、共发展。但这种合作，如果是基于利益的合作，既不会深入，也不会长远，甚至会因为利益分割问题而产生对立和冲突。基于各国利益考虑的合作，依然是单子式个人主体性表现，所谓的合作是迫不得已。在这种合作中，人们只有被动的义务，没有主动的责任。真正的人类命运共同体，必须树立“责任担当”意识，既有对本国发展的内部责任，也有对世界发展的外部责任；既要对本国的公民负责，对本国的发展和利益负责，也要对世界的发展负责，尤其是为世界问题的解决、世界经济的发展、世界和平主动承担责任。责任共同体是人类命运共同体的保障。人类只有成为责任共同体，才会有利益共同体和安

---

①习近平：《共倡开放包容 共促和平发展》，《人民日报》2015 年 10 月 23 日第 2 版。

全共同体。

人类命运共同体所打造的全球利益共同体、政治共同体、文明共同体、生态共同体和责任共同体，要求我们处理好两大关系：一是人类与自然的关系。抛弃人类中心主义，树立天人合一的理念，建立人与自然的生命共同体，促进人类社会的可持续发展。二是国家之间、民族之间、个体之间的关系。确立一种主体间的平等关系，减少以至消除由于同类相争和相残造成的冲突和灾难，使我们这个“地球村”的村民能够和睦相处。因此，人类命运共同体中的人，既是作为他自己，又是国家的公民和人类的一员，三者相互制约，人类特性制约着国家公民，国家公民制约着个体的发展，最终统一于个体发展之上。

三、道德教育：唤醒人的“类伦理”觉悟

人类命运共同体中的人是以个体形式表现的，但他不同于现代社会单子式的人。单子式的人是一个个孤立的实体，以自我为中心，因此是狭隘的，与外部世界是对立的。人类命运共同体中的人是开放的、联合的，他把自己融入人类命运共同体之中并作为共同体中的一员。这样的人，必须具有人类命运共同体的意识。国家主席习近平多次指出，要树立人类命运共同体意识，共同担当，同舟共济，共促全球发展。联合国教科文组织 2015 年发布《反思教育：向“全球共同利益”的理念转变?》，也呼吁世界各国把“为建设我们共同的未来而实现团结和共同承担责任的意识”作为当前教育的目标和宗旨。从教育学的角度考察，培养人类命运共同体意识，需要站在人类命运共同体的高度，唤醒人的类本性和类意识，重塑人与自然、人与人、国与国之间的伦理关系。

（一）唤醒人的类本性和类意识

人类作为整体性存在，人是类的存在物。这样理解的“类”，是与自然界相对的，费尔巴哈就是如此，“他只能把人的本质理解为‘类’，理解为一种内在的、无声的、把许多个人纯粹自然地联系起来的共同性”①。马克思批判费尔巴哈的这种理解，指出其脱离人的现实的社会关系理解人的本质，导致了人的本质的抽象化。但马克思并未由此否认类的概念和人的类本质，而是从人的实践活动、从人现实的社会存在出发理解人的类本质，指出：“一个种的整体特性、种的类特性就在于生命活动的性质，而自由的有意识的活动恰恰就是人的类特性。”② 马克思类本性的理想正是人类命运共同体的价值追求。③

第一，类本性是人对世界开放的本性。人与动物相比，动物是封闭的，它的生命就是它本身，但人是开放的，因为人的生命是未特定化的，具有未完成性。人的未完成性决定了人必须通过实践活动，向自然、向他人、向社会开放，并与之结成内在统一关系。这种关系超越了物与物之间封闭的、孤立的和隔离的关系，形成了世界的一体性关系。开放的类特性不是固有的，“天然共同体”中，人与共同体浑然一体，没有个体的存在，谈不上开放。“虚假共同体”中每个人拘泥于自我，封闭着自己，也没有实现开放。“人类命运共同体”必须使人成为一个开放的存在，向他人开放，向世界开放。只有开放，才能合作，才能共同发展。

第二，类本性是人与自然、人与社会、人与类统一的本性。人

---

①马克思、恩格斯：《马克思恩格斯全集》第3卷，人民出版社，1960，第5页。

②马克思、恩格斯：《马克思恩格斯文集》第1卷，人民出版社，2009，第162页。

③贺来：《马克思哲学的“类”概念与“人类命运共同体”》，《哲学研究》2016年第8期。

是自然的一部分，但人又具有能动性，能够改造自然、超越自然，把自然变成人的对象，使自然成为属人世界的一部分。但人对自然的改造，不能超越自然的限度，归根结底，人属于自然，大自然是人类赖以存在的环境。人与自然的关系、人与社会的关系是统一的。“只有在社会中，自然界才是人自己的合乎人性的存在的基础，才是人的现实的生活要素。”① 在“自然共同体”中，人依附于自然，也依附于社会。“虚假共同体”中，单子式的个人，不仅与自然对立，也与类对立。马克思指出，“虚假共同体”中，“人绝对不是类存在物，相反，类生活本身，即社会，显现为诸个体的外部框架，显现为他们原有的独立性的限制。把他们连接起来的唯一纽带是自然的必然性，是需要和私人利益，是对他们的财产和他们的利己的人身的保护”②。人类共同体阶段，一方面，“每个人的自由发展是一切人的自由发展的条件”③，是人类共同体的条件；另一方面，“只有在共同体中，个人才能获得全面发展其才能的手段，也就是说，只有在共同体中才可能有个人自由”④。在人类共同体中，人与自然、人与社会、人与人类实现了本质的统一。

第三，类本性是人“自由自觉”的本性。马克思指出：“动物和自己的生命活动是直接同一的……人则使自己的生命活动本身变成自己意志的和自己意识的对象。”⑤ 因此，人的生命超越了动物的自在性，具有自觉性。人的自觉性只能在自由的活动中体现出来。然而，在“天然共同体”中，人依附于共同体，共同体支配人的活

①马克思、恩格斯：《马克思恩格斯文集》第1卷，人民出版社，2009，第187页。
②马克思、恩格斯：《马克思恩格斯文集》第1卷，人民出版社，2009，第42页。
③马克思、恩格斯：《马克思恩格斯文集》第2卷，人民出版社，2009，第53页。
④马克思、恩格斯：《马克思恩格斯文集》第1卷，人民出版社，2009，第570页。
⑤马克思、恩格斯：《马克思恩格斯文集》第1卷，人民出版社，2009，第162页。

动，没有自由可言。在“虚假的共同体”中，尽管单子式个人获得了自主，但占有性的个人主体不仅导致了人的对象性关系贫乏化，而且把人与人间的交往关系异化为人与物的占有关系，人无法通过交往活动获得自由。马克思的人类共同体是“自由人的联合体”，在这里，每个人既是他自己，又是共同体的成员。每个人普遍的、充分的交往，构筑了人类共同体，丰富了人的社会关系，实现了人的自由的、全面的发展。

类本性是人的发展的最高形态，具有类本性的人是马克思所说的“建立在全面发展基础上的自由个性”，是完整的人、主体性的人、有个性的人和真正普遍的人。[①] 具有类本性的人，即类主体，它超越了共同体的“大我”，也超越了单子式的“小我”，是人与类、个体与社会、“大我”与“小我”的本质统一。从教育的角度来说，培养类主体的教育，就把“全面发展”“自由发展”和“个性发展”三者融合在一起，成为一个统一的教育整体。

必须指出的是，人的类本性、类主体，是人类社会发展的最高形态，人类命运共同体是类本性、类主体的当代形态。在国家没有消亡的现代社会，人类与国家、国家与国家还存在着张力和矛盾，因此，人类命运共同体中的人还不完全是“类主体”，而是“世界历史性的人”。“世界历史性的人，不仅强调培养人的世界历史性，而且强调培养人的主体性，把人培养成面向世界、胸怀全人类利益的社会历史活动的主体”[②]，尤其是需要培养当代人的全球意识和世界历史性观念。为此，需要开展国际理解教育、多元文化教育、和

---

①冯建军：《当代主体教育论——走向类主体的教育》，江苏教育出版社，2004，第198—201页。

②冯建军：《当代主体教育论——走向类主体的教育》，江苏教育出版社，2004，第143页。

平教育等，处理好人与人、人与社会、国与国的关系；开展环境教育、可持续发展教育等，处理好人与自然的关系；需要培养个人的主体性，同时以类本性、世界历史性引导个人主体性的发展。

（二）人类命运共同体的公共伦理教育

人类命运共同体不只是一个以贸易为联结的利益共同体，在本质上更应该是一个伦理共同体、价值共同体。只有在伦理、价值上，把人与人、国与国联结起来，世界才能真正地成为一个“类”。人类命运共同体的公共伦理是推动构建人类命运共同体在全球层面形成的伦理共识和价值共识。

第一，全球底线伦理。人类共有一个地球、共有一个家园，如果不想让这个家园分裂，全球就必须具有共同的伦理。“全球伦理”是侧重于与人类生存、发展和命运休戚相关的基本伦理精神及其相应的道德规范①，反映了人类的本性和人类发展中“不得不”的底线伦理。1993 年召开的“世界宗教会议”100 周年纪念大会，来自世界各地的 6000 多名代表讨论、通过并签署了著名的《走向全球普世伦理宣言》。这一宣言包括了多种普世伦理的规范，其中既有孔子倡导的“己所不欲，勿施于人”的“黄金规则”，也有耶稣“你们愿意别人怎样对待你们，你们也要怎样对待他们”的教条。② 全球伦理的存在，不仅因为我们共有一个地球，还因为我们都是人，都具有人性。人性是伦理底线。孟子提出的“恻隐之心”“羞恶之心”“辞让之心”“是非之心”就是人性的底线。缺少这“四心”，则“非人也”。同情、怜悯、羞耻、善恶都是人类基本的伦理品质。

---

①邹海贵：《论构建人类命运共同体的全球伦理精神》，《伦理学研究》2022 年第 4 期。

②胡贤鑫：《从群体伦理到类伦理——伦理的历史走向》，《马克思主义与现实》2003 年第 5 期。

第二，人类共同价值观。价值观是人们对价值的选择和看法。价值观反映自己的意志和愿望，是每个人的价值选择。因此，价值具有多元性。但多元的价值不排斥人类还具有的共同的价值。这种共同的价值源于人类的共同性，也源于我们一起生活的要求。没有共同的价值，社会就不会有和谐，人类就不会有和平。中国致力于构建人类命运共同体，习近平总书记在出席第70届联合国大会一般性辩论时指出“和平、发展、公平、正义、民主、自由是全人类的共同价值”。党的二十大报告呼吁“世界各国弘扬和平、发展、公平、正义、民主、自由的全人类共同价值”①。全球价值观是人类为了追求美好生活而共同具有的价值观，它超越个人、民族、国家的价值观，具有人类的普遍性和共同性。

第三，民族国家和谐共处的世界伦理。全球化固然把世界各国紧紧联系在一起，命运与共，但民族国家仍然是当前世界的基本存在形态，民族国家的伦理依然占据主导地位。民族国家伦理的在地性、多元性、差异性还会导致伦理观念的冲突。面对不同伦理观的冲突，不是消灭差异、强制统一，而是寻求民族国家伦理主体间的对话，形成以民族国家为主体的世界伦理。这种世界伦理不同于全球伦理和共同价值观的统一性、同一性，而是在承认民族国家伦理的前提下，超越单一的民族国家伦理，寻求不同伦理的差异性共在。世界伦理包括全球正义、全球对话、全球宽容、全球团结、全球责任，等等。② 在民族国家主导世界的情况下，正义是世界伦理的基本

①习近平：《高举中国特色社会主义伟大旗帜 为全面建设社会主义现代化国家而团结奋斗——在中国共产党第二十次全国代表大会上的报告》，人民出版社，2022，第63页。

②邹海贵：《论构建人类命运共同体的全球伦理精神》，《伦理学研究》2022年第4期。

要求。全球正义意味着国家不论大小、强弱，都具有平等的权利，都有自己的主权，都具有平等的地位。全球正义反对大国霸权和侵略。全球对话是不同国家为了寻求妥协和共识而采取的手段，对话秉持平等的伦理原则，合理地、自愿地让渡自己的权利。民族国家不同，在地化的伦理价值观不同，不同的伦理价值观，没有高低、优劣之分，只有特色、地域之别，不同的伦理价值观，必须相互尊重、相互包容，实现“和而不同”“美美与共”。全球团结是把人类联结起来的力量。因为人类可能遇到种种不确定的风险，唯有团结才能应对各种全球性风险挑战和生存危机。全球团结要求每个国家都以负责任的精神，承担自己的责任，完成自己分内的事情，对世界负责，为人类尽责。

（三）人与自然生命共同体的生态伦理教育

传统的伦理学只限定于调节人与人之间的关系，把人类视为伦理关怀的主体，而把整个自然界以及其他生命形式排除在伦理学之外。人是主体，自然是客体，近代以来不断高扬的主体性，就是主体对客体、人对自然的征服。人类中心主义彰显的就是人在自然面前的傲慢和高明。马克思主义认为，人首先是自然的存在物，自然是人类无机的身体。自然界优先于人类的存在。大自然可以不需要人类，但人类离不开大自然。因此，人类应当承认自然本身的优先性和对人类活动的制约性，尊重自然，敬畏自然，顺应自然。现代伦理学把自然纳入伦理学，建立了生态伦理学。自然有着与人类同样的生存权利。人与自然是一体的，尊重自然，就是尊重人类自己；爱护自然就是爱护人类家园，爱护人“无机的身体”。生命伦理的倡导者施韦泽认为，生命不仅指人的生命，而且指每一个生物的生命。他说：“只有当人认为所有生命，包括人的生命和一切生物的生命都是神圣的时候，他才是伦理的。”[①] 波里特也认为，人类仅仅出于自我的利益保护动物是不够的，应有“更深刻的道德理由，即尊重所有生存在星球上生命”[②]。

以往的教育，无论是环境教育、生态教育，还是生命教育、生存教育、生活教育，都是指向人的生命、为了人的生命的教育，忽视了大自然及其他生命形式，把其他生命作为异类排除在外。因此，以人为核心的生命教育，应该从生命走向生态，建立“大生命”教育观，开展生态教育，以一种开放的视野、一种人与自然共生的胸襟，视自然为同类，维护所有生命的权益。

从生命伦理走向生态伦理，摒弃人类中心主义，不是否定人的主动性，回到人匍匐于自然的原始状态，而是要看到人的主动性的限度，看到自然对人的制约性，因为人受制于自然，自然具有优先性，人必须遵从自然，敬畏自然，承认自然权利，在自然可以承受的限度内，合理地、有节制地利用自然，确定“人对自然界的道德义务”[③]，给自然以道德关怀，构建人与自然和谐共生的伦理关系。

生态伦理学还提出了一个代际问题。当代社会所产生的环境和生态问题是否应该留给下一代人解决？如果不把这些问题留给下一代人，当代人又该怎么做？世界环境与发展委员会在《我们共同的未来》中给出了“可持续发展”的答案。可持续发展是指“既要满

---

①阿尔贝特·施韦泽：《敬畏生命——五十年来的基本论述》，陈泽环译，上海社会科学院出版社，2003，第9页。

②安德鲁·多布森：《绿色政治思想》，郇庆治译，山东大学出版社，2012，第54页。

③曹孟勤：《生态伦理本体的反思与重构》，《道德与文明》2007年第3期。

足当代人的需要，又不对后代人满足其需要的能力构成危害的发展"[1]。按照可持续发展的思想，当代人必须维护后代人的生态环境权益，实现自然资源分配上的"代际正义"。

①世界环境与发展委员会：《我们共同的未来》，王之佳、柯金良等译，吉林人民出版社，1997，第52页。

结语

主体教育研究四十年

近些年，构建中国特色教育学成为学界讨论的热点。在我看来，主体教育理论就是改革开放以来中国特色教育学的重要组成部分。如果从1981年顾明远先生第一次正式提出“学生是教育主体”算起，已逾四十年。四十多年里，主体教育研究伴随着我国社会的发展不断深入，并转化为教育实践。大致可以分为四个阶段：认识论中师生主体地位讨论阶段（1981—1990）、主体性教育阶段（1991—2000）、主体间性教育阶段（2001—2010）和公共性教育阶段（2011至今）。四个阶段的时间划分只是相对的，不是否定性的替代，而是连续性的发展，后一个阶段包含着前一个阶段的成果和实践。本文试图通过回顾主体教育研究四十年的发展过程，认识理论建构与社会发展、教育实践之间的互动关系，为建构中国特色教育学提供案例和经验。

（一）认识论中教师和学生主体地位的争论

新中国成立后，中国教育学主要是学习苏联的教育学。苏联的教育学虽然强调教师在教学中的“领导作用”，但也不完全忽视学生的积极性，认为“学生没有自身的积极性，是不可能领会知识的”①。所以，“学生的自觉性和积极性”在苏联教育学中被作为一个教学原则。1979年，人民教育出版社出版的苏联巴拉诺夫、沃莉

①凯洛夫：《教育学》上册，沈颖、南致善等译，人民教育出版社，1950，第81页。

科娃、斯拉斯捷宁等编写的《教育学》提出“儿童是教育的客体和主体”①。正是这一思想启发了顾明远先生，他1981年在《江苏教育》第10期发表了《学生既是教育的客体，又是教育的主体》，这是中国教育学界第一次正式使用学生“主体”一词，这一观点写进了1982年出版的中师《教育学》。② 此前，1980年《中国社会科学》第3期发表过于光远先生的《教育认识现象学中的“三体问题”》。该文从马克思主义认识论出发，认为作为认识过程的教育活动不是简单地处理认识主体和认识客体之间的“二体问题”，而是处理教育者、受教育者和环境之间的“三体问题”。其中，教育者和受教育者对环境而言都是认识主体，他们又彼此互为主客体。于光远的文章是由一次会议发言稿整理而成的，在修改完善过程中，也听取了教育学界包括王铁、滕纯、顾明远等学者的意见。于光远的《教育认识现象学中的“三体问题”》和顾明远的《学生既是教育的客体，又是教育的主体》不仅是中国教育学界讨论教师和学生主体地位最早的两篇文章，更重要的是，他们在文章中都明确肯定了学生（儿童）在教育过程中的主体地位，这对于以往强调教师的教、忽视学生的学来说，无疑是一种极大的进步。

这一思想观点很快就得到了教育学界的认同。1983年，王策三的《论教师的主导作用和学生的主体地位》、狄枚的《教学改革与“学为主体”》、张美今的《发挥学生学习的主体作用——改革教育学教学的点滴尝试》发表，都明确提出了学生主体的概念。王策三的《论教师的主导作用和学生的主体地位》首先肯定了教师对学生

①巴拉诺夫、沃莉科娃、斯拉斯捷宁等：《教育学》，李子卓等译，人民教育出版社，1979，第77页。

②顾明远：《编写中师〈教育学〉》，《中国教师》2021年第2期。

教育的主导作用，这一原则不能丢。但又认识到学生在教育活动中是能动的，没有主体的能动活动，则任何环境和教育都不起作用。所以，教师的主导作用并不排斥学生的主体作用，相反，没有学生的主体作用，也就没有教师的主导作用，教师的主导作用与学生的主体地位是一致的。① 狄枚在《教学改革与“学为主体”》中界定了“学为主体”或者称为“学生主体论”，认为学生是学习的主体，是教与学这个对立统一的矛盾中主要的矛盾方面。学为主体，意味着承认学生是学习认识过程的主体；承认学生的学习品质是学生学习的内因；承认学生的学习内因是学习过程发展的根据。② 后续又发表了一些学者的文章，肯定“教师主导作用，学生主体地位”这一命题。一些教育学教材包括 1982 年的中师《教育学》都采用了这一观点，一时间成为教育学界较为公认的观点。

1987 年，学界开始对“教师主导作用，学生主体地位”提出商榷。姬兴斌在《对“学生是教育的客体和主体”这一命题的商榷》中认为，“学生是学习的主体”这个提法是正确的，但不能把“学习的主体”和“教育的主体”混为一谈。因为教育是在教师主导下进行的，教师是施教的主体，学生是施教的客体。只能在学习上，才能称学生是学习的主体。③ 丁钢在《“教师为主导，学生为主体”论质疑——教学主体的再认识》一文中指出，“教师为主导，学生为主体”是两种不同层次认识的组合。“教为主导”是从角色作用上来确定的，“学为主体”是一种认识论意义上的表述，这两种表述并

①王策三：《论教师的主导作用和学生的主体地位》，《北京师范大学学报（社会科学版）》1983 年第 6 期。

②狄枚：《教学改革与“学为主体”》，《高等教育研究》1983 年第 2 期。

③姬兴斌：《对“学生是教育的客体和主体”这一命题的商榷》，《新疆教育学院学报（汉文版）》1987 年第 3 期。

不在一个定义层面上，因而也就无法确切地去解释两者之间的统一关系。丁钢认为，教学过程是教师和学生完成的一个统一过程，教师与学生共同构成教学的复合主体。这种复合主体的内部矛盾运动体现为教与学的对立统一，这种对立统一表现为教师和学生互为主客体，双方都把自己看成主体，把对方看作客体，从而实现主体客体化和客体主体化的双向转化。[①]

正是对“教师主导和学生主体”的质疑，引发了教育过程中“谁是主体”的大讨论。这一讨论主要发生在20世纪80年代，延续于90年代初。讨论中提出了各种观点，主要有[②]：第一，学生单一主体论。学生是教育过程中的唯一主体，教师不能构成教育活动的主体，因为教师是学生发展的外因，外因只能通过内因起作用。第二，教师单一主体论。教育是教育者进行的一种有目的、有计划、有组织地培养人的活动，教育者的素质和角色决定了其主体地位，从根本上来讲，受教育者是被发展、改造的对象，是教育的客体。虽然学生具有学习的能动性，但不能改变其客体地位。第三，双主体论。很多学者批判教师或学生的单一主体论，倡导双主体论。双主体是指教师和学生都是主体，两个主体之间是什么关系，存在着认识上的差异。有学者提出教师和学生是复合主体，有学者提出教的主体——教师、学的主体——学生，后期还有学者提出师生是交往主体。第四，“教师主导和学生主体”论。这个观点是一开始提出的观点，虽然也有学者对此进行批评和商榷，包括教师和学生单一

①丁钢：《“教师为主导，学生为主体”论质疑——教学主体的再认识》，《教育研究与实验》1987年第3期。

②冯建军主编《教育基本理论研究20年（1990—2010）》，福建教育出版社，2012，第322—327页。冯建军等：《共和国教育学70年·教育哲学卷》，北京师范大学出版社，2020，第183—193页。

主体论、双主体论都是基于对“教师主导和学生主体”论的批判，但还是得到很多学者的认同，成为这个时期主流的观点。这里的关键是如何理解和正确发挥教师的主导作用。教师的主导作用不是教师掌控学生，而在于引导学生发挥主体作用，教师在教育过程中发挥了主导作用，学生才能更好地起到主体作用。所以，教师主导与学生主体不是对立的，而是辩证统一的。①

这场讨论都是在相互批判中论证自己的观点，虽然没有得出统一的结论，但是在根本上取得了一些共识，这就是学生在教育过程中具有主动性、积极性，需要发挥主体作用。这成为后续提出主体性教育的前奏。教师和学生谁是教育主体的讨论，是从教学认识论意义上说的，局限于讨论教学活动中的师生地位及其关系。之所以提出学生主体，或者重视学生的主动性、积极性，从背景上来说，主要有两个方面：第一，改革开放后，教育纠正了“左”的认识，回到培养人的轨道，这是一个根本的大前提。于光远在 1978 年第 3 期《学术研究》发表的《重视培养人的研究》中明确指出，教育是以人为对象的，教育中虽然包含有某些属于上层建筑的东西，但教育不能等同于上层建筑。教育中还有一部分不属于上层建筑的东西，也应该大力开展研究，如教育内容、教学方法、教育心理学等。于光远在随后写的《教育认识现象学中的“三体问题”》就是从教育认识论入手，讨论如何促进受教育者的发展。他指出，教育是无数次认识过程构成的一个过程，受教育者坚持不懈地努力学习是他之所以能培养为人才的最根本原因。因此，“受教育者是教育认识运动中的中心人物”，这和“教育者在教育过程中处于主导地位”是不

---

①顾明远：《再论教师的主导作用和学生的主体作用的辩证关系》，《华东师范大学学报（教育科学版）》1991 年第 2 期。

矛盾的。第二，在影响人的发展因素的讨论中，充分肯定了人的主观能动性。从最初批判凯洛夫的“遗传、社会环境与学校教育”“三因素论”开始，到叶澜教授1986年提出“两层次三因素”说[①]，都充分肯定了人的主观能动性在人的发展中的作用。这一结论在很多学者论证学生为主体时所引用，以此来证明学生的发展只能由学生自己来完成，因此学生是自身发展的主体，也是学习的主体，由此引申为教育的主体。

对教师和学生主体地位的讨论，其意义不只是认识论意义上的，更是实践上的，它使课堂教学从“以教为主”转向“以学为主”，真正调动和发挥学生在教育与教学过程中的能动作用。20世纪80年代出现的一些有影响的教学实验，如卢仲衡的“中学数学自学辅导教学”、邱学华的“数学尝试教学法”、李吉林的“语文情境教学”、顾泠沅的“青浦教学实验”、上海育才中学的“读读、议议、练练、讲讲”八字教学法等，都在教学中重视发挥学生的主体作用，取得了良好的教学效果。

（二）主体性教育

教育过程中教师与学生主体地位的讨论，局限于认识论领域或教学论范围，重在教学中的师生地位和作用，调动学生学习的主动性、积极性，并未从目的论上，站在人的发展的高度，把人作为社会的主体。20世纪90年代以后，开始从师生主体地位讨论转向主体性教育，关注人的主体性的培养。

教育学对主体性的关注与哲学同步。哲学上讨论主体性有多个角度，诸如认识的主体性、活动的主体性。认识的主体性是认识主

---

①叶澜：《论影响人发展的诸因素及其与发展主体的动态关系》，《中国社会科学》1986年第3期。

体与认识客体之间关系的反映，主体怎样认识客体，其认识的状态表现如何。活动的主体性是人在实践活动中，主体如何改造客体，其活动状态的表现如何。无论是认识主体，还是活动主体，都是人的主体性。人的主体性不是人的先天本性，而是在后天的社会实践中形成和发展起来的。主体性是主体面对客体而言的，在与客体相互作用中人的自主能动性。主体性是人作为活动主体的质的规定性，在最一般的意义上，包括人作为主体的能动性、人作为活动主体的创造性、人作为活动主体的自主性。①

主体性是人性的反映，是经典的哲学问题。20 世纪 90 年代，中国学者关注和研究人的主体性，不只是一个纯粹的理论问题，更是一个时代问题，有其直接的社会背景和时代需求，反映着时代的呼唤。袁贵仁用“现实的需要”“历史的补偿”“理论发展的逻辑的必然”回答了我们为什么关注人的主体性的问题。② 高清海教授运用马克思关于人类社会发展三个阶段（三种形态）的理论，认为主体的发展经历着群体主体、个人主体、类主体的发展过程。群体主体已经成为历史，个人主体性是现代社会个人的根本特征。他指出，我国数千年的封建宗法制度，造成了只有整体主义，没有个体主义，个人没有独立人格。在封建主义社会产生的人伦道统几乎扼杀了人的个性。新中国成立后，高度的计划经济体制又压制着个人的主动性和创造性，没有使个人得到真正的解放。改革开放之后，“实践是检验真理的唯一标准”的确立，从思想上大大地促进了人的解放。1992 年党的十四大召开，社会主义市场经济体制的确立，为培植人的主体性提出了要求，也提供了客观条件。因此“培植个人主体是

①袁贵仁：《主体性与人的主体性》，《河北学刊》1988 年第 3 期。
②袁贵仁：《主体性与人的主体性》，《河北学刊》1988 年第 3 期。

当前我国社会发展的迫切需要”①。

社会发展为人的主体性提出了要求，教育必须接受社会的要求，认真思考培养人的主体性的问题。教育学领域第一篇使用“主体性”一词的文章是《昭通师专学报》1985 年第 1 期发表的《主体性、主动性、创造性——教改初探》，这是一篇经验总结，并未论述主体性的内涵。1988 年孙俊三发表了《论教育目的的受教育者主体性》，该文立足教育目的，反思以前在教育目的制定中忽视受教育者主体性的问题，提出在教育目的中要考虑受教育者的主体性，包括自我设计、自我塑造和自我实现。② 这一探讨虽然是在教育目的意义上论述主体性，但依然是强调发挥人的主观能动性，尚未把主体性作为人的一种根本品质培养。1989 年，储皖中发表《论人的主体性的发展与现代教育主体性原则的建立》，明确提出“现代教育以培养现代人，即具有高度主体性的人为己任。人的主体性原则是现代教育的根本原则”③。主体性是现代人的基本特征，教育不仅要发展人的一般主体性，还强调发展人的教育主体性。人的教育主体性是人的主体性在学生身上的体现，同样表现在能动性、自主性和创造性三个方面。在教育活动中发展人的一般主体性，最终要落实到教育主体性上来。

1990 年，王道俊、郭文安发表了《试论教育的主体性——兼谈教育、社会与人》，提出了教育主体性的三个方面：第一，培育人的主体性。教育要培育主体性的人，发展人的主体性，包括自主性、

---

①高清海：《主体呼唤的历史根据和时代内涵》，《中国社会科学》1994 年第 4 期。

②孙俊三：《论教育目的的受教育者主体性》，《鄂西大学学报（社会科学版）》，1988 年第 1 期。

③储皖中：《论人的主体性的发展与现代教育主体性原则的建立》，《北京师范大学学报（社会科学版）》1989 年第 4 期。

能动性、选择性和创造性等。第二，教育活动的主体性。教育活动是学生主体的活动，是自主的、能动的、积极的、创造的活动，体现学生的主体地位，发挥学生的主体作用。第三，教育系统的主体性。教育在社会中具有自主性、相对独立性和超越性，这不只是体现在教育主动适应和服务社会的需要，还能够超越现实社会，引领社会发展，创造新的社会。① 鲁洁教授把教育系统的主体性称为教育的超越性，认为适应与超越是教育与社会的双重关系，但超越性是教育对社会的根本属性。教育对社会的超越，取决于人的主体性的培养。只有培养主体性的人，才能超越现实社会，改造社会，引领社会的发展。②

主体性教育的三重含义是紧密相连的，教育活动的主体性和教育系统的主体性，最终都是为了培育和发展人的主体性。因此，主体教育这一阶段讨论最多的是培养人的主体性。主体性作为现代人的特性，不是人的生理和心理特性，而是人作为活动主体的规定性。培植人的主体性，不仅是把人作为一个身心发展上具有能动性的人，而且是在根本上把人作为社会历史活动的主体，培养人成为社会历史的推动者和创造者。这是主体性教育的根本目标。

围绕着这一根本目标，学者们重点探讨了教育活动的主体性。教育活动的主体性既是对前一阶段学生主体思想的深入，又超越了教学认识论的讨论，把主体性教育作为一种教育思想、教育哲学。老一辈学者顾明远、黄济、王策三、孙喜亭、成有信、王道俊、郭文安、裴娣娜以及扈中平、杨小微等为主体性教育理论的形成与发

---

①王道俊、郭文安：《试论教育的主体性——兼谈教育、社会与人》，《华东师范大学学报（教育科学版）》1990 年第 4 期。

②鲁洁：《论教育之适应与超越》，《教育研究》1996 年第 2 期。

展作出了努力和贡献。20 世纪 90 年代以来，一批年轻的学者肖川、黄崴、张天宝、冯建军、郭华、和学新、王升等开展了主体性教学、主体性德育、主体性教育管理等方面的研究，使主体性教育全面体现在教育教学过程的各个环节。

主体性教育研究不仅停留在理论建构中，也在实践中开始探索，出现了在整体上把握学生主体性发展的教育实验。学界开展的主体性教育实验，主要有两家：一家是北京师范大学裴娣娜主持的“少年儿童主体性发展实验”，1992 年在河南安阳人民大道小学正式实施；另一家是华中师范大学杨小微主持的“学生主体性素质的构建实验”，1993 年在湖北荆门象山小学实施。① 北京师范大学课题组基于“人的主体性是人作为对象性活动的主体所具有的本质特性”的认识，构建了主体性发展的三维结构（独立性、主动性和创造性）及行为表现特征。实验以发展小学生主体性为主要目标，遵循“严肃严格地进行基本训练”和“诚心诚意地把小学生当作主人”两条实验的基本原则，建立了发展小学生主体性的四条主要渠道——德育系列、活动系列、教学模式系列和家庭教育系列，为教育实验探索一条新路子。② 华中师范大学与象山小学课题组把主体性发展视为素质教育的重要组成部分，探讨主体性素质教育。该实验以培育学生的自主性、自律性、适应性、创造性、效率感为目标，以开放型的教学体系、自主型的活动体系和民主型的班级管理体系为自变量，

①张天宝：《主体性教育：我国当代教育实验的主题》，《上海教育科研》1997 年第 1 期。

②北京师范大学教育系、河南安阳人民大道小学联合实验组：《小学生主体性发展实验与指标体系的建立测评研究》，《教育研究》1994 年第 12 期。

促进学生主体性素质的主动建构。[①] 北京师范大学和华中师范大学两个主体性教育研究团队，不是只带领了两个学校，而是带领了和影响了一批学校。主体性教育的理念对整个教育实践都产生了广泛的影响。

其实，除了直接标称的主体性教育实验外，这一时期其他的一些教育实验和改革项目，如叶澜的“新基础教育实验”、朱永新的“新教育实验”、郭思乐的“生本教育实验”以及国家推行的素质教育，都坚持以学生为主体、培养学生主体性、促进学生生动活泼地发展的思想。如“新基础教育实验”提出的“把课堂还给学生，让课堂充满生命活力；把班级还给学生，让班级充满成长气息；把创造还给教师，让教育充满智慧挑战；把精神发展主动权还给师生，让学校充满勃勃生机”，素质教育提出培养学生的创新精神和实践能力，让学生生动活泼地主动发展等教育理念和实施策略，都是主体性教育思想的体现和实践。

（三）主体间性教育

Intersubjectivity 是 20 世纪西方哲学的一个范畴，中文可以翻译为主体间性、主体际性、交互主体性、共（多）主体性等。主体间性作为一个西方哲学用语，在中国语境中使用是《哲学译丛》1986 年第 2 期发表的美国学者 T. 欧文斯的《现象学与主体间性》的译文，1986—2000 年关于主体间性的论文 16 篇，主要是哲学中对现象学和胡塞尔主体间性理论的介绍。2001 年，主体间性研究的论文开始增多，2011—2014 年达到高峰，然后开始下降。对主体间性的研究也由关注主体间性本身转向把主体间性作为理论视角分析实践中

---

①《学生主体性素质的构建实验——湖北省荆门市象山小学整体结构改革第二轮实验研究方案》，https：//www. docin. com/p-408032989. html。

的问题。

在胡塞尔那里，主体间性所要解决的是笛卡儿以来的认识论问题。笛卡儿的“我思故我在”作为西方近代第一哲学，确立了“我”的主体性和“思”之理性。主体间性要解决“我思”与“他思”的共通性，是“我们思故我们在”。因此，主体间性表征主体之间在认知活动中的某种一致性或者知识的共同性。但今天西方哲学对主体间性的理解已不局限于认识论（知识论），还有海德格尔的存在论和哈贝马斯的交往论等。

主体间性是针对主体性而言的，它不是否定和替代主体性，而是纠正主体性的偏差，完善主体性。在英语中，主体间性（intersubjectivity）是在主体性（subjectivity）之前加了一个前缀 inter，也就是说，这种主体性是交互的、交往的。主体性是主客关系中，主体对客体所表现出来的积极的能动的特征。这种特征对于改变人受支配和压迫的地位，把人从压制与奴役中解放出来具有“革命性”意义。所以，改革开放后，我们弘扬人的主体性，就是要改变长期以来形成的人的被动状态，调动人的积极性，激发人的创造活力。

但是，我们必须看到主体性产生于主体与客体的关系之中，主客之间的关系是一种对立的、支配与被支配的关系。正是产生于这种主客关系中，主体性就具有了个人主义、占有性和对立性思维方式。也正是因为主体与客体的分离，导致了人与自然的分离、人与社会的分离、人与人的疏远、人与自我的分裂等。第一，在人与自然关系中形成了“人类中心主义”。人不再是把大自然作为母亲，而是作为征服和支配的对象。人在征服和支配自然中彰显了主体性，但破坏了人与自然环境的关系，带来了环境污染、生态危机，使人与自然的关系陷入了困境之中。第二，人与人、人与社会关系中的自我中心主义。自我是中心，是目的，他人是实现自我的手段，为我所用。多迈尔在《主体性的黄昏》一书中将其称为“占有性个体主义”。伴随着占有性个体主义的任性和傲慢，出现了“他人是地狱”，“一切人反对一切人的战争”。第三，在人与自我的关系上，人的主体性表现为对物质财富的占有，人为物质财富所奴役，越来越成为贪婪的消费者，成为消费社会单向度的人。

正是由于上述问题，主体性在20世纪末走向黄昏。但主体性的黄昏并非意味全盘否定和取消主体性，而是开辟超越主体性的新通道，进入一个后个人主义的新时代。[①] 主体间性建立在个人主体性基础上，没有个人主体，也谈不上主体之间的关系。但是不同于主体性以“自我”为中心的主客关系，主体间性是以主体与主体之间的交互性为中心的平等关系。主体把对方不是作为可以占有和支配的客体，而是平等交往的主体，因此，主体间性超越了孤立的个体及其自我性，表现为主体之间的相互理解、交流而形成的社会性、共在性、共生性、一致性等，但又保留了个人主体性自身的一些特征。“我们的教育既要成为独立人格、丰富多样的个体价值的弘扬的催生剂，又要成为个体价值单向度的肯定、极端化的扩展的解毒剂。”[②] 也就是说，教育虽不泯灭个人主体性，但也不能使个体价值肆意地放大。因为人是社会的人，生活在关系中，主体间的社会性同样是人性的要求。

教育学界关于主体间性的研究出现在2001年。2001年有2篇文章发表，分别是冯建军的《主体间性与教育交往》和曾新的《论主

①弗莱德·R. 多迈尔：《主体性的黄昏》，万俊人译，广西师范大学出版社，2013，第1页。

②鲁洁：《走向世界历史的人——论人的转型与教育》，《教育研究》1999年第11期。

体性教育中的主体间性》。2003 年主要有许杰的《主体间性：主体性教育研究的新视角》，尹艳秋和叶绪江的《主体间性教育对个人主体性教育的超越》。2004 年的论文开始增多，不仅有岳伟、王坤庆的《主体间性：当代主体教育的价值追求》和王凡录的《现代教育是主体间性教育》等对主体间性在当代教育中的价值定位，而且开始把主体间性作为一种价值追求或者教育思想运用在思想政治教育、生命教育、教育管理、高等教育、教师主体性、师生交往等方面。

这一时期，学者们充分肯定了主体间性是对主体性的超越，尤其是对占有性个人主义超越的意义。有学者指出，占有式的个人主体由于缺乏内在的反思向度而不适应时代的发展，倡导主体间性，使主体教育所培养的人不再是一种占有式的工具，而是人性丰富的主体。① 因此，主体间性教育是对个人主体性教育的超越。② 但也有学者认为，主体间性是主体性在人与人交往关系中的表现，主体间性实质上是人的主体性扩展，其本质仍是主体性的一种表现。因此，主体间性教育依然是主体性教育，是主体性教育研究的新视角。③

主体间性不同于主体性，得到了学者们的广泛认同。主体性表现为自主性、能动性和创造性，主体性教育培养学生的上述主体性。但主体间性包括什么，早期有学者指出主体间性包括受制性、平等性、交互性、发展性、主动性。④ 也有学者提出主体间性是主体间的

---

①岳伟、王坤庆：《主体间性：当代主体教育的价值追求》，《华东师范大学学报（教育科学版）》2004 年第 2 期。

②尹艳秋、叶绪江：《主体间性教育对个人主体性教育的超越》，《教育研究》2003 年第 2 期。

③曾新：《论主体性教育中的主体间性》，《华中师范大学学报（人文社会科学版）》2001 年第 5 期。

④曾新：《论主体性教育中的主体间性》，《华中师范大学学报（人文社会科学版）》2001 年第 5 期。

互识和共识，“互识”是指主体之间是相互认识和相互理解，“共识”是指不同主体对同一事物所形成的主体间的共同性和共通性。①这些研究虽然指出了主体间性的构成要素，但如何培养这些品质，探讨较少。后期研究中，有学者把主体间性纳入公民教育之中，认为主体间性是公民的基本维度。公民的主体间性是公民在公共交往、公共生活中揭示的相互联系、公共存在和公共利益，包括生活的共在性和公共性，交往的独立性和平等性，利益的互惠性和公正性。公民主体间性教育的重点是培养学生的契约精神。②

学者们对主体间性在教育中的探讨主要是集中于教育交往，把交往视为主体间性生成的机制，以交往实践重构教学和道德教育过程，探讨教学中的交往活动，改善师生关系。有学者提出教育交往的过程就是诉诸对话，通过理解而实现精神世界的共享。交往的教育过程包括对话、理解和共享三个阶段，前者是后者的基础，后者是前者的结果。③ 有学者从教学论的角度研究交往对于教学的意义，认为传统的教学论是一种认识论，这种认识论极易形成师生间的主客体关系，这种主客体关系一旦形成，便造成教学上的片面和单一，不利于学生个性的整体性和谐发展。论者提出，应该超越教学交往与教学认识之间的鸿沟，探讨如何在主体间交往中促进主体的发展，如何使交往双方成为真正的主体。在这种视野中，教学中的师生关系应当是一种主体间的关系。④ 有学者立足道德教育，反思传统的主

①岳伟、王坤庆：《主体间性：当代主体教育的价值追求》，《华东师范大学学报（教育科学版）》2004 年第 2 期。

②冯建军：《主体间性与公民主体间性教育》，《高等教育研究》2020 年第 6 期。

③冯建军：《主体间性与教育交往》，《高等教育研究》2001 年第 6 期。

④徐继存：《论教学交往研究及其价值导向》，《西北师大学报（社会科学版）》1999 年第 6 期。

流的对学生施加外部道德影响的教育模式，提出了“人对人的理解是道德教育的基础”，理解的过程是两个主体间双向交流的过程，是主体之间相互开放和心灵的相遇、融合。① 有学者指出，师生关系从主客体关系走向主体间关系。② 师生主体间性交往是“师生通过交往以达成理解和一致为目的的行为。它是主体之间通过符号协调的相互沟通和社会一致性为基础，致力于达成理解，形成非强迫性意识”③。有学者提出师生在教育教学中，由独白到对话，阐述一种对话式教学、对话式师生关系和师生对话的条件，诸如平等、尊重、信任、爱等。④ 有学者借用马丁·布伯的“我与你”的关系，认为师生之间的对话关系是“我与你”的关系。⑤

主体间性教育或教育中的主体间的讨论，正好与2001年开始的课程改革在时间上叠合，主体性、主体间性的理论研究成果直接反映在课程改革的文件中，转化为新课程改革的实践。新课程改革改变了以往学生被动学习、死记硬背的状况，倡导自主、合作、探究的学习方式。自主、合作、探究不是孤立的，而是互为前提的。自主、探究不是单子式的，而是在合作和交往中的自主和探究。合作学习、小组学习作为新课程改革倡导的学习方式，有力地改变了传统教学中教师的独白和灌输，使教学成为师生的交往、对话。从灌

---

①鲁洁：《人对人的理解：道德教育的基础——道德教育当代转型的思考》，《教育研究》2000年第7期。

②张传萍：《师生教学关系的走向：从主客体到主体间性交往》，《襄樊学院学报》2001年第6期。

③郑召利：《哈贝马斯和马克思交往范畴的意义域及相互关联》，《教学与研究》2000年第8期。

④蔡春、扈中平：《从“独白”到“对话”——论教育交往中的对话》，《教育研究》2002年第2期。

⑤金生鈜：《超越主客体：对师生关系的阐释》，《西南师范大学学报（哲学社会科学版）》1995年第1期。

输、独白到交往、对话，教学方式的转变，不仅改变了学生的学习状态，也增强了学生的合作意识和对他人、对社会的责任感。

（四）公共性教育

公共性是马克思预言的人类社会发展的最高阶段，这一阶段虽然没有完全到来，但已经初露端倪，成为人类发展的必然趋势。这主要基于两个原因：第一是对个人主体性和主体间性的反思与消解，走向公共性。建立在主客对立基础上的主体性，具有“为我性”和“唯我性”，滋生出人类中心论、霸权主义和自我中心主义等，导致了人与自然、人与人、人与社会以及人与自身的矛盾和冲突。主体间性以主体与主体的关系纠正了主客的对立，看似是一种平等关系，我与他人是同样的存在，有同样的权利，但实际上是以同一性消解了他者的独特性，使他者成为我的附属物。没有他者存在的主体间性，不是公共性，而是以一种温和的方式对他者的占有。所以，列维纳斯以绝对差异性的他者批判主体间性，目的是保持他者的独特性，建立一种公共性的基础。第二是全球化的到来，对公共性的发展提出了客观要求。经济全球化、全球性生态危机、人类贫困以及2020年暴发的全球新冠疫情，超越了局部的、地域的、民族的、国家的和个人的利益，把人类紧密地联系在一起。这就必须使人的发展超越个人、民族、国家，在一个更大的全球的范围内构建人类命运共同体，使之具有全球或者人类意义上的公共性。

人的公共性，是人面向公共领域，尤其是面向社会公共领域、世界和人类的特征。因面向的领域不同，人的公共性的称谓也不同，主要有世界历史的人、世界公民（全球公民）、公共人、类主体等，相应地，世界历史性的教育、世界公民教育、公共人教育、类主体教育等成为公共性教育的主题。

人作为一个社会性存在，随着人的交往范围不断扩大，其社会性也从具有强烈的、地域的、民族的狭隘性，逐渐扩展到最广泛的、普遍的世界历史性。有学者提出，“世界历史性”是指当前世界一体化、全球化的特性，但它又与民族、国家相联系，必然受到民族国家利益的制约。它强调全球的利益、全人类的观念，有别于狭隘的民族主义、国家主义，但又不抹杀民族、国家的存在，试图超越狭隘的民族国家中心主义在心理上、社会上、文化上的偏见。① 世界历史性既要反映国家特性，又要反映全球化的要求，它主张培养的人应该是有国际视野的爱国者，是具有民族自豪感的国际主义者，是爱国主义与国际主义相统一的人。② 有学者认为，从单子式个人走向世界历史性个人，人格的转型是根本，其中思维方式和价值取向的转变在人格转型中显得更为重要。就思维方式而言，从封闭走向开放；就价值观而言，从对立走向共在。③

“世界历史性的人”是一个本土概念，“世界公民”则是一个西方概念。尽管古希腊犬儒派哲学家第欧根尼早已提出“世界公民”的概念，但只有到20世纪后半叶才真正出现。民族国家形成后，公民以国家公民的身份出现，即便是全球化的今天，公民依然是国家公民，只不过多了另外一重身份——世界公民。所以，世界公民不是取代了国家公民，而是全球化时代国家公民具有了世界意识和全球视野。世界公民教育是在保证公民国家认同的同时，形成一定的世界认同及相应的知识、能力和价值观，承担世界公民的责任和义

①冯建军：《世界历史性的个人主体：当代教育的目的》，《中国地质大学学报（社会科学版）》2002年第2期。

②孙振东：《人的国民性、世界历史性与教育》，《教育学报》2016年第6期。

③鲁洁：《走向世界历史的人——论人的转型与教育》，《教育研究》1999年第11期。

务，进而促进全人类持续和平健康发展。[①] 世界公民着眼全球共同利益，但不放弃国家认同的根本。世界公民是世界经济一体化、政治多极化和文化多元化的共同产物，站在文化多元化的角度，有学者提出，世界公民应当坚持文化多元化和文化拒绝全球化的立场，树立文化“和而不同”的思想，具有对全球多元文化包容的普世性品格。中国的世界公民必须树立自己的文化主体意识、文化自觉意识，具有对中华民族文化充满自信的独特性品格。[②]

有学者反思“个体人”的问题及其产生的原因，提出了从“个体人”到“公共人”的发展方向。[③] 公共人既是对个体人的反思和矫正，又是当前我国国家治理体系和治理能力现代化转型对于人的发展提出的新要求，是民主法治社会所需的人格形态，培育公共人契合社会治理走向“善治”的战略需求。对于什么是公共人，如何开展公共人的培育，学者们选择的视角不同。有学者从道德教育的视角，认为公共人是指具有公共理性精神、公共德性品质以及公共参与能力的人。培育公共人是当代道德教育的重要使命。学校应通过不断提升学校制度体系的公共性，建构公正平等、公共参与、公共关怀的校园文化氛围，实施“学校—社区”以及“学校—社会”的道德行动计划，传递自由、平等、公正、法治等核心价值理念，促进“公共人”的培育。[④] 有学者从公共领域的视角，认为公共人

①宋强、饶从满：《着眼全球共同利益：“世界公民”教育的国际研究新趋势》，《现代教育管理》2018 年第 2 期。

②周鸿：《论培养世界公民的文化包容与自信品格》，《大学教育科学》2008 年第 6 期。

③叶飞：《从“个体人”到“公共人”——论道德教育如何培育人的公共品格》，《教育科学》2019 年第 1 期。

④叶飞：《当代道德教育与“公共人”的培育》，《南京社会科学》2020 年第 8 期。

是公共领域的行动者，是基于公共立场，参与公共生活，开展公共交往，谋求公共福祉，具有公共品格的社会人。培育公共人，需要确立公共生活的理念，建构公共生活，提升公共品格，积极参与政治、社会和日常生活等领域的公共活动。① 也有学者认为，公共人是公共精神的承载者、公共利益的捍卫者、公共空间的建构者和公共生活的行动者，并从学校教育的角度，提出建设公共性课程，开展教育性交往和创新学校德育，提升师生的公共意识与行为能力。② 一些学者虽然没有提出公共人的概念，但探讨了公共人的核心品质——公共精神的培育。有学者认为，公共精神是公民在建构公共秩序、参与公共事务、改善公共生活中所表现出来的公共态度与行为方式。③ 有学者提出，公共精神是一个富有内在层次结构的价值系统，是一个由公共意识到公共理性再到公共责任感的发展性过程。④ 学者们从建构学校公共生活、开展公共交往、拓宽公共参与领域等多方面提出了公共精神培育的措施。

类主体是马克思所言的人类社会发展的最高形态。高清海教授从哲学上指出，类特性是人与人完成了的本质的统一，人与外部世界完成了的本质的统一，人与自身完成了的本质的统一。⑤ 笔者较早地把高清海教授提出的类哲学引入到教育理论中，2001 年出版了《当代主体教育论》，发表了《走向类主体——当代社会人的转型与

---

①冯建军：《公共人及其培育：公共领域的视角》，《教育研究》2020 年第 6 期。

②李宏亮：《公共人：消解学生个体存在紧张的意义中介》，《当代教育科学》2012 年第 9 期。

③戚万学：《论公共精神的培育》，《教育研究》2017 年第 11 期。

④杨淑萍：《公共精神的生发逻辑及青少年公共精神的培育路径》，《教育研究》2018 年第 3 期。

⑤高清海、胡海波、贺来：《人的“类生命”与“类哲学”：走向未来的当代哲学精神》，吉林人民出版社，1998，第 245—246 页。

教育变革》等论文，提出了类主体的三种特质：第一，完整的人。人是自然生命与超自然生命的统一体，是真善美的统一体。第二，主体性的人。具有类本质的人，必然是主宰自己生命的主体。第三，个性化的人。类主体就是自由个性的人。根据类主体的三种特质构建了类主体教育的体系：以全人教育为面、自由活动为线、个性发展为点，构成点线面结合的立体化教育模式。[①] 有学者站在道德教育的角度，提出培养类主体是全球化时代中国道德教育的目的。只有类主体的道德教育，才能真正体现人是目的、以人为本的现代理念。[②] 也有学者认为，类主体是不现实的乌托邦，但笔者认为，类主体代表人类社会发展的最高形态，虽然现阶段达不到，但是它是人类社会发展的趋势。全球化时代，中国提出构建人类命运共同体，它表明我们正在自觉地走向类存在。类主体教育要为构建人类命运共同体培育面向世界的人才。

构建人类命运共同体是中国共产党人迎接全球化时代的一种重要理念。2012 年，党的十八大报告提出“倡导人类命运共同体观念”。2015 年 9 月 28 日，习近平主席在纽约联合国总部出席第七十届联合国大会一般性辩论时发表《携手构建合作共赢新伙伴 同心打造人类命运共同体》的讲话。2017 年 1 月 18 日，习近平主席在联合国日内瓦总部发表《共同构建人类命运共同体》的演讲。2017 年，党的十九大报告将“坚持推动构建人类命运共同体”确立为新时代坚持和发展中国特色社会主义的基本方略。构建人类命运共同体，教育必须培养构建人类命运共同体所需要的人，使之具有人类命运

①冯建军、尚志远：《走向类主体——当代社会人的转型与教育变革》，《教育研究》2005 年第 1 期。

②王啸：《全球化时代的中国道德教育》，《北京师范大学学报（社会科学版）》，2004 年第 3 期。

共同体所需要的意识、价值观和行为方式。① 正如习近平总书记在致清华大学苏世民学者项目启动仪式的贺信中所指出的："今天的世界是各国共同组成的命运共同体。战胜人类发展面临的各种挑战，需要各国人民同舟共济、携手努力。教育应该顺此大势，通过更加密切的互动交流，促进对人类各种知识和文化的认知，对各民族现实奋斗和未来愿景的体认，以促进各国学生增进相互了解、树立世界眼光、激发创新灵感，确立为人类和平与发展贡献智慧和力量的远大志向。"②

（五）中国主体教育研究四十年的特点

1. 自觉地以马克思主义为指导，体现马克思主义的思想引领

主体教育以主体为核心词。对于主体及主体性、主体间性等概念，西方学者多有论述。虽然我国主体教育研究中，也有学者吸收和运用西方学者的上述概念，但主流是以马克思主义主体思想为指导。在马克思看来，主体是在人类实践活动中生成的，实践是人类改造世界的活动，主体性是主体改造客体活动中所表现出来的积极的功能特征。主体是历史生成的，马克思从社会发展的角度把主体性的发展分为三个阶段：群体主体性—个人主体性—类主体性。群体主体以群体压制个人，个人无主体性。中国改革开放解放了人，就在于唤醒了个人主体性。主体教育首先把人从群体压制中解放出来，培植个人的主体性。伴随着个人主体性的发育，从不完善到完善，个人主体性被置于"主体—客体—主体"关系中，所以，主体既有面向客体的主体性（主体与客体的关系），也有面向主体的主体

①冯建军：《推动构建人类命运共同体：教育何为》，《教育研究》2018年第2期。

②赵婀娜：《清华大学苏世民学者项目启动仪式在京举行》，《人民日报》2013年4月22日第1版。

间性（主体与主体的关系）。教育活动是“主体—客体—主体”的交往实践活动，既存在着教育主体与教育客体的对象性关系，又存在着教育主体间的交往性关系。公共性作为马克思预言的人类社会发展的最高阶段，伴随着20世纪末全球化时代的到来，人的发展也正在走向具有世界历史性的全球公民，关心人类的利益，具有人类共同体的意识，进而走向自觉的类存在，最终成为类主体。

在主体教育研究发展的阶段中，师生主体关系的讨论和学生主体地位的确立，是主体教育的前奏。主体教育经过了“主体性—主体间性—公共性”三个阶段，这都是自觉按照马克思主义主体思想建构的，它不同于西方个人本位的主体教育理论传统，是马克思主义的主体教育理论，是中国特色教育学的重要组成部分。

2. 以中国社会发展中主体的问题为研究起点，体现研究的问题导向

习近平总书记在哲学社会科学工作座谈会上的讲话中强调：“理论的生命力在于创新。”“理论创新只能从问题开始。从某种意义上说，理论创新的过程就是发现问题、筛选问题、研究问题、解决问题的过程。”① 主体教育研究四十年的轨迹，印证了习近平总书记对哲学社会科学创新的这一论述。我国的主体教育在20世纪80年代兴起，是改革开放的时代要求，尤其是发展社会主义市场经济的要求。市场经济需要人的独创性与开拓性，需要个人成为独立、自主、自由的主体。主体性教育就是要培养与市场经济相适应的重自立、重创新的主体。但伴随着市场经济的发育，个人主体性不断增强，其缺陷日益暴露，滋生出了占有性单子式主体的人格，导致了人与

①习近平：《在哲学社会科学工作座谈会上的讲话》，《人民日报》2016年5月19日第2版。

自然、人与社会、人与自身的分裂和对立。个人主体性的问题，呼唤改变主客对立的思维方式，这就转向了主体间性。主体间性不否认主体性，但强调主体间的平等与和谐。因此，主体间性呼唤对话、理解和交往。但建立在个人主体性基础上的主体间性，是一个孤立自我主体之间的平等关系，强调主体间的利益互惠和利益分配的公正，忽视了人与人之间的道德关怀和情感交流。于是，他者性转换了主体性的出发点，从自我到他者，主体性是为他者的主体性，关怀他者、为他者负责是主体性的体现。主体性经过他者性的转换，走向公共性。[①] 公共性不否认个人主体性，而是建立在承认多元主体差异基础上的整体性。

个人主体性—主体间性—公共性的发展阶段，不只是理论逻辑的单纯演绎，更是实践逻辑的反映。实践逻辑是针对中国现代化建设过程中主体发展出现的问题，发现问题、研究问题和解决问题，使主体性到主体间性，再到公共性，在不断纠偏中走向完善。

3. 在百家争鸣中促进理论创新，体现学术民主

习近平总书记指出："百花齐放、百家争鸣，是繁荣发展我国哲学社会科学的重要方针。要提倡理论创新和知识创新，鼓励大胆探索，开展平等、健康、活泼和充分说理的学术争鸣，活跃学术空气。"[②] 没有争议的学术是僵死的学术，学术只能在辩论和争议中不断创新发展，走向成熟和完善。主体教育研究四十年，可以说每走一步，都充满着学术的争论，既有概念的争论，也有观点的争论。其中争论时间最长、影响最大的是始于 20 世纪 80 年代的师生主体

①冯建军：《从主体间性、他者性到公共性——兼谈教育中的主体间关系》，《南京社会科学》2016 年第 9 期。

②习近平：《在哲学社会科学工作座谈会上的讲话》，《人民日报》2016 年 5 月 19 日第 2 版。

地位的认识，争论了十余年，先后出现了学生单一主体论、教师单一主体论、师生双主体论、教师主导学生主体论、交往主体说、主体移心说等，尤其是针对“教师主导和学生主体”这一较为具有共识的学说，也展开了争论。在主体性教育中，针对主体性的内涵和主体性教育的定位，也存在争论。学者们对主体间性的争论更大，因为他们借助的理论资源不同，有胡塞尔认识论意义上的主体间性，有海德格尔存在论意义上的主体间性，也有哈贝马斯交往论上的主体间性，还有马克思交往实践唯物主义意义上的主体间性。有学者还提出“主体间性”在西方哲学中是一个唯心主义的哲学范畴，与马克思主义关于主体的规定不相一致，不宜用“主体间性”。[①] 有学者认为，“主体间性”是一个似是而非的概念，完全没有必要增设这个概念。[②] 在公共性阶段，能否使用全球公民（世界公民）概念，类主体是否可能等都存在争议。争论对学术来说，绝非坏事，相反，正是通过这些争论，推动了主体教育研究的繁荣，促进了主体教育研究不断创新发展。争论形成的不完全是差异，在争论中也达成了共识。在讨论师生主体地位中，认识到学生是教育的主体。从学生在教育过程中的主体地位，又意识到培养学生的主体性。从主体性的问题转向主体间性，进而提出不同层面的公共性。主体教育四十年的研究和讨论，逐渐形成了不同阶段的主体教育的一些共识。

4. 推动教育理论的实践转化，体现理论的实践价值

理论建构不是为了理论而理论，而是为了解决实践中遇到的问题。因此，问题导向的理论，应该运用于实践中，解决实践中的问

①马智：《不宜用“主体间性”》，《人文杂志》1993 年第 4 期。

②俞吾金：《“主体间性”是一个似是而非的概念》，《华东师范大学学报（哲学社会科学版）》，2002 年第 4 期。

题。四十年的主体教育研究，理论先行，开展教育实验，引领教育实践，促进教育变革。

20 世纪 90 年代以来，在主体性教育构建中，先有北京师范大学和华中师范大学开展的主体性教育实验，进而遍及全国各地，使“把学生作为教育主体，发展学生主体性”成为教育改革和实践的基本共识。叶澜教授主持的“新基础教育实验”、朱永新教授主持的“新教育实验”等都体现了主体教育的思想。主体间性理论提出后，其提出的主体间性生成策略——交往、对话、合作，不仅运用到一些学校开展的对话教学、合作学习、小组教学实验之中，而且被作为新课程改革提倡的教学和学习策略以及建立良好师生关系的理论指导。公共性教育阶段，作为对极端个体人的批判，尤其是对精致利己主义的批判，在道德教育上显示其必要性。21 世纪把着力提高学生服务国家、服务人民的社会责任感作为素质教育的重要内容。新时代，教育更要坚定学生的理想信念、厚植爱国情怀和增强社会责任感，成为担当民族复兴大任的时代新人。构建人类命运共同体，需要培养人的类观念和人类命运共同体意识，等等，这些都在思政课和德育工作中得以落实。当然，理论与实践的关系不是单向的，而是双向的相互转化、相互滋养。主体教育理论是否合适，同样需要实践的检验，在实践中修正和完善。

参考文献

（一）著作部分

马克思，恩格斯. 马克思恩格斯选集：第 1 卷[M]. 北京：人民出版社，2012.

马克思，恩格斯. 马克思恩格斯选集：第 4 卷[M]. 北京：人民出版社，1995.

马克思，恩格斯. 马克思恩格斯全集：第 46 卷上册[M]. 北京：人民出版社，1979.

马克思，恩格斯. 马克思恩格斯全集：第 42 卷[M]. 北京：人民教育出版社，1979.

马克思，恩格斯. 马克思恩格斯文集：第 1 卷[M]. 北京：人民出版社，2009.

马克思，恩格斯. 马克思恩格斯文集：第 2 卷[M]. 北京：人民出版社，2009.

马克思，恩格斯. 马克思恩格斯文集：第 8 卷[M]. 北京：人民出版社，2009.

柏拉图. 理想国[M]. 郭斌和，张竹明，译. 北京：商务印书馆，1986.

亚里士多德. 尼各马可伦理学[M]. 廖申白，译注. 北京：商务印书馆，2003.

佩鲁. 新发展观[M]. 张宁，丰子义，译. 北京：华夏出版社，1987.

黑格尔. 法哲学原理[M]. 范扬，张企泰，译. 北京：商务印书馆,1961.

黑格尔.精神现象学:上卷[M].贺麟,王玖兴,译.北京:商务印书馆,1979.

佛罗斯特.西方教育的历史和哲学基础[M].吴元训,等译.北京:华夏出版社,1987.

康德.康德教育论[M].瞿菊农,译.北京:商务印书馆,1934.

福禄培尔.人的教育[M].孙祖复,译.北京:人民教育出版社,1991.

多尔迈.主体性的黄昏[M].万俊人,朱国钧,吴海针,译.上海:上海人民出版社,1992.

雅斯贝尔斯.什么是教育[M].邹进,译.北京:生活·读书·新知三联书店,1991.

杜威.学校与社会·明日之学校[M].赵祥麟,任钟印,吴志宏,译.北京:人民教育出版社,1994.

杜威.民主主义与教育[M].王承绪,译.北京:人民教育出版社,2001.

诺丁斯.学会关心:教育的另一种模式[M].于天龙,译.北京:教育科学出版社,2003.

诺丁斯.培育有道德的人:从品格教育到关怀伦理[M].汪菊,译.北京:教育科学出版社,2017.

弗兰克纳.善的求索:道德哲学导论[M].黄伟合,包连宗,马莉,译.沈阳:辽宁人民出版社,1987.

布伯.我与你[M].陈维纲,译.生活·读书·新知三联书店,1986.

密尔.论自由[M].程崇华,译.北京:商务印书馆,1959.

戴蒙. 品格教育新纪元[M]. 刘晨,康秀云,译. 北京:人民出版社,2015.

怀特. 公民品德与公共教育[M]. 朱红文,译. 北京:教育科学出版社,1998.

希特. 公民身份:世界史、政治学与教育学中的公民理想[M]. 郭台辉,余慧元,译. 长春:吉林出版集团有限责任公司,2010.

金里卡. 当代政治哲学[M]. 刘莘,译. 上海:上海三联书店,2004.

尾关周二. 共生的理想:现代交往与共生、共同的思想[M]. 卞崇道,刘荣,周秀静,译. 北京:中央编译出版社,1996.

哈贝马斯. 交往与社会进化[M]. 张博树,译. 重庆:重庆出版社,1989.

哈贝马斯. 公共领域的结构转型[M]. 曹卫东,王晓珏,刘北城,宋伟杰,译. 上海:学林出版社,1999.

多尔. 后现代课程观[M]. 王红宇,译. 北京:教育科学出版社,2000.

弗罗姆. 占有或存在:一个新型社会的心灵基础[M]. 杨惠,译. 北京:国际文化出版公司,1989.

阿伦特. 人的境况[M]. 王寅丽,译. 上海:上海人民出版社,2009.

罗尔斯. 正义论[M]. 何怀宏,何包钢,廖申白,译. 北京:中国社会科学出版社,2009.

诺齐克. 无政府、国家和乌托邦[M]. 姚大志,译. 北京:中国社会科学出版社,2008.

弗雷泽,霍耐特. 再分配,还是承认[M]. 周穗明,译. 上海:上海人民出版社,2009.

萨托利. 民主新论[M]. 冯克利,阎克文,译. 北京:东方出版社,1993.

海德格尔. 存在与时间[M]. 陈嘉映,王庆节,译. 北京:生活·读书·新知三联书店,2006.

列维纳斯. 总体与无限:论外在性[M]. 朱刚,译. 北京:北京大学出版社,2016.

列维纳斯. 塔木德四讲[M]. 关宝艳,译. 北京:商务印书馆,2002.

比斯塔. 超越人本主义教育:与他者共存[M]. 杨超,冯娜,译. 北京:北京师范大学出版社,2020.

比斯塔. 教育的美丽风险[M]. 赵康,译. 北京:北京师范大学出版社,2018.

比斯塔. 测量时代的好教育[M]. 张立平,韩亚菲,译. 北京:北京师范大学出版社,2019.

桑内特. 公共人的衰落[M]. 李继宏,译. 上海:上海译文出版社,2014.

霍耐特. 为承认而斗争[M]. 胡继华,译. 上海:上海人民出版社,2005.

勒维纳斯. 上帝·死亡和时间[M]. 余中先,译. 北京:生活·读书·新知三联书店,1997.

贝克,贝克-格恩斯海姆. 个体化[M]. 李荣山,范譞,张惠强,译. 北京:北京大学出版社,2011.

贝克. 风险社会[M]. 何博闻,译. 南京:译林出版社,2004.

鲍曼. 共同体:在一个不确定的世界中寻找安全[M]. 欧阳景根,译. 南京:江苏人民出版社,2003.

鲍曼. 个体化社会[M]. 范祥涛,译. 上海:上海三联书店,2002.

福克斯. 公民身份[M]. 郭忠华,译. 长春:吉林出版集团有限责任公司,2009.

泰勒. 现代性之隐忧[M]. 程炼,译. 北京:中央编译出版社,2001.

科恩. 自我论[M]. 佟景韩,范国恩,许宏治,译. 北京:生活·读书·新知三联书店,1986.

卢克斯. 个人主义:分析与批判[M]. 朱红文,孔德龙,译. 北京:中国广播电视出版社,1993.

列文. 倾听着的自我:个人成长、社会变迁与形而上学的终结[M]. 程志民,金令,孙晶,郭建平,译. 西安:陕西人民教育出版社,1997.

格里芬. 后现代精神[M]. 王成兵,译. 北京:中央编译出版社,2005.

联合国教科文组织. 反思教育:向"全球共同利益"的理念转变?[M]. 联合国教科文组织中文科,译. 北京:教育科学出版社,2017.

张法琨. 古希腊教育论著选[M]. 北京:人民教育出版社,1994.

梁漱溟. 人心与人生[M]. 上海:上海人民出版社,2005.

梁启超. 新民说[M]. 沈阳:辽宁人民出版社,1994.

高清海,胡海波,贺来. 人的"类生命"与"类哲学":走向未来的当代哲学精神[M]. 长春:吉林人民出版社,1998.

黄克剑. 人韵:一种对马克思的读解[M]. 北京:东方出版社,1996.

肖雪慧,韩东屏,等. 主体的沉沦与觉醒[M]. 贵阳:贵州人民出版社,1988.

朱小蔓. 道德教育论丛:第 1 卷[M]. 南京:南京师范大学出版社,2000.

张琼,马尽举. 道德接受论[M]. 北京:中国社会科学出版社,1995.

滕守尧.文化的边缘[M].北京:作家出版社,1997.

赵汀阳.论可能生活:一种关于幸福和公正的理论[M].北京:中国人民大学出版社,2004.

杨清荣.公共生活伦理研究:以中国的社会转型为背景[M].北京:人民出版社,2016.

檀传宝,等.公民教育引论:国际经验、历史变迁与中国公民教育的选择[M].北京:人民出版社,2011.

郭湛.主体性哲学:人的存在及其意义[M].昆明:云南人民出版社,2002.

扈中平,蔡春,吴全华,文雪.教育人学论纲[M].北京:高等教育出版社,2015.

任平.走向交往实践的唯物主义:马克思交往实践观的历史视域与当代意义[M].北京:人民出版社,2003.

冯建军.当代主体教育论[M].南京:江苏教育出版社,2001.

冯建军.当代道德教育的人学论域[M].福州:福建教育出版社,2015.

张庆熊.自我、主体际性与文化交流[M].上海:上海人民出版社,1999.

崔丽娜.良序的公共生活何以可能:基于唯物史观视域的考察[M].北京:中国社会科学出版社,2019.

徐贲.通往尊严的公共生活:全球正义和公民认同[M].北京:新星出版社,2009.

张天宝.走向交往实践的主体性教育[M].北京:教育科学出版社,2005.

孙向晨. 面对他者:莱维纳斯哲学思想研究[M]. 上海:上海三联书店,2008.

李宏亮. 论“公共人”的培育:学校教育的视角[M]. 北京:教育科学出版社,2016.

刘铁芳. 公共生活与公民教育:学校公民教育的哲学探究[M]. 北京:教育科学出版社,2013.

陈付龙. 当代中国社会公共生活建设研究[M]. 北京:人民出版社,2017.

杨仁忠. 公共领域论[M]. 北京:人民出版社,2009.

方朝晖. 重建价值主体:卡尔·雅斯贝斯对近现代西方自由观的扬弃[M]. 中央广播电视大学出版社,1993.

贺来. 宽容意识[M]. 长春:吉林教育出版社,2001.

(二)论文部分

高清海. 主体呼唤的历史根据和时代内涵[J]. 中国社会科学,1994(4):90-98.

金生鈜. 个人主体性的培植与新教育的构想:文化转型时代的教育反思[J]. 中国文学研究,1995(增刊):102-106.

鲁洁. 论教育之适应与超越[J]. 教育研究,1996(2):3-6.

鲁洁. 走向世界历史的人:论人的转型与教育[J]. 教育研究,1999(11):3-10.

和学新. 主体性的生成机制与教学设计[J]. 教育研究,1997(11):36-40.

叶方兴. 公民品格:一种存在论的澄明[J]. 理论与改革,2016(6):13-18.

沈瑞英. 市场经济是培育公民意识之决定性的基础[J]. 探索与争

鸣,2013(8):27-29.

张天宝. 试论主体性教育的基本理念[J]. 教育研究,2000(8):13-18.

何平立. 公民观、公民意识与公众参与[J]. 探索与争鸣,2013(8):25-27.

叶汝贤,黎玉琴. 公民社会、公民精神和集体行动[J]. 马克思主义与现实,2006(3):30-35.

曾新. 论主体性教育中的主体间性[J]. 华中师范大学学报(人文社会科学版),2001(5):134-139.

杨国荣. 主体间关系论纲[J]. 学术月刊,1995(11):3-8.

张再林. 关于现代西方哲学的"主体间性转向"[J]. 人文杂志,2000(4):9-15.

叶飞. 公共参与精神的培育:对"唯私主义综合症"的反思与超越[J]. 高等教育研究,2020,41(1):18-24.

叶飞. 公共交往与学校公民教育的实践建构[J]. 华东师范大学学报(教育科学版),2012,30(3):7-14.

叶飞. 竞争性个人主义与"孤独的"公民:论公民教育如何应对公共品格的沦落[J]. 高等教育研究,2013,34(2):67-73.

冯琼,吴宁. 交往视域中的公民及其中国意义[J]. 人文杂志,2013(5):7-12.

夏澍耘. 论公民的尊重教育[J]. 伦理学研究,2005(4):17-20.

张国清. 分配正义与社会应得[J]. 中国社会科学,2015(5):21-39.

冯建军. 主体教育理论:从主体性到主体间性[J]. 华中师范大学学报(人文社会科学版),2006(1):115-121.

冯建军. 后均衡化时代的教育正义:从关注“分配”到关注“承认”[J]. 教育研究,2016,37(4):41-47.

冯建军. 世界历史性的个人主体:当代教育的目的[J]. 中国地质大学学报(社会科学版),2002(2):53-57.

贾可卿. 作为正义的承认:霍耐特承认理论述评[J]. 浙江社会科学,2013(10):106-112.

李荣. 列维纳斯他者视阈中的伦理主体[J]. 学术研究,2011(8):20-25.

孙向晨. 莱维纳斯的“他者”思想及其对本体论的批判[J]. 复旦学报(社会科学版),2000(5):81-88.

朱刚. 伦理学作为第一哲学如何可能?:试析勒维纳斯的伦理思想及其对存在暴力的批判[J]. 南京大学学报(哲学·人文科学·社会科学),2006(6):24-32.

刘要悟,柴楠. 从主体性、主体间性到他者性:教学交往的范式转型[J]. 教育研究,2015,36(2):102-109.

旷剑敏,袁怀宇. 自我与他者:教师的伦理责任与价值[J]. 道德与文明,2009(3):93-95.

尹艳秋,叶绪江. 主体间性教育对个人主体性教育的超越[J]. 教育研究,2003(2):75-78.

岳伟,王坤庆. 主体间性:当代主体教育的价值追求[J]. 华东师范大学学报(教育科学版),2004(2):1-6.

贺来. 社会团结与社会统一性的哲学论证:对当代哲学中一个重大课题的考察[J]. 天津社会科学,2007(5):24-30.

贺来. 马克思哲学的“类”概念与“人类命运共同体”[J]. 哲学研究,2016(8):3-9.

郭菁.列维纳斯对布伯对称的主体间性的批判[J].人文杂志,2014(11):15-21.

顾红亮.责任与他者:列维纳斯的责任观[J].社会科学研究,2006(1):37-40.

顾红亮.另一种主体性:列维纳斯的我他之辨与伦理学[J].天津社会科学,2005(4):27-30.

吴先伍.反思与重构:他者伦理视野中的师生关系[J].江苏高教,2014(4):21-25.

陈永章.差异·他者·宽容:当代公共行政的伦理沉思[J].华中科技大学学报(社会科学版),2014,28(1):87-93.

袁祖社."公共性"的价值信念及其文化理想[J].中国人民大学学报,2007(1):78-84.

蒙冰峰,廉永杰.主体性到主体间性:道德人格教育的应然转向[J].北京交通大学学报(社会科学版),2010,9(3):98-102.

高德胜."解放"的剥夺:论教育如何面对个体人的膨胀与公共人的衰落[J].教育研究与实验,2011(1):14-19.

刘铁芳.学生何以进入公共生活之中:基于学生视角的学校公共生活建构[J].山西大学学报(哲学社会科学版),2013,36(5):126-134.

刘铁芳.学校公共生活的开启与公民教育的拓展:基于活动的视角[J].华东师范大学学报(教育科学版),2013,31(2):1-11.

郭湛,王维国.公共性的样态与内涵[J].哲学研究,2009(8):3-7.

袁贵仁.主体性与人的主体性[J].河北学刊,1988(3):23-29.

俞吾金."主体间性"是一个似是而非的概念[J].华东师范大学

学报(哲学社会科学版),2002(4):3-5.

宋强,饶从满.着眼全球共同利益:“世界公民”教育的国际研究新趋势[J].现代教育管理,2018(2):106-111.

刘爱国.中国公共人的成长逻辑[D].武汉大学,2014.

(三)外文部分

TAYLOR C. The ethics of authenticity [M]. Cambridge, Mass.: Harvard University Press, 1991.

BERNASCONI R, WOOD D. The provocation of Levinas[M]. London: Routledge, 1988.

LEVINAS E. Ethics and infinity: conversations with Philippe Nemo [M]. COHEN R A, trans. Pittsburgh: Duquesne University Press, 1985.

LEVINAS E. Time and the other[M]. Pittsburgh: Duquesne University Press, 1987.

LEVINAS E. Totality and infinity: an essay on exteriority [M]. LINGIS A, trans. Pittsburgh: Duquesne University Press, 1987.

LEVINAS E. Proper names [M]. California: Stanford University Press, 1996.

NODDINGS N. Caring: a feminine approach to ethics and moral education[M]. Berkeley: University of California Press, 1984.

BRICKER D C. Classroom life as civic education [M]. New York: Columbia Unversity Teachers College Press, 1989.